21 世纪会计专业硕士（MPAcc）规划教材

Financial Management Cases

财务管理案例教程

徐玉德 ◎ 编著

北京大学出版社
PEKING UNIVERSITY PRESS

图书在版编目（CIP）数据

财务管理案例教程 / 徐玉德编著. —北京：北京大学出版社，2020.2
21世纪会计专业硕士（MPAcc）规划教材
ISBN 978-7-301-31210-0

Ⅰ. ①财… Ⅱ. ①徐… Ⅲ. ①财务管理 – 研究生 – 教材 Ⅳ. ①F275

中国版本图书馆CIP数据核字（2020）第022736号

书　　　名	财务管理案例教程 CAIWU GUANLI ANLI JIAOCHENG
著作责任者	徐玉德　编著
责 任 编 辑	任京雪　刘京
标 准 书 号	ISBN 978-7-301-31210-0
出 版 发 行	北京大学出版社
地　　　址	北京市海淀区成府路205号　100871
网　　　址	http://www.pup.cn　　新浪微博：@北京大学出版社
电 子 信 箱	zpup@pup.cn
电　　　话	邮购部 010 62752015　发行部 010-62750672　编辑部 010-62752926
印 刷 者	北京市科星印刷有限责任公司
经 销 者	新华书店
	787毫米×1092毫米　16开本　16.75印张　273千字 2020年2月第1版　2020年2月第1次印刷
定　　　价	42.00元

未经许可，不得以任何方式复制或抄袭本书之部分或全部内容。
版权所有，侵权必究
举报电话：010-62752024　电子信箱：fd@pup.pku.edu.cn
图书如有印装质量问题，请与出版部联系，电话：010-62756370

前　言

近年来，随着大数据、云计算、电子商务的蓬勃发展，以及企业精细化管理、零库存管理、互联网+模式创新等企业新型管理手段的不断涌现，作为企业管理的重要组成部分，我国企业财务管理的模式和手段也随之推陈出新并日渐成熟。本书基于我国资本市场及实务界的一手资料，选取了包括华为、万科、海航、中兴、乐视、青岛海尔等在内的13家国内典型企业进行财务管理案例分析，内容涵盖财务战略、投融资决策、股利分配、并购重组、价值管理、业财融合等领域，旨在通过案例分析这一方式，使理论联系实践，帮助读者理解和把握财务管理专业知识的真谛与精髓，并培养运用会计、财务管理等相关专业基础知识进行企业财务管理的实践思维，真正提高读者发现、分析和灵活解决企业财务管理活动中实际问题的能力。与现有相关教学参考用书相比，本书具有以下四个特点：

一是精选案例，内容全面。本书力图全面展示当前我国典型企业财务管理的成功经验，在内容上，本书案例涵盖财务战略、投融资决策、并购重组等多个维度，并进一步拓展至借壳上市、供应链融资、控制权之争等多个视角。在公司属性上，本书案例既涉及上市公司，又涉及非上市企业；既有大型企业集团，又有民营企业；同时涵盖互联网、通信、地产、金融、文化、电器等多个行业企业。

二是强调分析，引导思考。本书以财务管理教材的主线为写作框架，每一部分内容既相对独立又相互衔接，同时强调事实与时间的逻辑顺序；案例均为教学引导案例，每个案例按照案例资料和问题讨论的逻辑顺序编写，以引导读者深入理解财务管理的重要知识点，并激发读者进行个人探索和自主思考。

三是案例真实，指导性强。本书在案例选取和内容编排上重点关注了近年来企业财务管理实践中的多个重难点和热点问题，并结合当前财税、会计领域最新的政策法规，探讨了案例企业的财务安排和财务管理思路，从而实现理论探讨、实务分析、政策法规解析三者相结合,从现实法律环境出发,全面探讨企业投融资、股利分配等一系列财务管理策略及其经济后果。

四是立足本土,注重时效。本书案例是作者从本土化财务环境出发,在对近年来我国企业财务管理实践进行广泛调研的基础上,经过认真筛选,反复斟酌与整理,编写而成。本书旨在将案例的分析与论证过程置于我国企业财务管理特有的真实环境之中,以对我国本土企业运用相关财务管理工具解决财务管理问题提供有益借鉴。

本书由中国财政科学研究院财务与会计研究中心主任徐玉德研究员编撰,吴雨昂、周嘉懿、汤艳丽、魏今、钱志成、刘安琪、盛小雄、金瑞等研究生参与了部分案例资料的收集、编写与校对工作,北京大学出版社及责任编辑任京雪也对本书的出版提供了许多帮助,在这里致以最诚挚的谢意。我们衷心希望,本书所提供的企业财务管理案例能对我国企业的相关财务管理人员进行财务管理创新提供可资借鉴的参考,同时也能为 MPAcc、MBA、MAud 以及财务管理专业的教师与学生提供有益启发和帮助。在案例的汇编过程中,由于资料繁杂、时间有限,书中定会有不当及疏漏之处,敬请读者谅解和指正。

徐玉德
2019 年 12 月

目 录

■ **案例 1**
三十而立——华为的价值提升之路 ………………………………… 1

■ **案例 2**
财务战略助推北大荒价值提升 …………………………………… 30

■ **案例 3**
借壳鼎泰新材，顺丰成功上市 …………………………………… 52

■ **案例 4**
永辉超市供应链融资模式及影响 ………………………………… 73

■ **案例 5**
PPP 模式驱动华夏幸福"花式"融资 …………………………… 88

■ **案例 6**
乐视：资本"狂舞"触发退市危机 ……………………………… 114

■ **案例 7**
格力电器高额现金股利引发的思考 ……………………………… 130

■ **案例 8**
从万科股权之争看公司控制权转移 ……………………………… 148

■ **案例 9**
中油资本重组上市——千亿级金控并购收官 …………………… 184

- **案例 10**
  海航集团——债务"钢丝"上的大象 …………………………………… 200

- **案例 11**
  首旅集团 EVA 业绩评价及其影响 ……………………………………… 214

- **案例 12**
  从青岛海尔收购通用家电看跨国企业并购 …………………………… 234

- **案例 13**
  中兴通讯财务共享模式下的业财融合 ………………………………… 249

案例 1
三十而立——华为的价值提升之路

📖 教学目标

本案例主要关注华为如何通过技术创新、国际化战略以及共赢共享的理念实现企业战略,进而提升企业价值,旨在引导学员对技术型企业的价值提升方式、提升路径以及企业战略制定进行深入思考。

华为作为一家民营信息与通信企业,近年来,企业价值稳步提升,受到海内外的广泛赞誉。5G时代来临前夕、全球产业链重构之时,本是华为即将登顶之际,然而,2019年以来,美国却以"国家安全"为由对华为进行围追堵截,并且大费周折地拉拢同盟国,说服它们不要让华为进入其市场。从一家默默无名的销售代理商,到雄踞通信设备行业龙头,再到如今令全球科技霸主美国惶恐的华为,究竟是如何实现这一华丽蜕变的?让我们走近华为,探索这家民营企业崛起背后的价值提升之路。

一、案例背景介绍

(一)公司简介

华为创立于1987年,是全球领先的ICT(信息与通信)基础设施和智能终端提供商,致力于把数字世界带进每个人、每个家庭、每个组织,构建万物互联的智能世界。经过30余年的发展,华为目前已成为全球第一大通信设备供应商、第二大智能手机厂商,营业收入体量超过BAT(百度、阿里巴巴、腾讯)之和。当前,华为业务遍及全球170多个国家和地区,服务全世界1/3以上的人口,员工约18万名、拥有160多种国籍,海外员工本地化比例约为70%。华为作为一家生产、销售通信设备和智能终端的民营企业,其近年来的成绩可以用举世瞩目来形容。2018

年,华为总营业收入首度突破1 000亿美元,至此华为成为继三星、苹果之后第三家迈入千亿美元俱乐部的互联网电子科技公司。华为目前主要业务分为消费者业务、运营商业务、企业业务、公有云业务四大板块。站在5G时代的新起点,华为聚焦ICT基础设施和智能终端,致力于成为主动拥抱变化的技术创新先锋,力争在社会数字化、智能化转型过程中成长为对人类进步具有卓越贡献的伟大公司。

在组织架构方面,华为简洁明晰,呈现出扁平化和高效的特征(见图1-1);在企业管理方面,华为分工明晰,职责明确,各分管领导按照其职责监管职能部门,强化供应链管理和快速反应体系建设,建成了"以客户为中心、以品质为基础"的管理团队,着重培养一批"懂管理、专技术、会运营、善营销"的复合型骨干人才。同时,华为秉持以客户为中心的服务理念,实现了"资金流、物流、信息流"的三流合一,有力地促进了内部运营机制的高效运转。此外,华为没有森严的等级,员工内部之间沟通顺畅,在日常事务中,华为简化流程、突出重点、鼓励创新,效率较高。

华为是百分之百由员工持股的非上市企业,股东为华为投资控股有限公司工会委员会和任正非,公司通过工会实行员工持股计划,员工持股计划参与人数达8万余人,参与者均为公司员工,任正非本人仅持有华为1.14%的股份。员工持股计划将公司的长远发展与员工的个人贡献和发展有机地结合在一起,形成了长效的激励与分享机制。从治理结构来看,股东大会是华为的权力机构,对公司增资、利润分配、选举董事和监事等重大事项做出决策。董事会是华为企业战略、经营管理和客户服务的最高责任机构,承担带领公司前进的使命,行使企业战略与经营管理决策权,确保客户与股东的利益得到维护;公司董事会及董事会常务委员会由轮值董事长主持,轮值董事长在当值期间是华为的最高领袖。监事会的主要职责包括监督董事和高级管理人员履职、监督公司经营和财务状况、合规监督等。此外,自2000年起,华为聘用毕马威会计师事务所作为独立审计机构,负责审计公司年度财务报表。

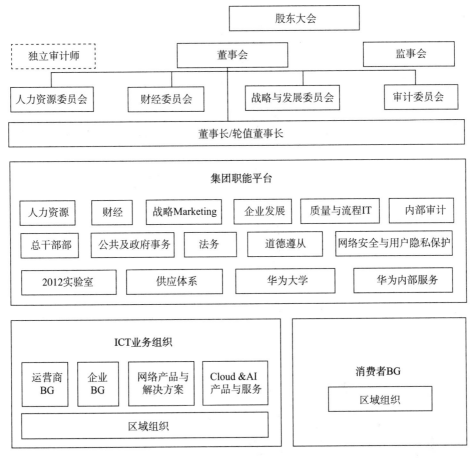

图1-1 华为组织架构

资料来源：华为官方网站。

(二)价值提升之路：厚积薄发、行稳致远

华为在1987年初创之时，是一家无资金、无产品、无人才、无技术的"四无"企业。华为在其发展过程中，在国内市场要应对来自如巨龙、大唐电信、中兴通讯等国家大力扶植的电信设备企业的夹击，在国际市场则要面对经验丰富、实力雄厚的强大对手，如摩托罗拉、西门子、诺基亚、爱立信等国际通信巨头。华为是依靠什么要素在这30多年中突破重围，从一家一穷二白的代理商，不断提升企业价值，发展到今天全球最大的通信设备供应商的呢？在揭开这个谜底之前，让我们先简要回顾一下华为过去30多年的价值提升之路。

1. 1987—1995年：艰苦创业阶段——农村包围城市

1987年，任正非与五位合伙人共同出资2万元在深圳注册成立了华为公司。

1987—1995年是华为的艰苦创业阶段,这一时期华为在产品开发战略上主要采取的是跟随战略,先是代理香港公司的交换机产品,随后逐渐演变为自主开发产品的集中化战略;在市场竞争战略上采取的是单一产品的持续开发与生产,以"农村包围城市"的销售策略,通过低成本的方式迅速抢占我国农村市场,扩大市场占有率。

零起点的华为无论是资金还是竞争实力都无法与对手在大、中城市竞争。但任正非看到:县城以及农村更广阔的市场是国外厂商尚未涉足的领域,这为华为带来了机会。任正非认为,以县城和农村为突破口有两个非常明显的好处:首先,县城和农村发展通信设备行业门槛低,需承受的风险小;其次,县城和农村对产品的技术和质量要求不高,也不是很关注品牌,而是更加注重实用性。1992年,华为开始研发并推出农村数字交换解决方案,农村包围城市的"战役"正式打响。很快,华为培养起一支精良的营销队伍,研发团队也迅速成长起来。随着资金实力不断增强,华为发动城市战所需的资本积累逐渐完成。华为正式将市场目标转移到城市,在国内大中城市开始"攻城拔寨",公司规模不断扩张。

与此同时,华为坚守集中化战略,抵制住房地产等高利润行业的诱惑,持续专注于通信设备制造业的战略目标。由此,华为进一步扩大市场占有率,也打破了当时国外通信设备一统天下的局面。截至1995年,华为的销售规模突破15亿元,员工人数达800多人,成为全国电子行业百强排名第26位的民营企业。

2. 1996—2003年:国际化经营之路开启——境外市场初露锋芒

1996年,华为与长江实业旗下的和记电讯合作,为其提供以窄带交换机为核心的"商业网"产品。华为的C&C08交换机开始进入香港市话网,至此华为向国际电信市场迈出了第一步,并积极探索从单纯的电信设备制造商向电信整体解决方案提供商和服务商的转型之路。和记电讯的苛刻要求,促使华为的产品和服务向国际标准发展。同年,华为进军俄罗斯市场,在当地建立了合资公司。1999年,华为在印度班加罗尔设立了研发中心。1999—2000年,华为先后占领了越南、老挝、柬埔寨和泰国的GSM(全球移动通信系统)市场。

华为国际化布局多点开花的背后充满了曲折艰辛,例如在开拓俄罗斯市场初期,爱立信、西门子等国际通信巨头的跑马圈地已经基本结束。虽然华为在国内小有名气,但在俄罗斯的知名度几乎为零,华为几乎在每个客户那里都碰了钉子。

但是天有不测风云，却意外送来好风。1997年俄罗斯陷入经济低谷，卢布汇率一泻千里。NEC(日本电气)、西门子、阿尔卡特等国际通信巨头纷纷从俄罗斯撤资减员，但华为坚守阵地，并反其道而行之，实施"土狼战术"，派出100多名经过严格培训的营销人员到俄罗斯开拓市场。在俄罗斯市场前景十分不明朗的情况下，华为对俄罗斯持续加大投入。整整4年，华为几乎没有一单业务，但这份执着换来了客户的信任。随着俄罗斯经济回暖，华为抓住了俄罗斯电信市场新一轮的采购机会，与俄罗斯所有顶级运营商建立了紧密的合作关系，最终成为俄罗斯市场的主导电信品牌。2001年华为受到国际市场外部环境——全球IT(互联网技术)泡沫破裂的影响，其销售额在2000—2002年基本停留在220亿元的规模，2002年更是华为历史上唯一一次销售下滑的年份。2003年，外部环境开始复苏，华为得益于持续进行的组织管理变革和科研创新投入，其销售额很快突破300亿元，达到317亿元，由此华为在境外市场开拓之路上初露锋芒。

华为在进军国际电信市场的这段时期，逐渐从集中化战略转向横向一体化战略，从研发生产销售单一程控交换机产品逐渐进入移动通信、传输等多类产品领域，成长为一个能提供全面通信解决方案的公司。

3. 2004—2012年：全球化战略落地生根——通信龙头地位初显

2004年，华为与荷兰运营商Telfort合作，首次实现在欧洲的重大突破。2005年，华为的境外销售额首次超过境内销售额，全球化布局取得里程碑式结果。2007年年底，华为成为欧洲所有顶级运营商的合作伙伴。2008年，华为为加拿大运营商Telus和Bell建设4G无线网络，首次在北美大规模使用UMTS/HSPA(通用移动通信系统/高速分组接入)网络。为了有效利用全球资源，经过近20年的筹划布局，华为在全球建立了多个运营中心和资源中心：(1)行政中心。在美国、法国和英国等商业领袖聚集区，成立本地董事会和咨询委员会，加强与高端商界的互动；在英国建立行政中心，在德国成立跨州业务中心，提高全球运营效率。(2)财务中心。在新加坡、罗马尼亚等国家和中国香港地区建立财务中心，在英国建立全球财务风险控制中心，以降低财务成本，防范财务风险。(3)研究中心。在全球各地集聚地区智力资源和独特优势设立多个研发中心，如俄罗斯天线研发中心、瑞典及芬兰无线系统研发中心、英国安全认证中心和5G创新中心、美国新技术创新中心和芯片研发中心、印度软件研发中心、韩国终端工业设计中心、日本工业工程研究中心等,有效利用全球智力资源。(4)供应链中心。围绕主要市场建立多个供应链中心,如匈牙利欧洲物流中心(辐射欧洲、中亚、中东、非洲)、巴西制造基地、波兰网络运营中心等,提高全球交付和服务水平。

在这一时期华为的全球化战略已落地生根,华为通过加强本土化经营和技术创新,引领了全球通信技术发展潮流,对世界无线技术的发展做出了卓越贡献。2013年,华为超过爱立信成为全球第一大通信设备供应商。大潮奔涌逐浪高,自2004年以来,在全球3G和4G网络建设的浪潮下,华为凭借硬件、软件、平台等方面的先进技术储备和丰富经验积累,逐渐向ICT领域的行业龙头位置迈进。

4. 2013年至今:消费者业务迅速崛起——积极布局5G产业生态圈

华为早在2003年就成立了手机业务部,但2011年以前,华为手机基本上都是以定制形式销售给运营商,不直接卖给消费者,也很少进行广告宣传,故而鲜为人知。2011年,任正非同徐直军、郭平等公司高管,与华为终端业务部门专门举行了会谈,确定了不再给运营商做定制手机,坚定地做出了打造自主手机品牌的战略决定,这场会议是华为终端的"遵义会议"。与国内其他手机厂商不同,华为坚持自主研发芯片并一直同苹果、三星竞争高端市场,从2013年开始,华为手机业务进入爆发式增长期,2013—2018年,华为智能手机出货量增长超过100倍。根据美国调查公司IDC(国际数据公司)的统计,华为智能手机2018年的全球出货量达到2.08亿部,市场份额占比14.7%,排在第三位,份额与第二位的苹果(14.9%)几乎并列,正在追赶首位的三星(20.8%)。也是在2018年,华为消费者业务营业收入达到520亿美元,一跃成为华为营业收入最大的业务部门。2019年2月25日,华为消费者业务CEO(首席执行官)余承东在世界移动通信大会上表示,华为的目标是到2020年,成为全球第一大智能手机厂商。

2013年,华为作为欧盟5G项目的主要推动者与英国5G创新研究中心(5GIC)的发起者发布5G白皮书,积极构建5G全球生态圈,并与全球20多所大学开展联合研究。同年,华为在全球9个国家建立5G创新研究中心。2017年,华为在全球10余个城市与30多家领先运营商进行5G预商用测试。2019年2月24日,华为在巴塞罗那发布世界首款折叠屏5G手机——华为Mate X。5G时代,万物互联的智能数字化世界即将拉开大幕,华为正积极构建"平台+连接+生态"的物联网战略,通过云计算、大数据、SDN(软件定义网络)、物联网等领域的技术创新,打造开放、灵活、弹性、安全的平台,积极联合客户、合作伙伴、开发者、产业联盟、标准化组织构建相互依存、共同成长的5G全球生态圈。

通过回顾华为开创至今的四个发展阶段,不难发现,每一次市场地位的提升巩固,企业价值的积淀升华,其背后都与企业战略息息相关。事实上,创立阶段和华为处于同一起跑线,甚至更高起点的公司并不在少数,华为可以走到今天,成为一家世界级的公司,一方面依赖于正确的企业战略,另一方面则依靠公司对战略良好的贯彻执行。可以说,一家公司的企业战略制定与执行是企业价值提升最根本的影响因素。下文将重点研究华为是如何制定企业战略,构建自身执行力,进而有效提升企业价值的。

二、华为差异化战略助力企业价值提升

2009年,华为以218亿美元的营业收入,首次挺进《财富》世界500强,排名第397位;2018年,华为排名第72位,成为我国民营企业中排名最靠前的科技企业。虽然华为没有上市,难以直接衡量其市值,但是根据相对市值估算原理,可以依据企业的历史利润和收入水平变化判断企业价值的变动情况。从图1-2中可以看出,华为近十年来企业价值有了大幅提升。

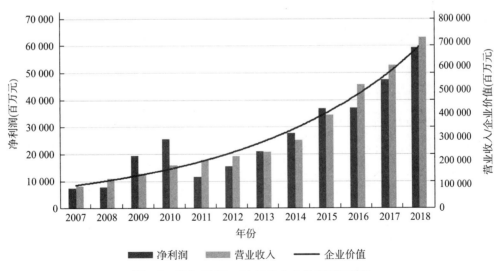

图1-2 华为2007—2018年企业价值变化趋势

资料来源:根据华为公布资料整理。

企业制定战略的目的是引领企业的发展方向,平衡发展速度与质量关系,进而实现企业健康、可持续地发展,完成企业价值的提升。从华为的发展历程来看,其基于技术革新、全球视野和共享共赢的理念,形成了"构建万物互联的智能世界"的整体战略思想,在该战略思想的指引下,华为构建了区别于竞争对手的差异化战略来助力企业价值提升(见图1-3)。下文将从技术革新、全球视野、共享共赢这三个部分对华为的企业战略进行分析。

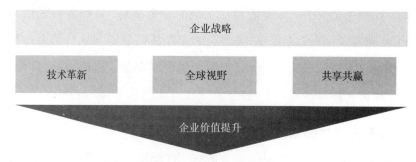

图1-3 华为企业战略定位

(一)技术革新搭建战略基础

一个高科技领域的企业,尤其是在ICT行业,如果没有先进的技术支持,是无法在这个行业立足的,华为很早就明白这个道理。实现"共建全联接世界"的战略,华为需要重构ICT产业,在技术上实现"一站式"ICT基础设施、适配垂直行业需求、混合云支持平滑迁移、利用大数据洞察行业商机,这对技术的要求很高,技术起到了战略基础性支撑作用。

华为坚持每年将10%以上的销售收入投入研究与开发,近十年来投入的研发费用累计超过4 000亿元(见表1-1)。2018年华为的全球销售收入达到7 212亿元,而研发费用达到1 015亿元,占销售收入的14%,投入强度位居亚洲第1、世界前5。如果把华为列为一个省级经济体,则其研发费用排名全国第7,仅次于广东、江苏、山东、北京、浙江、上海,高于其他25个省级行政区。2018年,华为从事研发的人员约8万名,约占公司总人数的45%,截至2018年年底,华为累计获得专利授权87 805件,中国专利43 371件,中国以外国家授权专利累计44 434件,其中90%以上为发明专利。

表 1-1 华为 2013—2018 年的研发费用率

项目	2018年	2017年	2016年	2015年	2014年	2013年
销售收入（百万元）	721 202	603 621	521 574	395 009	288 197	239 025
研发费用（百万元）	101 509	89 690	76 391	59 607	40 845	30 672
研发费用率（%）	14.1	14.9	14.6	15.1	14.2	12.8
同比变动（%）	-0.8	0.2	-0.5	0.9	1.0	0.7

资料来源：根据华为 2013—2018 年年度报告整理。

在当前通信网络和智能手机迭代不断加速的情况下，华为通过高质量、高投入的研发，在 ICT 基础设施和智能终端领域具有显著的竞争优势，截至 2019 年 4 月底，在 5G 基站建设方面，华为已和全球超过 40 家运营商签订商用合同，5G 基站全球发货量超过 40 000 个，持有 2 570 多项 5G 专利，各项指标均位居世界第一；在智能手机方面，华为依靠自研芯片，打造具有极致体验的科技产品，用户忠诚度不断提升，新推出的 Mate X 成为全球首款折叠屏 5G 手机，引领智能手机行业进入 5G 柔性屏新时代。无论是作为通信设备厂商还是作为智能终端厂商，华为均实现了从追赶者到领跑者的角色转变，这背后离不开华为数十年如一日的持续研发投入。

（二）全球视野构筑全球化战略

构建万物互联的智能世界，还需要打造开放的生态链，华为必须融入世界主流，得到全世界的认可。华为的全球化战略从 20 世纪 90 年代萌芽。早在 2000 年，华为就派遣了第一批技术人员远渡重洋。当时由于经验不足、资金短缺，华为的战略导向还停留在价格优势和快速模仿能力上。但在那个时候，通信及设备市场跨国巨擘林立，华为意识到仅仅固守国内市场是没有前途的，因为世界上没有一家仅专注于国内市场就能成功的信息技术企业，信息技术是全球化的。所以，要想活下去就必须走出去，全球化由此成为华为的战略选择。时至今日，华为的全球化战略已然开花结果，其超过半数的收益来自海外，据华为内部统计，每 1 分钟至少有 3 名华为员工正在坐飞机穿梭于世界各地。

为了实现全球化的战略布局，华为在管理与技术领域都进行了优化调整。在管理方面，从 1997 年起，华为聘请 IBM 作为管理顾问，在流程变革、集成产品开发、集成供应链、财务管理和质量控制等方面进行了大刀阔斧的西式改革；在技术方面，华为与包括竞争对手在内的国际大公司建立合作伙伴关系，先后与德州仪器、摩托罗拉、英特尔成立联合实验室、研究所,研究技术与客户的需求。从2000年开始,华为基本上在世界各地都建立了合作或自主的研究所,完成了全球研发网络的布局,从欧洲市场成功打入了美洲市场。华为海外销售收入不断攀升,虽然海外销售收入占比逐年下降,但仍占到了其销售收入总额的一半左右(见表1-2)。华为将继续把"走出去"战略贯彻到底,其根据亚太、中东、欧美等不同市场情况,结合当地的法律法规、文化价值,用开放包容的态度在全球范围内形成技术和市场的优势互补,了解当地消费者的需求,根据需求打造差异化的产品,获得了众多消费者的青睐。

表1-2 华为2013—2018年销售收入情况

项目	2018年	2017年	2016年	2015年	2014年	2013年
销售收入(百万元)	721 202	603 621	521 574	395 009	288 197	239 025
国内销售收入(百万元)	372 162	305 092	236 512	167 690	108 674	84 017
海外销售收入(百万元)	349 040	298 529	285 062	227 319	179 523	155 008
海外销售收入占比(%)	48.41	49.46	54.65	57.55	62.29	64.85

资料来源:根据华为2013—2018年年度报告整理。

(三)共享共赢凝聚战略力量

华为一直以来都有一个共享共赢的理念。华为在企业发展过程中,不仅仅考虑企业内部的利益,更看重利益相关者的整体效益,包括员工、股东、客户、供应商、社会公众等与企业发展密切相关的群体。

华为认为,做大蛋糕、做大产业、做大市场,比做大自己的份额更为重要。数字化转型的浪潮席卷之时,没有任何一个组织或机构能够独立承担、完成这一数字化革命的历史使命。从之前的渠道伙伴到如今的生态伙伴,华为希望它们能够成为自己生态体系的一部分,形成互生、共生、再生的利益共同体。当然,这种变化并不是华为的一厢情愿,但凡伟大的企业或想成为伟大的企业都在向这一步迈进,例如微软、英特尔、苹果、亚马逊等,都在建立自己的生态体系,助力企业在数字化革命中形成竞争优势、脱颖而出。随着5G时代的来临,技术进步在加快:从上百亿的个人终端到无处不在的工业传感器,万物感知打通了物理世界与数字世界的边界,源源不断地产生着海量数据;从人人通信到无处不在的物联网,万物互联加速了数据流动,使得大规模的数据分析和利用成为可能;从全球分布的云数据中心到无处不在的边缘计算,万物智能将数据转换成商业机会,激发各行各业应用创新、释放潜能。基于此,华为提出了新的愿景与使命:把数字世界带进每个人、每个家庭、每个组织,构建万物互联的智能世界。首先,华为秉承"开放、合作、共赢"的理念,联合产业链上下游的客户和合作伙伴,共同建设和谐健康的行业环境;其次,华为将社会责任融入采购战略和实践,通过业务驱动供应商业绩持续改善,促进产业链社会责任标准化;再次,华为在全球化过程中坚持本地化运营,为所在国家和社区的就业、经济发展、教育、健康以及赈灾等方面做出贡献;最后,华为坚持以奋斗者为本,让奋斗者得到及时、合理的回报,并重视员工的健康、安全和福利保障。华为主张与利益相关者在共享共赢中实现企业价值最大化。

三、技术投资——提升华为企业价值的关键要素

在现代市场经济中,尤其是像华为这样的高科技企业,技术资本是一项重要的要素资源,也是价值创造的决定性因素,能够在企业的运营中有效地提升企业价值。如前文所述,根据华为的战略需要,技术起到了基础性支撑的关键作用,这对技术投入就有很大的需求。华为的投资逻辑就是专注主业、专注技术,不做多元化跨界投资。形成技术资本有很多途径,按来源划分,华为的技术资本形成主要有三种方式,包括自主研发、外部引进和合作开发。

(一)自主研发

自主研发是华为技术资本形成的重要途径。企业的技术研发主要包括以下几个步骤:首先,进行市场可行性分析,充分分析市场需求和预测市场未来走向;其次,进行技术可行性分析,全面分析企业的人力、物力、技术和资金,判断掌握相关领域的技术信息和知识的可能性及风险;最后,在前两个步骤完成的基础上进行技术的研发、初次试验、投入产业化生产,在市场中最终实现技术的资本化转化,进而提升企业价值。

芯片是华为底层技术的核心,自主研发芯片需要大量的人力、物力以及雄厚的资金支持,往往当企业发展到一定的程度后才能走这条道路。华为始终坚持自主研发芯片,华为的芯片从硬件、软件、解决方案、行业生态等各个层面为企业数字化转型提供强有力的支撑,聚焦构筑全栈的平台能力和端到端的服务能力。华为芯片全景图如图1-4所示。

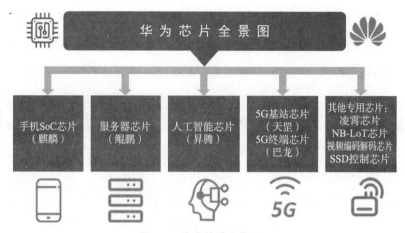

图1-4　华为芯片全景图

在消费者业务领域，华为的麒麟芯片作为全球领先的SoC芯片，支撑华为智能手机的算力开发和深度优化。2004年，华为海思开始研发手机芯片，并于2009年如期推出一个GSM低端智能手机解决方案，工艺制程上采用的是110nm，落后于当时竞争对手采用的65/55/45nm，第一代海思芯片性能不理想，很快遭到市场淘汰。2012年，华为发布K3V2处理器，K3V2虽然是麒麟芯片当时较为成熟的一款产品，但是相比同时期高通的旗舰处理器仍有明显差距。同时期的高通APQ8064和三星Exynos4412都已经采用28/32nm的工艺，K3V2采用的是40nm，其发热量大，游戏的兼容性不强，也没有获得市场认可。2016年4月，华为发布麒麟955SoC芯片，该芯片的综合性能和工艺制程已经处于行业领先水平，和高通并驾齐驱，带领P9系列成为华为旗下第一款销量破千万的旗舰手机。2017年9月2日，华为发布人工智能芯片麒麟970并用于华为Mate 10系列。2018年8月31日，历时36个月，1 000多名高级半导体工艺专家研发的第二代人工智能芯片麒麟980面世，将旗舰手机CPU(中央处理器)的水平再次提升到一个新高度。当前，华为的麒麟芯片已经处于全球领先水平。

在企业用户领域，华为的鲲鹏芯片成为打破服务器芯片市场垄断局面的新晋者，服务器芯片市场是利润丰厚的市场，之前的服务器芯片技术一直作为科技核心被美国垄断，根据集邦咨询半导体研究中心(DRAMeXchange)数据，全球97%的服务器用处理器为X86架构，因此英特尔是服务器芯片市场绝对的霸主。2019年1月7日，华为发布了鲲鹏920服务器芯片，该芯片目前在性能上已经达到行业先进水平。鲲鹏920芯片的推出对于国产服务器水平的飞跃也起着极为关键的作用。除了鲲鹏920芯片,华为还推出了三款泰山(TaiShan)系列服务器,使用的就是鲲鹏920芯片。尽管华为宣布鲲鹏920芯片仅供自用,但参考麒麟系列处理器发展历程,有理由相信,华为通过自采自用鲲鹏920芯片能够让ARM架构处理器得以发展壮大。考虑到服务器芯片市场主要是针对企业用户,这一过程将会比手机处理器面临的困难更大、花费的时间更长。

在运营商领域,5G通信的技术底层是5G芯片,华为作为全球通信设备龙头企业,拥有众多的专利储备,因此拥有强大的基带芯片设计能力。在2019年世界移动大会预沟通会上,华为发布了两款5G芯片,分别是5G基站核心芯片(华为天罡)和5G终端基带芯片(巴龙5000)。天罡芯片是业界首款5G基站核心芯片。巴龙5000是全球第一个支持5G的3GPP(第三代合作伙伴计划)标准的商用芯片组。5G芯片的基站和终端全方位布局为华为提供完整的5G解决方案给予了强力支撑,是全面开启5G时代的钥匙,它可以支持多种丰富的产品形态,除智能手机外,还包括家庭宽带终端、车载终端和5G模组等,将在更多使用场景下为广大消费者带来不同以往的5G连接体验。

除了上述领域,华为还有布局于人工智能的昇腾芯片,以及其他物联网领域的专用芯片。从一家小小的交换机代理销售商,突破重重阻碍,发展成现在的通信业巨头,华为可谓是我国坚持走自主研发道路最成功的企业之一。当前,华为正在享受其持续研发投入所带来的"技术红利",领先于业内的技术水平为华为带来了丰厚的市场回报。

(二)外部引进

除自主研发外,华为获取技术资本的另一种主要方式为外部引进。外部引进分为直接购买技术资本和兼并收购。同自主研发相比,通过外部引进获取技术资本最突出的优点是可以帮助企业规避技术研发风险,并且实现对技术的快速掌握、应用和改进。企业能够在明确自身技术发展需求的情况下,通过购买专利、关键技术等资源,高效率地提高自身的技术资本积累,从而创造企业价值。

由表1-3可以看出,华为从外部引进技术资本大体上经历了两个阶段:第一阶段是2003—2007年,华为主要以与相关领域巨头成立合资公司的方式获取技术资本和市场机会,目的是用较低的成本快速进入市场,合作开展业务;第二阶段是2011年至今,华为主要以全资收购的方式获取技术资本,这说明华为的实力不断增强，可以垄断一些新兴技术，为自己开拓新市场夯实基础。

表1-3 华为主要合资收购案件

2003年	与3Com合作成立合资公司杭州华三通信技术有限公司（H3C），主要进行企业数据网络解决方案的研究
2004年	与西门子合作成立合资公司鼎桥通信技术有限公司，开发TD-SCDMA解决方案
2006年	与摩托罗拉合作在上海成立联合研发中心，专注于开发UMTS（通用移动通信系统）技术
2007年	与Global Marine合作成立合资公司华为海缆网络公司（Huawei Submarine Networks），提供海缆端到端网络解决方案
2011年	全资收购ITS巴林，主要提供整体信息技术解决方案和软件服务
2012年	以5.3亿美元收购华为赛门铁克剩余49%的权益，增强了ICT解决方案能力
2013年	全资收购Caliopa NV，主要从事硅光子技术开发
2013年	全资收购Fastwire PTY Limited，主要从事运营支撑系统研发
2014年	全资收购Neul Limited，提供将终端设备连接至云端的数据及技术
2015年	全资收购Aspiegel Limited，主要开发SDN技术
2017年	收购两家以色列厂商：HexaTier（一家数据库安全公司）和Toga Networks（一家基于软件的系统设计和芯片设计公司）
2017年	投资威马汽车（一家初创汽车品牌，旨在打造新能源汽车产品），拓展华为物联网技术的应用

资料来源：根据华为2003—2017年年度报告整理。

（三）合作研发

通信产业技术为先，这意味着如果华为不能掌握一定的专利和核心技术，那么它就无法和西方公司展开直接的竞争。所以，华为投入大量精力建设全球研发网络，学习他人的长处，为己所用。例如，由于印度在软件开发和项目管理上有很强的能力，因此华为在印度班加罗尔建立软件研发中心，用于为本地市场设计和开发软件并进行手机设备测试；由于俄罗斯有很多数学家，因此华为在俄罗斯建立天线研发中心，以服务于算法解决方案；由于瑞典有很多无线技术方面领先的专家，因此华为在瑞典建立无线系统研发中心，关注无线开发技术领域的发展。此外，华为还在英国建立安全认证中心和5G创新中心，在日本建立工程研究中心，在美国建立新技术创新中心和芯片研发中心。华为还在巴黎建立美学研发中心，因为巴黎是世界闻名的时尚和设计之都。通过全球的合作研发，华为能够有效地获取来自全球范围内领先的科学技术，集聚优势，取长补短，将资金、技术、人力有效地投入智力成果的创作活动,这对于华为保持技术和产品创新优势是十分关键的。

四、全球视野——实现自身价值的快速增长

华为是一家优秀的跨国企业,其全球化的成功并非偶然。早在1995年,任正非就敏锐地察觉到我国电信市场在未来几年内将接近饱和,对于已经具备一定规模的华为来说,要保持持续快速增长,就必须到国际市场上发掘新兴市场。华为的及时转向获得了自身价值的快速提升。

(一)先进的管理优势

华为作为一家跨国企业,其管理机制是由一批具备良好教育以及丰富实践经验的管理人员设计的,并且这种综合性、国际化的管理机制基于发达国家多年企业经营的经验,极具流程化,能够更好地应对复杂多变的国际市场行情。1998年,成立仅十年的华为引入IBM参与华为IPD(Integrated Product Development,集合生产开发)和ISC(Integrated Supply Chain,整合供应链)的建立,五年间共计花费4亿美元升级了管理流程。其手笔之大,决心之强烈,为当时业内少见。自1998年以来,IBM便一直与华为合作,目前仍在一些关键项目上为其提供帮助。除了IBM,华为还曾聘请埃森哲、波士顿、普华永道、美世和合益等咨询公司。

1997年,任正非开始谋划人力资源开发与管理系统的规范化变革。在世界顶尖咨询公司美国合益集团(Hay Group)的帮助下,华为逐步建立并完善了职位体系、薪酬体系、任职资格体系、绩效管理体系,以及各职位系列的能力素质模型。在此基础上,华为逐渐形成了其成熟的干部选拔、培养、任用、考核与奖惩机制。从2007年开始,华为聘用埃森哲启动了CRM(Customer Relationship Management,客户关系管理),加强了从"机会到订单到现金"的流程管理。2008年,华为与埃森哲对CRM体系进行重新梳理,打通了从"机会到合同再到现金"的全新流程,提升了公司的运作效率。2014年10月,华为与埃森哲正式签署战略联盟协议,共同面向电信运营商和企业ICT两大市场的客户需求,开发并推广创新解决方案。在财务方面,华为与普华永道、毕马威合作,不断推进核算体系、预算体系、监控体系和审计体系流程的变革。到目前为止,华为建立了独立的审计体系,并构建了外部审计、内部控制、业务稽核的三级监控体系,从而降低公司的财务风险和金融风险。

华为在引入外部先进管理经验的同时也在积极进行本土化的实践创新,在战略、研发、营销、财务、人力资源等关键领域结合本土文化形成了华为式管理,比如军人出身的任正非经常引用一些军事语言来阐述其战略思想,塑造了别具一格的管理风格。总的来看,华为管理流程的改进极大地优化了公司的生产经营活动,提高了公司内部要素资源的有效配置和利用。

(二) 雄厚的资金优势

华为充足的资金支撑了企业价值的快速持续提升,2018年,华为的经营现金流达到747亿元,现金与短期投资合计2 658亿元,极大地满足了企业发展的资金需求。华为的资金优势不仅仅是资金量的优势,更在于境内外资金的平衡,华为在全球各银行中拥有330亿美元的授信额度,其中77%来自外资银行;同时,销售收入占比过半的海外市场为其偿还贷款提供了直接外汇来源,全球化的投融资方式使得华为具备了成本优势和抗风险优势,满足了其境外市场开拓的资金需求。

在流动性风险管控方面,华为基于公司资本结构构建了短期流动性规划及预算和预测体系,以评估公司中长期资金需求及短期资金缺口,同时采取多种稳健的财务措施保障公司业务发展的资金需求,包括保持稳健的资本结构和财务弹性、持有合理的资金存量、获取充分且有承诺的信贷额度、进行有效的资金计划和资金集中管理等。截至2018年年底,华为通过两个多币种资金池协议所持有的现金约为49.69亿元。资金池用于满足公司的日常资金需求,并对冲由外汇现金流量引起的汇率波动风险。在保持资金池账户整体有结余的情况下,参与协议的子公司能在相应银行以任何可自由转换的货币存入或拆借资金建立头寸。

(三) 东道国的信息优势

华为现已在全球各地建立了14个研发实验室、36个合作研发中心,以及200多个与大学的合作项目,形成了全球化的研发网络。这些海外研发中心最主要的职能就是支持华为技术的发展和提升。研发中心地点选择的核心原则就是基于本地化的技术优势和优秀人才。同时,由于跨越了国家的边界,华为积累核心的知识技术就有着天然的优势;由于信息不对称程度的降低,华为比单国生产厂商能更准确地预测创新技术;并且,华为能更准确地了解当地消费者的消费习惯、消费趋势。这些都有助于华为对新技术研发进行有针对性的战略投资。在长期的海外运作中,华为也逐步培养起了充分利用母国优势和东道国优势的能力,从而取得了全球运作的协同效率。一方面,华为在海外扩张中充分利用母国制造业的成本优势;另一方面,当在海外积累一定经验时,华为能把东道国的优势转移到母国市场。一个典型的例子就是3G在中国市场的成功应用。最开始,由于政府牌照发放时间的滞后,3G无法在中国市场取得突破,于是华为将3G首先引入欧洲市场。在经历发达国家用户严格的检验后,华为获得了商业经验,对3G技术的应用也更加驾轻就熟。在2008年全球经济下行时期,华为依然能够成功地获得中国3G市场30%的市场份额。

五、共享共赢——追求企业价值最大化

对于如今企业界的竞争,华为有着深刻的认识。只有在合作中开展竞争,企业才能发展壮大。在共同利益基础上的多方合作,是企业增强竞争力的必然趋势。为此,华为构建了利益共同体,这使企业的知名度大为提升,从而促进了企业价值的提升。连接整个社会,承担社会责任,与周围的环境形成良性互动,是华为一直以来追求的战略目标。

华为通过将财务目标分解到各个利益相关者(见图1-5),明确了企业价值的影响因素,内部因素有员工与股东,外部因素有消费者、供应商、社会公众。为了满足这些相关者的利益,华为必须优化资源配置导向,为实现企业价值最大化制定战略并实施。

(一)员工与股东

华为要以消费者为中心捍卫其在市场中的竞争力,实现快速增长,其核心就是要有一群有着足够能力和足够执行力的员工来开疆扩土。华为总裁任正非说过一句话:不要让华为出现雷锋。其实质含义就是让奋斗者可以收获与自己努力相对应的薪资。30多年来,华为一直充满着战斗力和凝聚力,其根源就是18万华为人的艰辛付出始终可以兑现为沉甸甸的财富和职业荣耀感,这让华为在自己长矛指向的地方始终是奋勇向前而不可战胜的。

企业价值是企业一系列经营决策活动的结果,但要真正实现企业的价值创造,完成企业的价值提升,首先需要明确企业价值是如何产生的:企业将多种生产要素作为生产性资源,在经营活动中以一定的资本形式进行投入,企业的价值

创造便由此开始；其次需要明确企业价值创造的决定性因素，并对这些因素进行有效的管理。能够在企业的日常管理活动中认识到哪些因素对企业价值具有重要影响是非常关键的，这有助于企业确定资源的优先分配顺序，也有助于员工在价值驱动方面达成共识，一起努力奋斗。

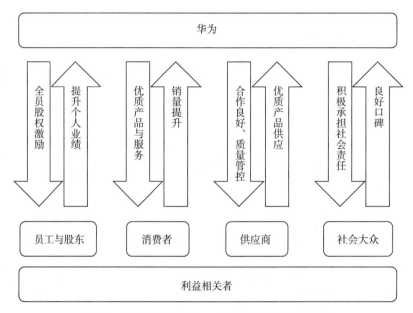

图1-5　华为财务目标——利益相关者财富最大化

华为从初创阶段到发展阶段再到成熟阶段，在不同时期采用了不同的股权激励计划，应对并解决了发展过程中的一系列问题，华为的股权激励计划也日趋完善和成熟。华为于1990年首次提出内部融资、员工持股的概念。股票一般用员工的年度奖金购买，华为也可以公司的名义向银行申请贷款来帮助员工购买。员工持股将员工的利益与公司的利益联系在一起，可以较大地激发员工工作的积极性。

为了解决管理层的控制权过于分散的问题，2001年华为实施了虚拟股的激励方式。虚拟股持有人不能参与公司重大经营决策且不具有公司的所有权，同时虚拟股也不能转赠给他人或者通过证券市场销售。当员工离开公司时，股票只能由华为控股工会回购。持股员工的收益大部分由股票增值收益构成。由于股票增值收益与公司的经营状况有关，这样员工就会更加尽职地为公司服务。此外，华为还采取了饱和配股方案，一般是以员工的级别和对其工作的考核为依据，核定员工当年虚拟股配股数量；同时，根据员工的级别，规定了员工持有虚拟股的上限。这次改革是对华为内部员工持股结构的一次较大规模改变。新员工作为新动力不断为公司创造价值,授予其股票可以将其留在公司里长期发展。从长远来看,这一措施对老员工同样有利,新员工为公司创造价值致使老员工的收益不断增长,股票分红收益能够持续,这样既吸引了新员工又留住了老员工。华为股权激励的实践单位依据每位员工的级别、岗位和工作业绩给员工配置了相应数量的期权。这个期权规定了5年的持有期,即以5年为一个周期,员工在持有期满5年时进行结算。期权由公司直接配给员工,员工不需要花钱去购买。持有期权的员工同时享有分红收益和增值收益,其中分红收益在员工持有期权的5年内均享有,并由公司拟定;增值收益在员工持有期权满5年或者与公司解除劳动合同关系时,予以现金支付。

截至2018年年底,员工持股计划参与人数为96 768人,参与人均为公司员工,持股员工占公司总人数比例过半,其中创始人任正非也参与了员工持股计划,其持股仅相当于公司总股本的1.14%。华为通过这种方式,将员工与股东的身份结合,在一定程度上解决了员工与股东之间天然的矛盾,使员工为之奋斗的目标不再是公司,而是员工本身。在公司发展壮大的过程中,华为经历了无数次的困窘与磨难,在面对各种各样的危机时,华为股权激励制度将大多数员工的利益与公司利益紧密地捆绑在一起,同其他企业相比,华为更易使全员团结一致来应对危机、共同承担风险。同时,股权激励制度的实施也大大降低了员工跳槽的可能性,尤其是掌握核心技术的科技人员,华为对这部分员工投入巨大,他们的跳槽将会是一笔巨大的损失,股权激励制度对华为稳定高精尖人才起到了不可磨灭的作用。

在公司生产经营过程中,平衡员工和股东之间的利益冲突,是一项非常重要的管理工作。华为创造性地制订了员工持股计划,实现了员工和股东利益的一致性,实现了员工和公司所有人之间对立身份的统一,解决了员工与股东之间的矛盾和冲突。股权激励使得员工从根本上获得了对公司的归属感,与公司成为利益共同体。近年来,华为的净资产收益率稳定在25%以上(见表1-4),公司股东的利益得到了很好的保障。

表1-4　华为2012—2018年净资产收益率　　　　　　　　　　　　　　单位：%

项目	2018年	2017年	2016年	2015年	2014年	2013年	2012年
净资产收益率	25.46	27.02	26.44	31.00	27.87	24.35	22.12

资料来源：根据华为2012—2018年年度报告整理。

(二) 客户

企业与消费者的联系主要靠产品来交流。消费电子市场千变万化，但华为知道，消费者对高质量、优质服务的追求是永恒不变的。当前正处在过剩经济的市场环境中，手机等通信工具处于买方市场，企业只有依靠优质的产品和服务才能取胜。高标准铸就高品质，高质量可以获得更大的市场。华为也在加快服务体系建设，打造多层次服务队伍，加大对服务的投入，快速建立服务好、服务快、效率高的核心服务能力，以快速开拓市场。"坚持以客户为中心，持续为客户创造价值"也成为华为一句响亮的口号。

过去30多年，华为与各国运营商一起在全球建设了1 500多张网络，帮助世界超过1/3的人口实现了连接。在政府和企业客户业务方面，华为以业务需求为驱动，从顶层设计入手，聚焦价值创造，与政府和企业探索及开展数字化转型实践。在智慧城市领域，华为参与了北京、上海、天津、深圳、苏州、南京等60多个智慧城市项目，通过5G、云计算、物联网等技术助力客户构筑智慧服务型政府，在智能交通和公共安全方面提供技术支持和解决方案；在国际上，华为已助力全球40多个国家和地区的160多个城市开展智慧城市项目建设；在金融领域，华为为金融机构全方位评估自身数字化成熟度提供模型与方法，已服务超过300家大型金融机构，包括全球Top50(前50)银行中的20家；在能源领域，华为致力于成为电力行业一站式ICT解决方案供应商、智能电网建设的优选合作伙伴，华为智能电网解决方案已广泛应用于意大利国家电力Enel、泰国电力公司PEA、中国国家电网等全球190多个电力客户。在消费者业务方面，华为坚持"华为消费者业务的起点和终点都是最终消费者"的核心理念，持续追求在性能、摄影、人工智能、通信、设计等领域的突破创新，用创新为消费者创造价值，着力满足消费者对高品质的数字工作、生活和娱乐体验的要求。

任正非曾写过一篇名为《为客户服务是企业生存的唯一理由——谈谈华为公司的企业战略》的文章，该文章谈道：为客户服务是华为能够生存的理由，我们认识到客户才是华为能够发展下去的动力,而组织、流程、制度、政策、企业文化等方面的建设也必须以客户需求为导向。服务的最终目标是获得商业利益,而服务对象的满意程度是华为能否生存下来的终极评判标准。因此,任正非称:"我们只有用优良的服务去争取客户的信任,才能创造资源,这种信任的力量是无穷的,是我们取之不尽、用之不竭的源泉。因此,服务贯穿于我们公司及个人生命的始终。"华为以客户为中心的服务理念提升了客户的满意度,培养了客户的消费习惯,客户对华为品牌的忠诚度得到极大的提升,形成了良性循环。

(三)供应商

供应商是上下游产业价值链的重要一环,也是成本管理中不可忽视的重要部分,华为通过业务驱动供应商可持续发展。华为意识到良好的合作关系来自良好的对话和讨论,因此华为提供了多种开放的沟通渠道,以便其与供应商进行及时的沟通。华为的政策是与供应商和其他任何有业务关系的客户公平往来,遵守商业道德。华为每个物料专家团内部都有供应商对接人,负责与供应商的对接和沟通,处理供应商与华为往来过程中的任何问题和疑问。为了处理所有与采购相关的问题,华为还专门设立了供应商反馈办公室,包括供应商针对华为某部门或某员工的不满意行为的投诉等。由于这些渠道具有良好的保密性,供应商可以无顾虑地让华为了解自己的想法,因此有助于双方降低信息不对称性,形成更为开放、有效的关系。在供应商眼中,华为采购管理专业、付款及时准确,这样的好印象保证了华为供应链的相对稳定。

在2018年华为召开的全球核心供应商大会上,华为首次向外界公开了核心供应商的名单。供应商名单分为六大类,包括"连续十年金牌供应商""金牌供应商""优秀质量奖""最佳协同奖""最佳交付奖"以及"联合创新奖"。名单显示,华为一共有92家核心供应商,其中美国企业入选最多,有33家,占比36%,在华为供应链中处于核心地位,中国企业目前正在奋起直追(见表1-5)。以一部手机的物料清单来看,显示屏、处理器和存储占比最大,目前这一领域核心的供应商主要集中在欧美日韩国家,而国内的京东方已经在屏幕领域有很大的突破,未来在国家加强集成电路产业发展的大背景下,芯片供应链体系中也会有中国企业的身影。

表1-5 华为92家核心供应商名单

类别	供应商
连续十年金牌供应商(2家)	英特尔、恩智浦
金牌供应商(65家)	灏讯、赛灵思、美满、富士康、生益电子、中利集团、富士通、沪士电子、美光、广濑、比亚迪、村田、索尼、大立光电、高通、亚德诺、康沃、安费诺、立讯精密、欣兴电子、莫仕、耐克森、京东方、阳天电子、中航光电、甲骨文、住友电工、安森美、中远海运集团、顺丰速递、中国外运、新能源科技有限公司、舜宇光学、天马、SK海力士、罗德与施瓦茨、是德科技、美国国际集团、思博伦、红帽、SUSE、晶技股份、东芝存储、希捷、西部数据、光迅科技、迅达科技、新思科技、华工科技、长飞、意法半导体、思佳迅、微软、深南电路、新飞通、Qorvo、古河电工、瑞声科技、联恩电子、Sumicem、歌尔股份、华通电脑、三菱电机、三星、南亚科技
优秀质量奖(7家)	赛普拉斯、高意、Inphi、松下、航嘉、旺宏电子、华勤通讯
最佳协同奖(2家)	迈络思、台积电
最佳交付奖(9家)	核达中远通、风河、亨通光电、日月光集团、联发科、蓝思科技、中芯国际、伟创力、罗森伯格
联合创新奖(7家)	伯恩光学、Lumentum、菲尼萨、铿腾电子、博通、德州仪器、英飞凌

资料来源：根据华为公布资料整理。

消费者业务的核心在于产品的用户体验，而终端产品的成功离不开产品供应链的管理和运营。华为委托专业的第三方市场调研公司，在全球范围内持续开展客户满意度调查及"供应商眼中的华为"调查，梳理和识别关键/核心问题并进行改进，持续提高客户满意度。此外，华为持续向产业链上游传递华为的质量管理要求，在供应商中推行同行对标学习模式，加快供应商学习行业最佳实践，并推动供应商建设业务连续性体系，适配客户需求。供应链体系的日臻完善是华为企业价值提升的重要因素之一。

（四）社会公众

华为在兼顾员工与股东、消费者和供应商利益之外，还积极承担社会责任。华为是一家优秀的通信设备供应商，把保障网络稳定安全运行，特别是在危急时刻（在遭遇地震、海啸等自然灾害和其他突发事件时）稳定安全运行的责任置于公司利益之上，通过持续创新，充分考虑业务的连续性和网络的韧性，提升产品的健壮性和防护能力。

华为在自身发展的同时，始终致力于带动当地社区共同发展。华为利用ICT优势和管理经验，与全球各国政府、客户和非营利组织共同开展公益活动，包括支持ICT创新、支持社区环保活动和传统文化活动、支持当地人才培养和教育事业、向当地公益组织提供各种形式的支持以及关爱当地弱势群体等。作为一个在170多个国家和地区开展业务的全球化公司，华为坚持"在当地、为当地"，华为在海外聘用的员工总数超过3.5万人，海外员工本地化率达到70%。2018年是华为企业社会责任旗舰项目"未来种子"持续开展的第十年，该项目旨在帮助培养本地ICT人才，推动知识迁移，提升人们对ICT行业的了解和兴趣，并鼓励各个国家和地区参与建设数字化社区。截至2018年年底，"未来种子"项目已在108个国家和地区撒下希望的种子，4 700多名来自全球各地的优秀大学生来到华为总部参观和学习。

在环境保护方面，华为一直坚持绿色发展战略，不仅在产品上致力于对环境的保护，还积极响应节能减排号召，不断提升运营管理水平、绿色办公、勤俭节约，使企业的运营成本和能源消耗降到最低。华为在绿色环保方面的重要目标之一，就是为客户开发高效、节能、环保的产品和解决方案，帮助客户降低运营成本，减少其碳排放及负面环境影响。为此，华为通过聚焦ICT基础设施和智能终端，提供一块信息化、自动化、智能化的"黑土地"，众多用以解决可持续发展问题的产品与解决方案得以茁壮成长。当前，华为创新的ICT已经助力全球102家运营商实施网络能效提升、降低能耗，共同打造低碳环保的绿色网络；华为智慧城市解决方案已经服务全球40多个国家的120多个城市，让城市更高效、环保和可持续；此外，华为还与全球光伏行业Top 100(前100)客户建立全面合作关系，积极构建开放共赢的智能光伏生态圈，促进清洁能源的利用，助力绿色世界建设。

华为的口号是以客户为中心，以奋斗者为本。通过以客户为中心，华为实现了其产品价值，让自身的市场份额和营业收入获得了较为明显的提升；通过以奋斗者为本，加上员工持股计划，华为员工与股东的身份合二为一，实现了员工与股东的利益平衡。华为"合作共赢、共同发展"的生态合作理念，与核心供应商形成了深度协同的战略合作伙伴关系,确保了需求的快速传递和供应能力的快速反应。而华为对社会责任的积极承担不仅促进了其可持续发展,还给华为赢得了良好的口碑。在全球产业分工与协作纵深化发展的今天,为了更加深入地参与5G时代全球数字化转型的建设,形成可持续的竞争优势,华为比以往任何时候都更加重视与各个利益相关者建设合作关系,不断提升企业价值。

六、绩效管理——战略执行的关键、价值提升的保障

一家企业的战略再宏伟,也必须有可以实现的土壤才会成功。企业战略的实现力量就是企业从管理层到基层员工的执行效率,而执行效率又是通过绩效管理的方式实现的。

华为的绩效管理以结果导向为理念,即让员工的奋斗方向始终指向公司的目标,让企业战略最大限度地成为公司前进的方向。华为的绩效管理,是华为企业战略贯彻落实的制度保证,是华为自身价值提升的内在动力源泉。华为的绩效管理流程如图1-6所示。

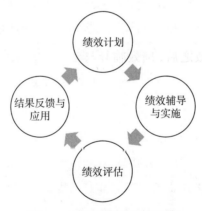

图1-6 华为的绩效管理流程

(一)绩效计划

1. 层层制定目标

每年的年初,华为会向各事业部下达绩效目标。各事业部将下达的目标分解至部门、片区、团队,在和员工沟通的基础上,再将目标分解至各个员工。

2. 绩效目标要求

华为的绩效目标要求具体包括:(1)目标须符合SMART原则(Specific,

Measurable、Attainable、Relevant、Time-bound；具体、量化、可达到、有相关性、有时限)；(2)员工个人目标应紧密围绕组织目标，与组织目标保持一致；(3)员工目标的挑战性应与员工职务级别、薪酬级别成正比；(4)实行KSF(Key Successful Factors，关键成功因子)薪酬管理机制，调动员工积极性。

(二)绩效辅导与实施

华为很重视绩效计划制订后的辅导工作，部门主管应该帮助员工达到绩效目标。因此，华为要求：(1)部门主管重视对员工的指导，要求每半年三次以上的正式面谈；(2)为及时跟进，部门主管面谈需有详细的记载，并进行面谈记录的抽检，对未按要求执行的部门进行严格处罚；(3)各级管理人员必须与员工保持沟通，每月员工的上级必须与员工进行一次以上的沟通辅导，了解员工工作进展、需要的支持以及员工个人职业发展意向，对绩效表现不佳的员工给予及时反馈和指导，以避免可能的误解和拖延。华为在绩效辅导与实施中，强调有效的上下级沟通。在华为，上下级间的沟通与信任被认为是绩效辅导与实施工作成功的基础。因为一般绩效目标是由上而下逐步分解的，在此过程中，对员工工作热情的激励就有可能出现不科学之处，而沟通将会对不完善的绩效计划进行及时的调整。当绩效计划的双方目标达成一致之后，绩效辅导与实施方案自然合理化，员工在工作中也就会努力完成目标。

(三)绩效评估

1. 评估内容

华为的绩效评估关注未来的工作改进，所以华为要求绩效评估指标尽量细化而且定量。例如，针对人力资源部门，员工招聘完成率及员工离职率代替了人力资源整体工作表现这样的定性指标，而新员工培训完成率及培训满意度则代替了员工培训管理情况这样的定性指标。

2. 评估方式

华为在关注员工绩效评估的同时，更关注对团队的绩效评估。华为规定，在年终评定中，业绩不好的团队原则上不能提拔干部，也不允许跨部门提拔；强调员工给结果付钱(奖)，给努力鼓掌(励)；加工资是公司对员工的岗位有了新的更高要求，那些没有调薪的岗位，要先提升它的作用和价值。在此评估方式下，员工个人的业绩会受到团队评估结果的影响,如果团队整体业绩不达标,则员工的升迁及个人奖金会受到很大程度的影响。所以,华为的团队评估驱动各部门或团队的员工上下同心。而华为员工形成合力,就能促进公司的业绩成长。

3.评估对象

华为针对中高层管理者与一般员工的评估有着很大的差别。华为虽然开展严格的绩效评估,但是对普通员工付出的劳动,还是强调要给付高于行业平均水平的报酬;而对中高层管理者或者公司干部,则提出了全方位的要求,这其中不仅包括业绩、专业能力、协调能力,而且包括员工的献身精神。针对管理干部的评估中,华为强调KSF薪酬激励,主要评价管理干部在关键事件中的管理能力及应对突发事件的处理能力。另外,在对管理干部的年终评估中,华为强调360度的全面评价,目的是要求管理干部能够服众。

(四)结果反馈与应用

华为要求员工绩效评估结果必须有优、良、差的强制分布。

1.半年度绩效

目前,华为绩效评估分为"A""B+""B""C""D"五个等级,半年度绩效各等级比例如表1-6所示。

表1-6 华为半年度绩效等级比例

序号	绩效等级	比例范围		备注
1	A	≤50%	10%—15%	潜在规定
2	B+		≤45%	
3	B	40%—50%		
4	C	5%—10%		强制比例限制,具体C、D等级比例未限制
5	D			

资料来源:根据华为公布资料整理。

半年度绩效评估结果不与工资挂钩,主要作为人员培训、任命、调薪、评优和岗位匹配等参考依据。但是对员工进行绩效评估时,会综合对其一年内绩效情况进行考察。

2.年度绩效

华为员工年度绩效评估主要根据四个季度绩效按照各等级对应绩效分数

（A—6分，B+—5分、B—4分、C—3分、D—1分）进行加权计算后得出该员工年度绩效分数，然后根据预先设定的分数区间对应绩效等级拟定出该员工年度绩效等级。年度绩效主要与年终奖挂钩，年终奖具体标准由各级部门根据奖金包的大小及各等级比例人数情况进行分配，集团总部不做限制。华为的考核极其严格，对于个人绩效，评估为C或D等级的三年不能涨工资、配股，奖金当年为零。

有惩就有奖，任正非在公司内部推行"工者有其股"的激励机制，华为会针对等级为B及以上的员工，根据级别与绩效的不同，设定该员工当年的虚拟股配股数量。由于华为每年的股票分红收益都在30%左右，因此很多员工甚至愿意使用内部贷款通道，借钱购买配给的虚拟股票。员工获得股票之后就会与公司形成利益共同体，这又进一步激发了员工的奋斗热情。

七、问题讨论

从一家默默无名的销售代理商，到雄踞通信设备行业龙头，再到如今令全球科技霸主美国惶恐的华为，究竟是如何实现这一华丽蜕变的？本案例主要关注华为如何通过技术革新、全球视野以及共赢共享的理念实现企业战略，进而提升企业价值。本案例请学员们重点思考以下问题：

1. 什么是企业价值？提升企业价值的措施通常有哪些？
2. 企业战略有哪些类型？华为选择了什么样的战略？为什么？
3. 如何理解企业财务管理的目标？华为是如何定位并实现其财务管理目标的？
4. 提升企业价值是企业的目标所在，但为什么有一些企业成功而有一些企业失败了？华为的价值提升之路有何特点？
5. 华为的企业价值提升之路对其他企业有何启示？

八、主要参考资料

1. 曹思源.浅析华为集成供应链管理的机遇与挑战[J].经贸实践，2017(13)：135.
2. 程榕.虚拟股权激励研究——以华为公司为例[J].会计师，2017(05)：11-12.
3. 广东省政府发展研究中心课题组，杨广丽.华为进入非洲市场的成功策略及经验启示[J].广东经济，2017(04)：16-19.

4. 胡欣悦,孙飞,汤勇力.跨国企业国际化研发合作网络结构演化——以华为为例[J].技术经济,2016,35(07): 1-5+26.

5. 华为2011—2018年年度报告。

6. 黄海峰.华为惊艳MWC2019让全球知道华为的极简5G、AI与安全[J].通信世界,2019(06): 27-29.

7. 黄卫伟.价值为纲[M].北京:中信出版社,2017.

8. 黄卫伟.以客户为中心[M].北京:中信出版社,2016.

9. 黄旭.员工持股激励计划方案应用实践研究——来自华为的案例分析[J].国际商务财会,2017(3):25-30.

10. 阚丽丽.华为5G的逆风上行[J].新产经,2018(12): 20-22.

11. 李刚.EVA企业价值评估体系及其应用——以华为公司为例[J].财会月刊,2017(22): 82-86.

12. 李伟,李梦军.华为手机:智慧手机的引领者?[J].清华管理评论,2018(06):100-111.

13. 刘佳进.企业价值管理研究[J].当代会计,2015(07): 71-72.

14. 刘琼.华为联想全球化启示:如何在海外构建中国品牌[J].公关世界,2015(11): 80-81.

15. 刘文栋.华为的国际化[M].深圳:海天出版社,2010.

16. 刘翼生.企业战略管理:不确定性环境下的战略选择及实施[M].北京:清华大学出版社,2016.

17. 迈克尔·波特.竞争战略[M].北京:中信出版社,2014.

18. 钱丽娜.华为如何在全球化中推进人才战略[J].商学院,2016(06): 84-86.

19. 秦婉琪.华为公司股权激励对企业价值创造力的影响[J].当代经济,2019(01): 118-119.

20. 任泽朋.华为公司虚拟股票激励案例研究[D].华东交通大学,2017.

21. 苏敏坚.5G时代的话语权[J].金融经济,2018(17):48-49.

22. 田涛,吴春波.下一个倒下的会不会是华为[M].北京:中信出版社,2012.

23. 王美茹."以人为本"人才管理理念在华为的应用与启示[J].企业改革管理,2018(16): 54+70.

24. 王玉峰,方慧,施婉娇,武慧."世界实验室":华为全球化研发战略[J].中国工业和信息化,2019(Z1):18-22.

25. 吴春波,尹志欣,马君.企业社会责任与企业管理的关系研究——基于华为公司企业社会责任报告的案例研究[J].管理现代化,2014,34(04):71-73.

26. 晏梦灵,董小英,余艳.多层次组织学习与企业研发双元能力构建——以华为IPD系统实施为例[J].研究与发展管理,2016,28(04):72-86.

27. 尹志欣,袁立科,李振兴.高科技企业全球创新布局及模式选择——以华为公司为例[J].中国科技论坛,2017(10):72-79.

28. 原梦琦.华为的激励机制与启发[J].中国集体经济,2018(30):51-52.

29. 张谷若.以奋斗者为本[M].北京:中信出版社,2014.

30. 张景云.中国品牌全球化战略:华为的案例研究[J].社会科学文摘,2018(10):11-13.

31. 张若谷.蓝血十杰[M].北京:中信出版社,2014.

32. 庄学敏.基于华为的战略转型分析[J].科研管理,2017,38(02):144-152.

案例 2 财务战略助推北大荒价值提升

教学目标

本案例旨在引导学员关注财务战略对企业价值提升的作用与影响。通过对案例的学习与讨论,一方面让学员了解财务战略的内涵、类型、目标以及财务战略与企业战略的关系;另一方面引导学员思考财务战略制定时需要考虑的因素以及农业企业财务战略制定的特殊性,从而充分掌握财务战略调整助推企业价值提升的传导路径。

我国是一个拥有五千年农耕文明史的大国,在历史上,我国曾创造过辉煌灿烂的农耕文明。在当今飞速发展的现代经济社会,农业依然是我国国民经济的重要组成部分。农业类上市公司作为农业经济的先驱,在我国农业经济的发展中起到了示范带头作用。目前,我国农业类上市公司虽然呈现了良好的发展势头,但是许多上市公司都出现了"背农经营"的现象,同时多元化投资难以获得预期效果。以黑龙江北大荒农业股份有限公司为例,该公司在成立之初,依托于寒带黑土地区拥有万亩良田的资源优势,在行业中居于领先地位。近年来公司业务逐渐拓展到工业、建筑业、金融业等行业,由于对这些行业认识不足以及人才、管理、资金等方面跟不上发展需求,公司的多元化经营不仅未能形成新的业务增长点,还削弱了其核心竞争力,导致公司市场地位下降。追根溯源,原因在于公司没有协调好财务资源与公司发展之间的关系,使得公司经营屡屡遭遇坎坷。

一、案例背景介绍

(一)公司简介

黑龙江北大荒农垦集团总公司(以下简称"北大荒集团")地处东北亚经济区

中心、世界三大黑土带,自然资源丰富,生态环境良好,属于国家级生态示范区。北大荒集团注册资本达 60 亿元,资产总规模为 417 亿元,所有者权益为 126 亿元,从业人员约 75 万人;共拥有 114 个农牧场,536 家国有或国有控股企业,分公司、子公司等遍布我国各大中城市和地区,与全世界多个国家和地区建立了业务合作以及贸易经济关系;农业科学化程度较高,粮食的综合生产能力较强,是我国耕地规模最大、现代化程度最高的农业企业集团,在我国农业类上市公司中具有明显的规模、资源、技术、装备和管理等方面的优势,是农垦行业的标杆。黑龙江北大荒农业股份有限公司(以下简称"北大荒")成立于 1998 年,是由北大荒集团独家发起设立的股份有限公司,2002 年 3 月 29 日在上海证券交易所挂牌上市。

(二)主要业务板块

北大荒主要从事耕地发包经营,水稻、玉米等粮食作物的生产和销售,与种植业生产相关的技术、信息及服务体系的开发、咨询和运营,化肥零售(仅限分支机构经营)以及房地产开发与销售等(见图 2-1)。

1. 耕地发包业务

公司实行以统一经营管理为主导,家庭农场承包经营为基础的统分结合的双层经营体制。公司是耕地资源经营主体,对权属内的耕地资源享有使用权、经营权和收益权,通过对权属内的耕地资源发包经营和生产服务,统一组织、指导和管理农业生产经营活动。家庭农场、联户家庭农场以及其他经济组织是双层经营的生产经营主体,通过承包方式取得耕地资源的经营权,直接从事农业生产经营活动,自主经营,自负盈亏。

2. 农产品销售业务

部分农业分公司销售家庭农场以实物方式缴纳承包费而缴纳的农产品;部分农业分公司结合农产品市场行情,收购部分农产品再销售以获取收益。

3. 房地产业务

公司控股子公司北大荒鑫都房地产开发有限公司主营房地产业务。

4. 其他业务

除三大主业外,北大荒纸业有限责任公司(以下简称"北大荒纸业公司")、北大荒龙垦麦芽有限公司(以下简称"北大荒龙垦麦芽公司")、北大荒鑫亚经贸有限责任公司(以下简称"北大荒鑫亚经贸公司")由于长期亏损,已于2013年全面停产;浩良河化肥分公司由于尿素市场产能长期严重过剩、尿素价格持续低迷,连续多年巨额亏损,从2016年开始处于停产状态。2016年按照公司加快引进战略投资者、发展混合所有制的战略思路,北大荒纸业公司、北大荒龙垦麦芽公司、浩良河化肥分公司先后引入4家战略投资者,分别成立了3家合资企业,实现了体制变革。随着3家合资企业的陆续改造运营,北大荒纸业公司、北大荒龙垦麦芽公司、浩良河化肥分公司长期闲置或半闲置的大部分资产将被盘活,公司也将甩掉多年来的沉重包袱,开启持续健康发展的新征程。

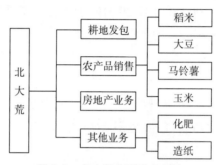

图2-1 北大荒主要业务板块

(三)股权结构与治理架构

北大荒集团的前身是黑龙江农垦系统,创立于1947年,1968年成立组建黑龙江生产建设兵团时期发展壮大。1998年3月经国务院批准,成立黑龙江北大荒农垦集团总公司,组建北大荒集团。同年11月27日黑龙江北大荒农业股份有限公司注册成立。最初北大荒拟于香港联合交易所上市,境外发行失败后于2002年在上海证券交易所挂牌上市。北大荒股权集中,大股东为北大荒集团,其余股东持股比例均不超过1%,其股权结构如图2-2所示。

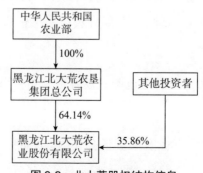

图2-2 北大荒股权结构信息

资料来源:黑龙江北大荒农业股份有限公司2018年年度报告。

"三会一层"是公司治理的核心,设置合理的组织架构,有利于建立良好的内部控制环境。北大荒集团是北大荒的第一大股东,通过股东大会及派出的董事、监事对公司实施管理。北大荒努力践行最佳公司治理模式,根据《中华人民共和国公司法》建立了股东大会、董事会、监事会、高级管理层各司其职、有效制衡、协调运作的公司治理框架(见图2-3),完善了部门架构、职能设置、制度建设和业务流程,构建了科学规范的投资决策及授权机制,建立了全面的风险管控体系。通过建立《内部控制制度》《独立董事工作制度》《独立董事年报工作制度》,公司股东大会有效发挥管控作用,董事会对战略定位、风险偏好、业务发展速度和规模合理控制,监事会充分发挥对董事会与高级管理层的监督职能。

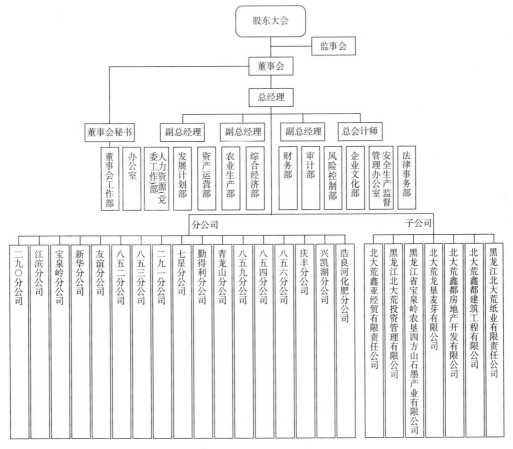

图 2-3 北大荒组织结构

资料来源:黑龙江北大荒农业股份有限公司官网。

根据公司生产经营的特点,北大荒设立了办公室、人力资源部、发展计划部、资产运营部、农业生产部、财务部等12个职能部门,负责公司的生产经营与发展,并建立了《财务管理制度》《预算管理制度》《固定资产管理制度》《安全生产管理制度》《工程项目管理制度》《内部审计管理制度》《企业社会责任管理制度》《对外投资管理制度》《投资者投诉处理工作制度》《工程项目管理制度》等制度规范为公司生产经营管理提供保障。同时,公司还设立了董事会薪酬与考核委员会、董事会战略委员会、董事会提名委员会、董事会审计委员会,并建立了《董事会薪酬与考核委员会工作制度》《董事会战略委员会工作制度》《董事会提名委员会工作制度》《董事会审计委员会工作制度》规范相关事项。

二、战略变革三部曲——北大荒的跌宕发展史

(一)力主农业,建立现代企业制度(1998—2002)

1995—1996年,全国各垦区根据国家国有资产管理局、国家经济体制改革委员会《股份有限公司国有股权管理暂行办法》,推进农垦企业股份制改革试点工作。1998年黑龙江垦区果断决策,将优势资源进行战略性重组,由北大荒集团作为独家发起人设立了黑龙江北大荒农业股份有限公司,注册资本为163 429.2万元。公司以农业发展为核心,先后发起设立了友谊、七星、青龙山等16家农业分公司以及浩良河化肥分公司。16家农业分公司的经营范围均为水稻、大豆、小麦、玉米等粮食作物的生产、精深加工、销售,与种植业生产及农产品加工相关的技术和服务体系的开发、咨询与运营。浩良河化肥分公司主要经营化肥的生产与销售。北大荒成立后,成为我国当时规模最大、现代化水平最高的农业类股份有限公司和商品粮生产基地,具有明显的规模、资源、技术、装备、管理优势。

公司成立之初致力于H股上市,1998年12月15日,北大荒通过了香港联合交易所的上市聆讯。1999年1月10—23日,公司先后赴新加坡、英国、美国等国家和中国香港地区进行路演,但恰逢亚洲金融危机,加之境外投资者对我国农业承包制缺少理解等诸多原因,北大荒境外上市计划落败。

(二)产业扩展,致力企业多元化发展(2002—2013)

2002年3月29日,北大荒在上海证券交易所正式上市挂牌交易。公司上市共发行30 000万股普通股,实际募集15.63亿元,募集资金主要用于农业基础设施建设、高新技术大规模综合应用以及化肥工程项目。2007年,公司发行15亿元可转换债券用于优质水稻生产基地建设等项目,进一步加大了对农业加工及化

肥的投入。这一阶段,公司围绕"以农业为基础,以市场为导向,拓展水稻为主的农产品深加工,打造现代化农业企业"的发展战略,不断加强优质水稻生产基地的建设,在大米种植、销售、深加工领域不断拓展,"北大荒"系列品牌大米相继成为绿色食品、有机食品,并被评为行业唯一标志性品牌、中国品牌、最具市场竞争力品牌,米业成为北大荒的核心支柱产业。

随着公司的不断发展壮大,北大荒开始实施多元化发展战略,通过新设、并购等方式,先后控股黑龙江北大荒纸业、北大荒龙垦麦芽、北大荒鑫亚经贸、北大荒鑫都房地产开发等公司,扩展工贸产业,迅速扩大资产规模(见图2-4)。但受制于2008年国际金融危机的影响,国际原油价格下跌,甲醇价格下挫,拖累北大荒工业盈利水平持续走低,再加上公司对工业领域的认识不足,北大荒工业企业长期处于亏损状态,影响了公司的长期可持续发展。

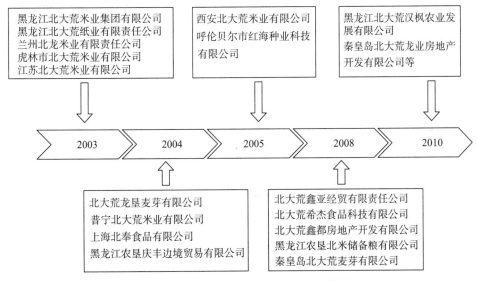

图2-4 2003—2010年公司工贸产业版图

资料来源:根据黑龙江北大荒农业股份有限公司公告整理。

另外,大规模的违规担保与拆借使得北大荒的稻米加工主业荒废。2012年,北大荒亏损1.88亿元,业绩下滑143%,利润亏损主要是由于公司大幅计提减值,其中北大荒鑫亚经贸公司共计提减值2.65亿元。北大荒鑫亚经贸公司成立于2008年,是由北大荒出资5 000万元设立,后经转股成为黑龙江北大荒米业集团有限公司(以下简称"北大荒米业公司")的控股子公司。2010—2012年正是房地产业极具吸引力的时期,北大荒鑫亚经贸公司成立的初衷是为北大荒米业公司提供重要的对外收购、销售流通平台,但随着其在2011年变身为北大荒房地产资金拆借的通道,情况开始失控。经查,2011—2012年,北大荒鑫亚经贸公司累计向母公司以外的五家房地产公司拆借资金9.76亿元,包括向哈尔滨乔仕房地产开发有限公司拆借资金5.84亿元、哈尔滨中青房地产开发有限公司拆借资金5 000万元、哈尔滨中信伟业有限公司拆借资金1 500万元、北大荒鑫都房地产开发有限公司拆借资金3.02亿元,这些资金拆借并未履行相应的决策程序,也未披露信息,巨额的资金占用及担保给北大荒的经营带来了巨大的债务风险。违规拆借暴露之后,上海证券交易所要求北大荒核查并公开谴责公司董事、总经理丁晓枫。为逃避债务及减少亏损,北大荒以6 000余万元的价格出售了子公司北大荒米业。

(三)战略收缩,重归核心农业发展(2013年至今)

2012—2013年,北大荒除农业分公司外,主要子公司及分公司均处于亏损状态,导致公司整体利润亏损,面临退市危险。2013年,北大荒集团进行管理层改组,改组之后,以刘长友为核心的管理层按照"止血止亏、关停并转"的整体思路,采取一企一策的方针,逐渐消灭亏损源,北大荒主业回归农业。

1. 止血止亏、关停并转

自2012年以来,北大荒陆续关闭亏损公司,不断缩减业务规模,剥离负向资产,推动公司混合所有制改革,盘活公司资产,推动职工再就业。北大荒引进深圳鑫麦香实业有限公司、鼎德信(天津)有限公司两个战略投资者,与北大荒龙垦麦芽公司成立合资公司,北大荒龙垦麦芽公司以评估价值1.96亿元的资产入股,占总股本的49%。北大荒纸业公司由于连年亏损,于2013年进行停产处理,其与北京三聚环保新材料股份有限公司(以下简称"三聚环保公司")共同设立合资公司,合资公司由三聚环保公司经营控股,致力于发展生物质能源的开发利用业务,利用植物秸秆生产液化天然气和碳基复合肥。此外,公司将浩良河化肥分公司与尿素生产有关资产出资成立黑龙江北大荒浩良河化肥有限公司(以下简称"浩良河化肥公司"),浩良河化肥公司以增资方式引进北京洪泽阳光实业有限公司(以下简称"洪泽阳光公司"),由洪泽阳光公司控股经营,对浩良河化肥公司生产工艺、设施等进行技术改造,生产碳基复合肥。

2. 积极引入战略投资者,创造利润增长点

北大荒通过下属的全资子公司黑龙江北大荒投资管理有限公司(以下简称

"北大荒投资")与中航国际粮油贸易有限公司、黑龙江卓信粮食储备管理有限公司共同成立黑龙江中航北大荒现代农业有限公司,由中航粮油贸易有限公司控股经营。合资公司将购买或者长期租用公司各农业分公司原有粮食晾晒、烘干、仓储及粮食加工设施;同时,在公司各农业分公司所处区域修建或者新建新的粮食晾晒、烘干、仓储及粮食加工设施,开展粮食收储业务。北大荒通过下属的全资子公司北大荒投资与北京佳沃龙江投资管理中心等公司共同成立佳沃北大荒农业控股有限公司,致力于打造从原产地到餐桌的全产业链模式,着力打造安全、放心、高品质的高端民族品牌,充分发挥股权多元化的体制优势,弥补公司在市场营销、产品经营方面的不足,带动公司有机绿色农产品种植业务的发展。

北大荒与中南建设区块链农业发展(深圳)企业(有限合伙)共同成立黑龙江北大荒区块链数字农业股份有限公司,将生产商生产出来的每件产品信息全部记录到区块链中,建立从原产地到餐桌的封闭自治农业组织。一方面,北大荒依托独特的生态条件,突出"优质、绿色、安全"导向,构建有机绿色农产品种植基地,大力发展有机绿色农产品种植,借助现有集农田感知与智慧管理于一体的农业物联网系统,积极推进食品安全追溯体系建设,进一步构建从农产品投入管理至生产过程环境监测等的有机、绿色种植全程可控、在控的实时可视管理系统;另一方面,北大荒加大科技示范推广力度,重点探索应用了旱平垄作双侧双深技术、宽窄行侧深施肥技术、改装国产品牌水稻侧深施肥技术和水稻旱田直播湿管栽培综合配套等一系列节本增效、农业"三减"和丰产栽培技术。此外,北大荒进一步夯实农业基础设施,加大对农田水利、粮食管护、农机管护、生产服务等基础设施建设的投入力度和农机具的更新速度,进一步提升防灾减灾和粮食综合生产能力。

三、高歌猛进——实现战略突围

"明者因时而变,知者随事而制",北大荒以战略委员会为决策的核心单元,根据经济新状态、新格局、新阶段的发展变换,紧抓战略机遇,为子公司、分公司制定与之业务相适应的发展战略。例如,为庆丰分公司在现代农业上创造特色,积极打造农业发展的"特色",全面实施"农业带动特色产业发展"战略,促进了企业增效、员工增收;发挥八五九分公司乌苏里江江水灌溉稻米优势,全面推进"互联网+营销",实施品牌战略,推动了分公司由"种得好"向"销得好"聚焦发力;同时,不断扩大公司影响力,将公司发展事迹通过权威媒体进行宣传,2009年9月16日,《黑龙江日报》在头版头条位置刊登了题为《"北大荒":筑牢根本 健步前行》的文章,报道了公司实施以人为本的现代企业人力资源管理战略,为公司赢得了良好的社会声誉。

"权知轻重,度知长短",战略的调整起因于自身实力与公司外部环境变化。从自身的发展来看,北大荒集团化垦区由农垦管理局变为农垦集团总公司,由行政管理变为企业化母子公司运营;各农场变为有限责任公司,农场成立社区管委会,政社分开,政企分开。从农垦体制演化来看,农垦经过实行财务包干、兴办职工家庭农场到建立现代企业制度的一系列改革,其经济体制改革和机制创新取得了重大进展,并发生了巨大变化:在经营方式上,农场由国营变为国有;在经营内容上,农垦由单一经营农业变为农工商综合经营、三次产业融合发展;在经营范围和层次上,垦区突破单一经营农业,创新经营范围和模式,建立现代农业示范园区,成为特色农业现代化的抓手。北大荒综合自身实力与外部环境变化,因势而谋、因势而动、因势而进、取长补短,在逆境中积极求变、及时止损,在顺境中顺势而上、进中突破,加快发展步伐,开创了多元化、可持续发展的新局面。

(一)北大荒市场竞争优势

1. 资源优势独特

北大荒位于世界三大黑土带之一的三江平原,辖区覆盖三江平原、松嫩平原和小兴安岭大部分地区,横跨黑龙江省12个市、74个县(区),下辖16家农业分公司,多个农垦系统资源条件较好的农场,拥有耕地近1 200万亩。所在的黑龙江省冬季漫长寒冷,夏季炎热湿润,农业病虫灾害少,雨热同期有利于农作物生长。综合来看,公司在农产品全产业链各个环节都拥有较好的资源基础,为生产有机、绿色农产品提供了得天独厚的自然生态环境,这成为北大荒独有的资源优势,土地承包费盈利模式也成为公司主营业务收入来源之一。

2. 规模优势突出

北大荒的粮食生产能力和产品品质在国内农业企业中居于前列。在经济作物生产方面,公司主要生产水稻、玉米、大豆等农产品,年可生产水稻、玉米、大豆等优质农作物140亿斤以上。在有机绿色农作物种植方面,公司同样条件优越、潜力巨大。目前,公司的绿色农作物种植面积已经超过520万亩,有机作物认证面积超过75万亩,相对国内同行以及国际粮商来讲这也是较为突出的优势。

3. 科技转化能力强

北大荒高度重视科技创新在农业生产方面的重要作用,积极推进科技创新驱动农业生产发展。公司科技创新体系健全完善,拥有多样化且满足实际需要的农业科技推广、研发、气象、防灾、预警服务体系;农业装备技术水平高,拥有大马力机械、联合收割机、精量点播机等一系列先进的农机具,农业机械化率高出全国平均水平一倍;重视农业科技成果的推广和产业化,农业科技应用水平高,在单产提高方面发挥了重要作用。

(二)北大荒发展劣势

1. 经济附加值低,产品结构单一

北大荒的收入主要来自"土地租赁+初级农产品收购和销售"收益,这使得北大荒的主要产业布局仍停留在传统农业领域,虽然公司努力发展有机农业和绿色种植业,但是与国际先进农业企业相比,公司的农业经营理念落后于发展趋势,产业布局集中于土地租赁,初级农产品收购、销售和加工等产业价值链低端环节,产品附加值不高,围绕主业的产业价值链拓展不够,未形成现代大农业全产业发展模式。与国内知名企业相比,产业集群模式相对落后,公司亟须通过有效的战略调整重塑产业布局和价值链地位,加快公司产业发展回归"正轨"。

2. 经营管理水平有待提高

北大荒在经营管理理念、现代企业制度、公司治理结构、公司信息化建设等方面与国内先进企业存在较大差距,粗放的经营模式已经受到市场的质疑,亟须通过管理体系的系统化升级重塑公司的发展战略。此外,随着扩张步伐的加快,公司规模越来越庞大,处于"重资产经营"状态,但"大而不强",在多个辅业领域中低效的投资回报、低迷的经营业绩,严重削弱了公司的市场竞争力,致使公司出现负债经营端倪,公司财务管理陷入恶性循环风险加大。

(三)北大荒发展机遇

1. 国家政策支持农业企业发展

近年来,国家政策对农业工作给予了大力支持,2016年中央一号文件对现代农业发展提出了诸多要求和具体方向,有效推进了农业由增产向提质转变。在国家政策层面上,2015年11月,中共中央、国务院下发了《关于进一步推进农垦改革发展的意见》,国家对农垦事业给予高度肯定和重视,也给予农垦改革足够的政策支持,农业企业发展的外部政策环境越来越好;在区域政策层面上,2013年4月,《黑龙江省"两大平原"现代农业综合配套改革试验总体方案》的出台,使黑龙江垦区农业引领地位得以进一步巩固。与此同时,国家粮食连年增产,农业实现了综合生产能力质的飞跃,特别是国家每年出台的一系列支农、惠农政策加快促进了农业发展。从市场竞争主体来看,规模、技术、装备、管理水平较高的国有农业企业与手段落后、经营分散的农村和农民相比,具有明显的市场竞争优势。国家在高标准农田建设、农田水利建设、现代农业科技创新推广体系建设、现代种业发展、农产品流通市场建设等方面的一系列措施都对北大荒的农业种植、生产和经营起到了引导带动作用。从区域层面来看,两大平原现代农业综合配套改革试验的推进进一步巩固了农业在区域经济发展中的基础地位,公司具有有利的发展机遇。国家推进农业供给侧结构性改革,对高品质、安全的绿色有机农产品需求不断增加,促进了公司种植收益的提升。

2. 技术变革拓展农业发展空间

新的产业变革和商业模式的兴起,为农业转型发展增添了新的动力。随着动植物育种、农机装备、生态环保等领域关键技术的突破,农业科技进步在农业增产增收、企业多元化生产经营、现代大农业发展等方面发挥了重要作用。"互联网+"现代农业变革了农业生产、销售、技术服务等活动的方式,使农业企业的生产经营方式发生了显著变化;物联网与农业的结合提升了农业生产智能化水平,农业生产经营活动更加精细化。这些产业发展模式的变革为北大荒的战略升级和产业链调整提供了良好机遇。

3. 体制改革增强公司竞争力

北大荒集团自上而下全面推行改革,各项改革方案的颁布实施从总体上优化了公司治理结构,增强了公司竞争力。国家有关文件提出发展现代农业、走规模化经营道路、淘汰落后生产力等举措,必然涉及土地承包权、经营权改革等内容,这有望使得农村土地产权清晰、土地交易市场健全,促进农业生产率提升,使公司的土地资源价值进一步显现。

（四）北大荒发展面临的威胁

1. 政府宏观调控粮价压缩公司利润空间

尽管我国制定了大量惠农政策，但是个别农业政策和价格政策也给农业企业带来了限制。例如，国家为保护农民种粮收益，对粮食实行政策性收购，导致粮食收购价较高。但为稳定百姓餐桌，控制CPI（居民消费价格指数），又对下游的粮食销售企业进行销售价格限制。由于拥有巨大的库存，政府有足够的资源调控市场粮价，市场粮价因此受到限制，从而影响粮食销售企业的利润空间。

2. 粮食市场化收储改革带来的明显冲击

当前粮食市场的主要矛盾是结构性过剩，特别是玉米、稻谷等远远超出实际需求，但大豆严重依赖进口，有机、绿色等高端优质农产品供给不足。目前，全国粮食库存超过一年的产量，远高于合理水平，库存积压严重给粮食市场、安全储备和收储资金带来了巨大压力。

3. 进口农产品的冲击

近年来，受国际农产品市场价格下跌、国内农产品生产要素成本上涨、人民币汇率变动等因素的影响，我国农产品市场遭到进口农产品的猛烈冲击，我国粮食企业在部分领域失去了产品定价权。国内重要粮食企业在多个产业链领域的竞争优势正被削弱或者蚕食，其农产品的市场份额和价格被大幅压低，在部分地区出现了"卖粮难"的情况。

4. 行业内市场竞争激烈

现代农业竞争，已由农产品之间的竞争，转为集品种、生产、加工、储运、保鲜、包装、营销等各个环节于一体的农业产业体系的竞争。随着我国农产品市场经济发展程度的提高，以及物流、信息等服务业的不断进步，我国农业企业将围绕种植、收储、加工、销售等环节展开激烈的竞争。产业结构老化、产业集群模式相对落后，在现代大农业提档升级的新形势下，北大荒在国内同行业中竞争优势逐步减弱，亟须捕捉市场机遇，率先实现产业链战略布局，抢占发展先机。

四、涤故更新——北大荒创新经营之道

（一）主营业务收缩战线

北大荒的主营业务主要涉及土地承包、房地产、农产品销售、工业品及其他四

大类(见表2-1)。从行业发展趋势来看,农业产业链纵深发展是农业企业未来的发展趋势;从产品发展来看,农产品深加工是我国现代大农业的发展方向。

表2-1 北大荒主营业务概况

项目	2013年	2014年	2015年	2016年	2017年
营业收入(万元)					
土地承包	228 673.12	246 180.57	247 270.70	250 190.21	256 207.86
房地产		25 695.95	20 265.68	1 423.75	3 748.10
农产品销售	172 927.89	52 792.74	16 487.10	6 118.98	6 624.54
工业品及其他	539 350.29	186 712.73	81 416.29	51 744.91	32 660.94
收入构成(%)					
土地承包	24.30	48.14	67.66	80.84	85.62
房地产		5.02	5.55	0.46	1.25
农产品销售	18.38	10.32	4.51	1.98	2.21
工业品及其他	57.32	36.51	22.28	16.72	10.91
毛利率(%)					
土地承包	100.00	100.00	100.00	100.00	100.00
房地产		21.78	25.75	20.76	19.08
农产品销售	1.09	2.98	3.79	0.42	1.49
工业品及其他	2.39	-1.34	-13.75	-27.09	-10.45

资料来源:东方财富Choice数据。

综合表2-1中的数据,从营业收入及其构成来看,土地承包业务收入呈现逐年增长的态势,且其在公司营业收入中所占的比重也在不断上升。土地承包业务盈利状况良好,是公司最主要的盈利来源,由于承包土地属于集团划拨,土地承包业务基本不存在成本,土地承包业务收入全部转化为利润。工业品及其他业务收入呈现快速下降的趋势,从2013年的539 350.29万元下降至2017年的32 660.94万元,降幅高达93.94%,其毛利率一直为负,处于亏损状态。近年来,公司关停并转相关企业,全力推进工业止亏减亏,从收入结构的变化中我们也可以看出,公司工贸企业减亏成效显著。房地产业务收入也由2014年的25 695.95万元下降至2017年的3 748.10万元,这主要是由于公司积极推进供给侧结构性改革——去库存,逐步减少对房地产行业的投资,进行去房地产化。

(二)财务状况持续改善

为了研究北大荒管理层改组之后公司财务战略的变化情况,我们选取北大荒公布的2013—2017年年报,筛选出主要报表项目,编制公司的资产负债表简表(见表2-2),以便更清晰、直观地反映北大荒的财务状况。

表 2-2　北大荒资产负债表简表　　　　　　　　单位：万元

项目	2013年	2014年	2015年	2016年	2017年
货币资金	158 047.16	136 596.78	71 315.63	93 956.27	133 404.27
应收票据	14 196.17	887.01	550.00	1 187.00	582.37
应收账款	71 834.00	17 428.32	9 338.21	5 250.17	4 788.57
预付款项	32 416.42	11 382.66	10 821.71	10 494.05	10 600.08
存货	383 198.29	135 207.16	110 034.68	85 903.48	78 630.07
流动资产合计	729 136.32	341 607.59	265 371.92	322 089.01	307 047.13
固定资产	555 712.83	417 139.90	388 553.92	362 568.17	326 185.79
在建工程	11 593.00	3 800.34	4 077.85	5 330.03	3 987.93
无形资产	29 854.37	46 722.34	46 100.16	43 949.71	42 107.53
非流动资产合计	656 106.68	481 294.94	458 101.54	452 136.03	457 648.67
资产总计	1 385 243.00	822 902.53	723 473.46	774 225.04	764 695.79
应付账款	99 136.34	44 591.18	30 878.14	24 889.34	22 256.34
预收款项	157 402.55	79 874.72	56 201.80	91 680.19	62 474.26
长期借款	25 712.24	818.91	492.17	445.17	445.17
负债合计	886 086.10	259 048.74	170 825.99	202 538.30	177 131.11

资料来源：东方财富 Choice 数据。

从表 2-2 中可以看出，北大荒的资产总额呈逐年下降的趋势，由 2013 年的 1 385 243 万元下降至 2017 年的 764 695.79 万元，降幅高达 44.80%；而公司的负债总额也在逐年递减，由 2013 年的 886 086.10 万元下降至 2017 年的 177 131.11 万元，降幅高达 80.01%。可见，负债总额的降幅要大于资产总额的降幅，资产总额下降主要是负债总额下降引起的，公司的资本结构正在不断改善。

此外，北大荒正在进行资产规模瘦身。其中，流动资产方面，流动资产总额由 2013 年的 729 136.32 万元下降至 2017 年的 307 047.13 万元，降幅为 57.89%。通过对报表数据进行分析，我们发现，公司流动资产的减少主要是应收票据、应收账款及存货的大幅减少引起的。北大荒从 2014 年开始应收票据和应收账款大幅减少，这主要是 2014 年 3 月末处置子公司黑龙江北大荒米业集团有限公司股权和 9 月末处置黑龙江北大荒汉枫农业发展有限公司股权，合并范围减少及北大荒鑫亚经贸有限责任公司收回欠款和计提坏账准备形成的，这表明公司正在进一步优化资金的使用效率，降低资金的使用成本。非流动资产方面，在建工程大幅减少，由 2013 年的 11 593 万元降至 2017 年的 3 987.93 万元，降幅为 65.60%，该变动主要是北大荒减少了对房地产行业的投资所致。

五、稳中求胜——北大荒的财务战略之道

(一)融资战略——稳健保守严控财务风险

总体来看,北大荒采取的融资战略较为保守,主要以权益融资为主,极少运用财务杠杆,具有极强的权益融资偏好。公司的资金来源主要是内源性融资,同时有少量的外源性融资。在内源性融资中,主要采用的是留存收益补充资本;在外源性融资中,主要采用的是债务融资。公司的资产负债率极低,最近三年稳定在20%的水平。这主要源于公司主要经营土地承包业务,固定资产主要为房屋建筑物、机器设备、运输工具与办公设备等,无形资产主要为土地使用权、探矿权等,长期以来无大规模融资购置资产需求。公司可变现资产规模较大,流动比率与速动比率长期大于1.5,公司财务风险整体可控。

按照外源性融资渠道对公司的融资方式进行划分,可以分为直接融资和间接融资。直接融资主要有上市发行股票、发行可转债以及发行短期融资券三种方式,但2012年之后,公司基本上停止采用直接融资方式进行融资;间接融资是公司主要的融资方式,主要是通过银行借款方式进行融资,2012—2017年公司通过银行借款方式累计取得的资金占其融资总额的85.13%。近年来,公司采取"去杠杆"的财务政策,开始减少公司借款,根据表2-3—表2-5中的数据,从2014年开始,随着公司各种债务到期,公司不再增加新的借款,以降低公司的债务比重,降低财务风险。

表2-3 北大荒2002—2017年融资结构统计

	金额(元)	占比(%)	金额(元)	占比(%)
上市以来累计募资	1 040 776.59	—	7 946 683.92	100.00
直接融资	1 181 400.00	100.00	1 181 400.00	14.87
首发	161 400.00	13.66	161 400.00	2.03
股权再融资	—	—	—	—
配股	—	—	—	—
定向增发	—	—	—	—
公开增发	—	—	—	—
优先股	—	—	—	—
发债券融资	1 020 000.00	86.34	1 020 000.00	12.84
间接融资(按增量负债计算)	-140 623.41	—	—	—
累计新增短期借款	-77 730.12	—	—	—
累计新增长期借款	-62 893.29	—	—	—

(续表)

	金额	占比（%）	金额（元）	占比（%）
间接融资（按筹资现金流入）	—	—	6 765 283.92	85.13
累计取得借款收到的现金	—	—	6 765 283.92	85.13

资料来源：根据 Wind 数据库整理。

表2-4　北大荒直接融资历年明细

公告日期	融资方式	年度	发行价（元）	募资总额（万元）	募资净额（万元）
2012-11-09	短期融资券	2012年	100.00	50 000.00	50 000.00
2012-09-12	短期融资券	2012年	100.00	50 000.00	50 000.00
2012-03-09	短期融资券	2012年	100.00	50 000.00	50 000.00
2011-12-06	短期融资券	2011年	100.00	130 000.00	130 000.00
2011-03-28	短期融资券	2011年	100.00	80 000.00	80 000.00
2011-01-20	短期融资券	2011年	100.00	50 000.00	50 000.00
2011-01-05	短期融资券	2011年	100.00	50 000.00	50 000.00
2010-03-09	短期融资券	2010年	100.00	50 000.00	50 000.00
2010-02-03	短期融资券	2010年	100.00	80 000.00	80 000.00
2007-12-14	可转债	2007年	100.00	150 000.00	146 380.80
2006-09-08	短期融资券	2006年	97.34	40 000.00	40 000.00
2006-07-17	短期融资券	2006年	96.43	100 000.00	100 000.00
2005-10-24	短期融资券	2005年	98.02	40 000.00	40 000.00
2005-09-13	短期融资券	2005年	98.02	100 000.00	100 000.00
2002-03-12	首发	2002年	5.38	161 400.00	156 326.00

资料来源：根据 Wind 数据库整理。

表2-5　北大荒间接融资历年明细　　　　　　　　　　　　单位：万元

报告期	短期借款			长期借款		
	期初	期末	本期增加	期初	期末	本期增加
2018-09-30	—	—	—	445.17	445.17	0.00
2017-12-31	—	—	—	445.17	445.17	0.00
2016-12-31	—	—	—	492.17	445.17	-47.00
2015-12-31	—	—	—	818.91	492.17	-326.74
2014-12-31	517 373.00	—	-517 373.00	25 712.24	818.91	-24 893.32
2013-12-31	570 864.99	517 373.00	-53 491.99	1 071.75	25 712.24	24 640.49

（续表）

报告期	短期借款			长期借款		
	期初	期末	本期增加	期初	期末	本期增加
2012-12-31	584 833.40	570 864.99	-13 968.41	1 084.91	1 071.75	-13.16
2011-12-31	712 719.59	584 833.40	-127 886.18	1 225.72	1 084.91	-140.81
2010-12-31	453 089.71	712 719.59	259 629.88	1 241.85	1 225.72	-16.13
2009-12-31	263 985.00	453 089.71	189 104.71	1 298.54	1 241.85	-56.69
2008-12-31	319 225.67	263 985.00	-55 240.67	4 256.71	1 298.54	-2 958.17
2007-12-31	214 608.59	319 225.67	104 617.07	37 991.27	4 256.71	-33 734.56
2006-12-31	197 925.00	214 608.59	16 683.59	23 706.88	37 991.27	14 284.39
2005-12-31	273 268.27	197 925.00	-75 343.27	22 525.40	23 706.88	1 181.48
2004-12-31	189 182.90	273 268.27	84 085.37	26 108.39	22 525.40	-3 582.99
2003-12-31	69 878.99	189 182.90	119 303.90	19 631.40	26 108.39	6 476.99
2002-12-31	77 730.12	69 878.99	-7 851.12	51 491.10	19 631.40	-31 859.70

资料来源：根据 Wind 数据库整理。

按照融资性质对公司的融资方式进行划分，可以分为权益融资和债务融资。在权益融资方面，公司的资产负债率持续下降，2015—2017年基本保持在20%左右，处于合理水平。在总资产规模削减的趋势下，公司资产负债率降低，说明公司在有意规避经营风险；流动负债率降低，说明公司的财务状况逐渐向好。在权益融资方式上，公司更加青睐内部融资方式，内部融资可以最大限度地降低公司的融资成本，从而维护股东的控制权地位。在债务融资方面，2012—2017年公司应付账款占流动负债的比重一直在下降，说明公司的经营资金充足，2017年公司这一比重保持在12.56%的水平，为其后续融资提供了有利的内部环境；预收款项占流动负债的比重逐年上升，公司的流动负债主要是预收款项，说明公司的产品销售状况良好，为公司的下一步融资活动争取了有利地位。

（二）投资战略——甩包袱、寻出路，聚焦主业谋发展

1. 剥离亏损业务，重新回归主业

长期以来，北大荒的工业业务亏损严重，严重制约着公司的发展。其中，北大荒纸业公司由于纸张销售长期严重倒挂，经营持续亏损，并于2013年全面停产；由于尿素市场产能长期严重过剩、尿素价格持续低迷，浩良河化肥分公司连续多年巨额亏损,从2016年开始处于停产状态;房地产业务受市场行情影响也一直处于亏损状态。为了改善公司的经营状况,北大荒积极推动下属公司进行混合所有制改革。2016年,北大荒纸业公司、北大荒龙垦麦芽公司、浩良河化肥分公司先后引入4家战略投资者,成立了3家合资企业,实现了体制机制变革。2017年,浩良河化肥分公司进一步计提闲置资产的减值准备,加速消化工业板块亏损。此外,北大荒重新聚焦主业,依托公司优良资产,深入开发536.39万亩绿色认证土地、78.44万亩有机认证土地承包潜能,充分利用土地面积居全国第一的优势,回归土地承包主业,公司盈利质量显著提升。2018年上半年,公司总计实现净利润7.19亿元,较2017年同期增长28%,7个主要子公司利润合计255.51万元,较2017年同期增加盈利2 410.51万元。

2. 拓展新产业,寻找新的利润增长点

北大荒利用公司现有资源,引入战略投资者培植新的利润增长点。公司与中航国际粮油贸易有限公司、黑龙江卓信粮食储备管理有限公司共同成立黑龙江中航北大荒现代农业有限公司,由中航国际粮油贸易有限公司控股经营。合资公司将购买或者长期租用公司各农业分公司原有粮食晾晒、烘干、仓储及粮食加工设施;同时,在公司各农业分公司所处区域修建或者新建新的粮食晾晒、烘干、仓储及粮食加工设施,开展粮食收储业务。公司与中南建设区块链农业发展(深圳)企业(有限合伙)共同成立黑龙江北大荒区块链数字农业股份有限公司,合作拓展农业区块链产业;与北京佳沃龙江投资管理中心等公司合资成立佳沃北大荒农业控股有限公司,拓展品牌有机大米的生产和销售。

3. 稳健配置闲置资金

在资金管理方面,北大荒主要采取稳健型的投资策略,将阶段性闲置资金用于开展国债逆回购和购买结构性理财产品,赚取稳定收益。2017年公司发布购买理财产品公告11次,2018年更是增加到18次,几乎每个月都买入理财产品。

总体来看,北大荒采取的是稳健型的投资战略。投资的主要方向是公司内部长期稳定的收益性项目,同时稳妥实施资本性投资项目,不断增强公司的发展后劲。

(三) 利润分配战略——股东利益最大化服务集团发展

北大荒利润分配战略的制定主要以实现公司可持续发展为出发点。通常而言,上市公司股利支付方式有三种:一是股票加现金股利,二是现金股利,三是股票股利。一方面,合理选择股利政策和分配形式能够有效保护股东利益,给投资者以合理的回报;另一方面,保留一定的利润作为内部资金的来源,有利于夯实公司实力,扩充公司再生产所需资本金。从北大荒最近十年的分红情况可以看出,公司采取的都是现金股利的支付方式(见表2-6)。公司最大单一股东为北大荒集团,持股比例从2002年上市之初的79.59%逐步稀释到64%左右,其股利分配政策主要用于回馈大股东投资。

表2-6 北大荒历年分红明细

年度	归母净利润(万元)	分配方案(含税)	现金分红总额分配方案(万元)	股利支付率(%)	收益留存率(%)	每股股利(元)
2017	77 998.53	10股派2.7元	47 997.36	61.54	38.46	0.27
2016	73 510.70	10股派3.4元	60 441.12	82.22	17.78	0.34
2015	65 874.23	10股派2.95元	52 441.56	79.61	20.39	0.30
2014	79 980.75	10股派3.9元	69 329.52	86.68	13.32	0.39
2013	-37 678.51		—			
2012	-18 777.44		—			
2011	44 085.15	10股派1.85元	32 887.08	74.60	25.40	0.19
2010	35 667.85	10股派1.55元	27 554.04	77.25	22.75	0.15
2009	35 852.47	10股派1.48元	26 329.22	73.44	26.56	0.15
2008	58 806.08	10股派2.68元	45 930.86	78.11	21.89	0.27

资料来源:根据Wind数据库整理。

总体来看,除了2012—2013年两年亏损,其他年份北大荒都能保持现金股利支付,且股利支付率保持在80%左右,是一种稳定的高股利政策。对比现金股利与归母净利润的变化趋势,我们可以发现,北大荒股利分配情况与其归母净利润变化正相关。总体来说,北大荒的股利分配战略既具有稳定性,又具有持续性,其采用的是稳健型的股利分配战略。高股利政策提升了投资者的信心,稳定了公司股票的价格,使公司保持了国内农业板块的龙头地位。

六、尾声

北大荒按照"深挖增收潜力,广开获利渠道"的总体经营思路,深入推进农业供给侧结构性改革,大力发展订单农业,开辟粮食销售新渠道,重点解决公司面临的农产品成本"地板"上升与价格"天花板"下压双重挤压带来的困境;借助外部力量,发展混合所有制,加快推进合资合作进程,激发公司内生动力和发展活力;继续强化管理创新,加强对内部控制制度执行情况的监督检查和责任追究力度,确保公司经营活动健康、科学、有序,全面推进公司高质量、高效益发展。2002年3月至2018年3月,公司股价变动情况如图2-5所示。

图2-5 公司股价变动情况

资料来源:根据Wind数据库整理。

经过一系列战略调整和转变,北大荒成功脱帽摘星。随着工业亏损的不断消化,以及农业领域的不断深入,北大荒呈现出平稳向好、稳步发展的态势,公司已重返农业行业龙头地位。2017年,公司实现营业收入29.92亿元,实现利润总额7.63亿元;2018年三季报显示,公司实现营业收入25.65亿元,实现利润总额9.73亿元,公司的盈利能力不断提升,走出了一条可持续的价值提升之路。

七、问题讨论

北大荒作为我国农业行业龙头股,曾一度因多元化经营带来的资金压力走向退市边缘,但后期企业战略与财务战略的转型与调整,使公司主要业务回归农业领域,企业价值得到稳步提升,由此引发了许多思考。本案例请学员们重点思考以下问题:

1. 如何理解企业财务战略?企业制定财务战略应主要考虑哪些因素?

2. 北大荒的财务战略有何特点？改组前后北大荒财务战略有哪些变化？

3. 北大荒是如何通过财务战略实现企业价值提升的？

4. 北大荒财务战略对农业企业有哪些启示？

八、主要参考资料

1. 北大荒农业股份有限公司2013—2017年年度报告．

2. 陈德恩．黑龙江垦区现代农业发展对策研究——以黑龙江北大荒农业股份有限公司为例[J]．农业工程,2012,2(06):11-13.

3. 迟立军．黑龙江北大荒农业股份有限公司七星分公司构建阳光财务核算新模式的实践与探索[J]．农场经济管理,2016(01):26-27.

4. 郭煦东,黄瑶瑶．企业财务战略建设[J]．现代营销（创富信息版）,2018(11):43.

5. 何茜,孙毅．北大荒股份信息化建设助力现代化大农业发展[J]．黑龙江粮食,2013(03):47-48.

6. 何洋洋．北大荒股份公司财务危机成因与对策研究[J]．财会通讯,2017(14):93-95.

7. 康敬东．北大荒:五年磨砺,潜龙欲试[R]．信达证券,2018.

8. 李健丰．北大荒:调整业务结构,改革有望提升经营质量[R]．安信证券,2017.

9. 李明达．北大荒农业股份有限公司八五九分公司全力打造高标准农机停放场[J]．农场经济管理,2015(11):80.

10. 刘阳．北大荒财务战略案例研究[D]．吉林财经大学,2018.

11. 麻建军．商者,大道无疆——北大荒鑫亚经贸有限责任公司发展纪略[J]．黑龙江粮食,2011(06):13-14.

12. 孙成钰,刘晓波．走向世界的"北大荒"[J]．中国农垦,2007(02):72-74.

13. 王洪波．北大荒集团发展现状与趋势预测[J]．农场经济管理,2013(09):56-58.

14. 王今．美的集团股份有限公司财务战略分析[J]．当代经济,2018(16):112-113.

15. 王晓楠．可持续增长模型及财务策略研究[D]．山东大学,2013.

16. 王志宽．浅析黑龙江北大荒农业股份有限公司的投资价值[J]．农场经济管理,2018(05):49-50.

17. 乌春华．让党旗在改革征程中高扬——北大荒农垦集团长水河农场有限公司党委工作助力改革发展纪实[J].农场经济管理,2019(02):70-71.

18. 信息部.北大荒集团:种业集团拟在深证上市[J].种子世界,2011(05):23.

19. 杨汉明,梅路瑶.北大荒内部控制失效成因及影响[J].财务与会计(理财版),2014(06):17-19.

20. 张显明,唐建勇.发展文化产业打造北大荒品牌软实力[J].农场经济管理,2012(07):37-39.

案例 3
借壳鼎泰新材，顺丰成功上市

教学目标

本案例旨在引导学员结合我国快递行业发展情况以及借壳上市的理论基础知识，全面了解顺丰借壳鼎泰新材上市的案例，分析顺丰借壳的动因，引导学员分析企业借壳上市过程中影响企业价值的各种因素，对顺丰借壳上市后的财务绩效做出评价，总结顺丰借壳上市的经验。

近年来，在快递行业高速发展的背景下，我国快递公司争相上市融资，力图抢占发展先机。面对竞争对手在资本市场的率先起跑，作为国内快递龙头的顺丰也一改之前"不上市"的口风，于 2016 年 5 月 23 日对外公告拟借壳鼎泰新材上市。通过借壳鼎泰新材，顺丰成功实现了快速上市，正式跻身 A 股资本市场，为公司在未来的发展过程中融资和并购整合奠定了良好基础。

一、案例背景介绍

（一）我国快递行业发展概况

1. 我国快速行业发展现状

改革开放是我国快递行业真正发展的开端。在四十多年的发展历程中，我国快递行业虽然发展迅猛，但是与发达国家相比仍然处于发展中阶段。近年来，随着我国电子商务的发展、城镇化进程的加快推进、基础设施的不断完善、居民消费水平的快速提高以及快递行业政策红利和制度红利的大规模释放，快递行业迎来了迅速扩张期，2016 年，我国快递包裹量已经跃居世界第一位。从图 3-1 和图 3-2 可以看出，我国快递业务量从 2011 年的 37 亿件增长到 2017 年的 401 亿件，增长了10.84倍;快递收入从2011年的758亿元增长到2017年的4 950亿元,增长了6.53倍。

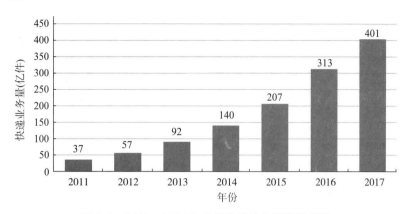

图3-1 2011—2017年我国快递业务量增长情况

资料来源:中华人民共和国国家邮政局网站。

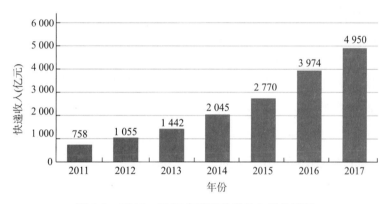

图3-2 2011—2017年我国快递收入增长情况

资料来源:中华人民共和国国家邮政局网站。

我国快递行业的竞争格局主要由国有物流企业、外资物流企业和民营物流企业三种类型企业构成。

国有物流企业由于其特殊的国有身份,有着强有力的资金以及各种资源支持,它们大多是在国有体制下改制重组之后转型发展的企业。国有物流企业的规模一般比较庞大,在全国范围内的网络分布密集,代表企业有招商局物流、中外运物流、中远物流、中铁快运等。近年来,国有物流企业凭借其原有的网络布局和客户积累,通过改善业务模式、延伸产业链等手段不断向现代化综合型物流企业转型。但是,国有物流企业由于其自身的发展过度依靠垄断资源,市场化程度较低、体制僵化,削弱了其竞争力。

我国也是外资物流企业一直在争取的市场。外资物流企业包括中外合资形成的合资物流企业、并购中国物流企业形成的外资物流企业等。外资物流企业在国际市场上经过多年的发展,具有资金实力雄厚、管理先进、技术成熟、服务质量高等特点,在我国的国际快递与航空物流领域占据较大的市场份额。面对我国日益扩大的快递市场份额,这些企业无疑将进一步重视在我国市场的发展。

近年来,民营物流企业的发展最为瞩目,其中最有名的就是顺丰与"三通一达"——中通、圆通、申通与韵达;除此之外,德邦物流、远成物流以及京东与阿里巴巴自身的物流建设也取得了很大成就。相比国有物流企业,民营物流企业具有体制灵活、业务扩展速度快的优点。

时至今日,我国快递行业的发展已经取得长足的进步,与发达国家的差距也在一步步缩小。在未来,移动互联网、大数据、物联网与人工智能等新型科技的进一步发展将会推进我国快递行业迈向新的发展阶段。在电子商务时代,消费者对配送速度、品类、质量都提出了更高的要求,快递行业仍面临众多考验。

我国快递行业现今存在的最大问题是市场集中度比较低。国务院发布的相关文件表明,国家希望快递行业能够尽快出现几个参与国际市场竞争的领头羊企业,提升产业集中度,促进资源的优化配置。同时,产业集中度过低也是我国快递行业竞争激烈的主要原因之一。在激烈的市场竞争之中,各家快递企业面临巨大的价格压力,价格战会带来服务质量下降等不利变化,而并购作为一种快速整合资源、扩张规模的手段,会给整个快递行业的发展带来新的局面。

2. 我国快递行业上市情况

在亟须提升行业集中度与加强自身实力的快递行业中,并购是能够帮助企业迅速扩张、提高行业地位的重要手段。2015—2016年,我国快递行业迎来上市的热潮,截至2017年年底,我国六大民营快递企业已经通过借壳或者IPO(首次公开募股)的方式实现上市,这六家快递企业上市的具体情况如表3-1所示。

表3-1 我国六大民营快递企业上市情况

项目	申通快递	圆通速递	顺丰控股	韵达股份	中通快递	百世物流
方案首次公告时间	2015年12月	2016年3月	2016年5月	2016年7月	2016年7月	2017年6月
上市方式	借壳上市	借壳上市	借壳上市	借壳上市	赴美IPO	赴美IPO
标的估值(亿元)	169	175	433	177.6	—	—

(续表)

项目	申通快递	圆通速递	顺丰控股	韵达股份	中通快递	百世物流
标的净资产价值（亿元）	8	36	138	28	—	—
溢价（亿元）	161	139	295	149.6	—	—
壳公司	艾迪西	大杨创世	鼎泰新材	新海股份	—	—
发行股票购买资产（亿元）	149	175	425	170.9	—	—
拟募集配套资金（亿元）	48	23	80	—	100.5	51.3

资料来源：根据各公司网站资料整理。

从上述资料可以看出，六家快递企业中有四家选择了借壳上市的方式，并且都在2015年年末至2017年年中公布借壳方案。众多快递企业做出借壳上市的选择，首先是由于在我国资本市场上借壳上市的效率比IPO上市的效率高，其次是由于2016年前后快递行业正面临前所未有的发展机遇，快递企业在此时段上市能够抓住发展的良好时机。从标的估值来看，顺丰的估值在四家借壳上市企业中最高，并且远远领先于其他三家企业，估值溢价高达295亿元。同时，顺丰在借壳之后拟募集的配套资金也较多，可见顺丰在资本市场上获得了投资者的认同，也希望通过借壳上市来进一步巩固其在行业中的领先地位。

（二）借壳双方基本情况

1. 借壳方基本情况

顺丰控股全称为顺丰控股股份有限公司（以下简称"顺丰"），是本次借壳上市交易的借壳方。顺丰于1993年在广东顺德成立，注册资本20亿元，集团总裁是王卫。顺丰的主要经营范围为国内与国际快递业务。自成立以来，顺丰始终坚持采用直营模式的发展战略，利用统一的制度进行管理，在消费者心中一直因投放速度快与安全性高而备受好评。经过二十多年的发展，顺丰已经建立一套集天网、地网与信息网于一体的生态系统，成为国内领先的综合物流服务商。目前，顺丰在巩固国内市场份额的同时不断开拓国际市场，并且积极寻求自身转型升级，加强基础设施建设，不断完善供应链体系，依托B2B（企业对企业）领域的优势寻求与电商的合作，实现在商务件市场与电商件市场的同步快速发展。

顺丰的主营业务遍及多个领域：国内外快递业务、冷运业务、仓储配送业务、代收货款业务、保价业务、重货运输业务以及其他增值业务，顺丰在这些多元化业务中的优秀表现使其在行业内占据了领先位置,但是与国际市场上知名快递企业UPS、FedEX、TNT以及DHL等相比,仍然存在一定的差距。顺丰从成立至借壳上市发生的重大事件如表3-2所示。

表3-2　顺丰从成立至借壳上市发生的重大事件

时间	重大事件
1993年3月26日	在广东顺德成立,主要经营顺德与香港之间的即日速递业务
1996年	业务范围扩张到全国
1999年	整顿收权,进一步清晰公司架构与产权制度
2002年	成立总部,王卫掌权
2003年	成为国内第一家使用全货运专机的民营速递企业
2013年	在上市前仅有的一次融资,融资额为80亿元
2016年2月18日	发布公告拟在国内证券市场首次公开发行股票并上市
2017年2月24日	公司证券简称由"鼎泰新材"变更为"顺丰控股",正式登陆A股市场

资料来源:顺丰官网。

顺丰在上市之前股权结构清晰,在20亿元注册资本中,明德控股的持股比例高达68.40%,明德控股的实际控制人王卫是顺丰的最终控制人。2010年9月6日,顺丰集团的第一次股权变更完成。变更之前,集团公司唯一股东是顺丰速运中国(更名前是顺丰速运香港)。2010年9月,顺丰集团的第二次股权变更完成。顺丰速运中国将其所持顺丰集团99%、1%的股权分别转让给王卫和泰海投资。2013年9月,顺丰接受苏州元禾控股旗下的元禾顺风股权投资企业、中信资本旗下的嘉强顺风(深圳)股权投资合伙企业、古玉资本旗下的苏州古玉秋创股权投资合伙企业、招商局集团旗下的深圳市招广投资有限公司组成的投资团队入股,入股前,将泰海投资股权置出,王卫持股比例变为99.9%。四家投资机构中元禾顺风、招广投资、嘉强顺风三家联合投资各入股7.65%,古玉秋创入股1.53%,投资总金额在80亿元左右,最终的入股比例为24.48%。2015年12月底,两只基金入股顺丰。两只基金以合伙企业形式成立,宁波顺达丰润投资管理合伙企业(有限合伙)和宁波顺信丰合投资管理合伙企业(有限合伙)分别出资38.95亿元、2 746万元,两只基金的有限合伙人均为顺丰的员工,合计占有顺丰10%的股份。顺丰上市前的股权结构如图3-3所示。

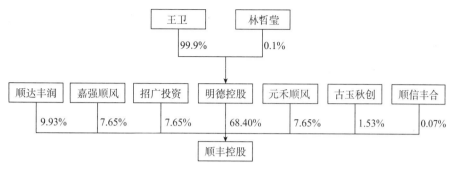

图3-3 顺丰上市前股权结构

资料来源:顺丰收购报告书。

2. 壳公司基本情况

鼎泰新材全称为马鞍山鼎泰稀土新材料股份有限公司,于2003年5月13日创立,由原马鞍山市鼎泰金属制品公司的职工和工会共同投资。公司注册资本为5 000万元。鼎泰新材2010年在深圳证券交易所挂牌交易,股票代码为"002352",曾前后三次转增股份,转增后总股本为233 492 340股。

鼎泰新材的开发领域集中在稀土新材料和镀层防腐方面,其主营业务是产销稀土合金镀层钢丝、钢绞线。鼎泰新材是由国家支持而发展的技术型企业,但近年来在我国供给侧结构性改革的宏观背景下,国内制造业面临去库存的压力,鼎泰新材单一的业务结构随之受到影响,营业额增长缓慢,净利润下滑,资产回报率处于较低水平,没有新的利润增长点,股价也持续低迷,公司可持续发展能力不容乐观。

鼎泰新材在进行重组前三年(2013—2015年)的主要财务数据如表3-3所示,从中可以看出,鼎泰新材2013—2015年虽然实现了盈利,但是在2014年净利润急剧下滑,公司可持续发展能力受到严重挑战。

表3-3 鼎泰新材2013—2015年主要财务数据

项目	2013年	2014年	2015年
营业利润(万元)	72 199.47	81 264.59	66 846.55
利润总额(万元)	4 712.31	2 791.49	2 927.67
归属于公司股东的净利润(万元)	4 028.10	2 412.44	2 513.06
EPS(每股盈余)(元)	0.52	0.31	0.22

资料来源:鼎泰新材2013—2015年年度报告。

鼎泰新材在顺丰借壳上市之前的股权比较集中,股权结构清晰,其中刘冀鲁持有公司 42.90% 的股份,与其女儿刘凌云为一致行动人,二人共计持股 49.06%,因此刘冀鲁为公司的实际控制人。顺丰借壳鼎泰新材上市前,鼎泰新材的股东持股情况如表 3-4 所示。

表 3-4 鼎泰新材前十大股东持股情况

排名	股东名称	持股比例
1	刘冀鲁	42.90%
2	中科汇通(深圳)股权投资基金有限公司	10.93%
3	刘凌云	6.16%
4	宫为平	2.24%
5	黄学春	2.09%
6	中央汇金资产管理有限责任公司	2.01%
7	唐成宽	1.42%
8	吴翠华	0.79%
9	袁福祥	0.58%
10	中国建设银行股份有限公司—华宝兴业事件驱动混合型	0.57%
总计		69.69%

资料来源:鼎泰新材 2015 年年度报告。

(三)借壳双方动因分析

1. 顺丰选择借壳上市的原因

(1)行业内部竞争激烈、竞争对手纷纷上市。

随着快递行业的不断成熟,行业成本不断上升,快递企业毛利率整体处于下滑趋势,2010—2015 年,快递单票价格已从 24.6 元降至 12.7 元左右,考虑到通货膨胀、物价上升等因素,整个快递行业的成本上升 30% 左右,毛利率降至 5% 左右。2015 年我国快递业务量保持 48% 的增长速度,而顺丰的快递业务量只增长了 16.5%。面对业务量高速增长、行业利润不断下降的现状,快递行业将迎来洗牌调整的局面,国内快递行业将加速并购整合。

随着各类资本陆续进场,快递行业开启了资本竞争模式,其中最为明显的就是国内民营快递企业之间的竞争。截至 2015 年,国内共有包括顺丰、邮政速递(EMS)、"三通一达"等在内的 24 家民营快递企业,从 2015 年年底开始,申通、圆通接连借壳上市,中通、韵达正在进行上市操作,全峰快递启动了D轮融资,邮政速递和天天快递等也谋求上市,顺丰的这些竞争对手纷纷进入资本市场,不断通过各种方式扩大业务和网络范围。与此同时,国内互联网巨头也进军快递行业,2015年阿里巴巴入股圆通,腾讯对汇通天下进行了投资,京东、苏宁等公司纷纷建立自营物流体系,整个快递行业的竞争更加激烈和残酷。顺丰如果不积极主动面对目前的行业市场竞争格局,则有可能面临业务增长缓慢以及市场占有率下降的局面。

(2)拓宽融资途径,完善治理结构。

顺丰着力于向综合物流服务提供商转变,未来在固定资产、基础设施、航空设备、冷链及温控设备等方面需要持续的资金投入,如果没有大量的非债务资金来源,那么其负债率会继续上升,其财务风险会持续加大。面对资金短缺、负债率快速上升等问题,上市进行股权融资是顺丰较为合适的选择。

图3-4为顺丰2013—2015年的资产负债率情况。从图中可以看出,2015年顺丰的资产负债率较2013年大幅上升,偿债压力不断加大。此外,顺丰的职工薪酬支出在同业中位居前列,且一直保持较快增长,公司为了在激烈的市场竞争中赢得优势地位,固定资产投资和职工薪酬一直维持在高位支出水平,因此虽然顺丰净利润领先于同业公司,但资金压力始终存在。

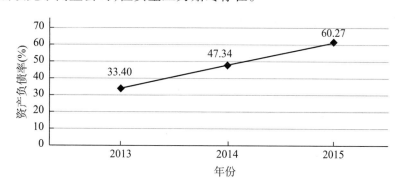

图3-4 顺丰2013—2015年资产负债率变化

资料来源:顺丰2013—2015年年度报告。

为了拓宽公司的融资渠道,顺丰最终选择通过借壳上市进入A股资本市场。顺丰上市以后,只要遵循证券市场的法律法规就可以筹集到相当规模的资金,有助于缓解公司的资金压力。另外,若成功上市,顺丰还可以完善公司治理和经营模式,有效地实施股权激励等措施,优化治理结构,促进公司业绩提升。

(3) 拓展业务领域，提高知名度。

由于顺丰主打高端物流市场，秉持高服务、高质量、高价格的原则，但单一的高端物流市场定位过于狭窄，市场空间有限，因此顺丰需要新的领域开拓业务，"三通一达"凭借与阿里系电子商务平台的联系，分据了一块大蛋糕，顺丰需要挤入它们的行列，才能有效提升业务量。现在的电子商务平台都试图创建自己的物流体系，摆脱对快递企业的依赖，实现运输与销售的一体化管理。根据顺丰发布的借壳上市公告，可以看出顺丰将筹得资本主要用于运输链的建设，也将投资于电子商务产业园的建设，这可以促使顺丰完善自身的全套供应系统，抢占电子商务市场份额。

另外，借壳上市本身就会引起一些轰动，在快递行业、证券市场都会吸引大量媒体关注，而媒体的大肆报道也进一步宣传了顺丰的品牌，提升了其品牌效应。作为一家上市公司，特别是快递行业龙头公司，顺丰将会持续地获得境内外媒体的关注，这对于提高企业知名度、加强品牌宣传、树立企业形象具有重要作用。

(4) 借壳上市门槛低、速度快。

2015年10月，《关于促进快递业发展的若干意见》印发，重点任务是培育壮大快递企业，鼓励各类资本依法进入快递领域，支持快递企业兼并重组、上市融资，加速"互联网+"与快递行业的融合，构建与完善服务网络等。目前，整个快递行业竞争激烈，行业集中度下降，利润也呈现出下降的趋势。在国家鼓励快递行业兼并重组的背景下，资本开始追逐快递行业，各家快递企业也都想在资本市场领跑。圆通和申通率先成功上市，打破了原有的竞争格局。对手已经领跑，顺丰若是不能跟上市场前进的脚步，就有可能被市场抛弃；为了企业的发展与生存，顺丰不能停在原地，必须跟上行业发展形势选择上市。

我国IPO上市需要面对严格的审核且过程烦琐，完成上市所需的时间较长，时间成本较高。对于快递企业来说，排队等候IPO，如果正常走完所有流程，从申请到挂牌至少需要两年时间。而借壳上市审核简单、速度快、门槛低，即使在国家政策发生变化、借壳上市监管变得更加严厉的情况下，借壳上市仍优于IPO。

2. 鼎泰新材选择售壳的原因

(1) 公司发展前景不明，保护股东利益。

鼎泰新材2013年实现净利润4 028.10万元，2014年净利润下滑至2 412.44

万元,2015年实现净利润2 513.06万元,比2014年略有起色,但总体来说,公司的利润处于下滑状态,经营状况不佳。在销售下降、出口减少、国家政策调整等多重不利因素的影响下,公司未来发展状况并不乐观,经营面临严峻考验。为了公司长远的发展考虑,同时也为了保护股东的利益,鼎泰新材决定卖壳重生。

为了提升公司的业绩、改善公司的经营状况,立足于公司的长期发展和股东利益,鼎泰新材决定将盈利状况较差的资产置出上市公司体外,换入盈利能力较强的优质资产,同时介入发展前景较好的快递行业;并且顺丰向鼎泰新材做出了业绩承诺,在2016—2018年三年时间里,公司净利润分别不低于218 500万元、281 500万元和348 800万元,如果顺丰顺利兑现业绩承诺,那么这对公司来说无疑是巨大的业绩提升,不仅能改善公司的盈利能力,还能照顾到股东的权益。交易双方通过借壳上市可以达成各自的交易目的,实现互助互惠。

(2)快递行业前景良好,顺丰龙头地位占优。

在借壳上市当年的2016年,我国快递业务量达到312.8亿件,稳定处于全球第一。此外,快递行业不断拓展产业链,加强了与其他行业的接轨,随着国家消费升级、海外购买需求旺盛给快递行业带来新的机遇,未来快递行业将保持高速增长态势。顺丰是国内排行前列的综合物流服务提供商,经过多年的发展,成为快递行业具有一定规模、服务能力出众的行业龙头。如果能够和顺丰一起齐头并进,搭上顺丰这辆顺风车成功进军快递行业,那么鼎泰新材将迎来新的发展机遇。

二、借壳鼎泰新材——正式进军A股资本市场

(一)借壳方案设计

1. 确定借壳模式

设计借壳方案是借壳上市最关键的步骤,合适的借壳方案能够降低借壳上市的成本,简化借壳上市的流程,缩短借壳上市的时间,减少对资金的占用。在设计借壳方案时,要充分考虑市场的监管环境及借壳双方的实际情况,设计最有利于借壳通过的借壳方案,选择最有利的借壳模式。

借壳模式可归为两大类:一类是先获取控制权再注入资产的模式,一类是通过资产置换或增发换股方式进行重组的模式。先获取控制权再注入资产的借壳模式虽然使借壳方有充足的时间和准备将拟上市资产注入,但却需要花费巨额资

金购买股份,借壳方可能会有较大的现金压力,影响企业的资金状况;同时,这种模式会导致巨额的壳资源溢价,证监会对这种模式的监管更加严格,借壳上市风险会更大;此外,这种模式中的风险全部由借壳方承担,一旦借壳方案未通过证监会审核,借壳方就会面临巨大损失。通过资产置换或增发换股方式进行重组的借壳模式规避了上述风险,借壳方不需要支付巨额资金购买股份,现金压力相对较小;借壳上市的风险由借壳双方共同承担,即使借壳方案未通过审核,借壳方也不会有较大的损失;这种模式不会出现对壳公司过高估值的问题,证监会对这种模式的借壳方案的接受度更高,借壳方案通过的可能性会相对较大。因此,顺丰借壳鼎泰新材所采用的借壳模式就是资产置换+增发换股的模式。

2016年5月13日,鼎泰新材发布公告,拟作价8亿元置出全部资产和负债与作价433亿元的顺丰置入资产中的等值部分进行置换,置入资产与置出资产之间的差额由鼎泰新材发行股票进行支付,此次股票发行价格为10.76亿元,需要发行39.50亿股。此次借壳交易完成之后,鼎泰新材的实际控制人将由刘冀鲁变更为王卫。具体借壳方案如图3-5所示。

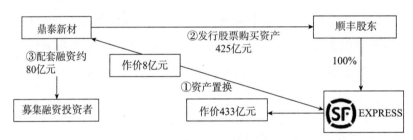

图3-5　顺丰借壳上市的方案设计

资料来源:顺丰2016年年度报告。

2. 重大资产置换

将2015年12月31日作为评估基准日,采用成本法评估后鼎泰新材此次置出资产作价8亿元,拟购买估值为448亿元的顺丰100%股权中的估值对等部分,由于2016年5月顺丰召开股东大会进行现金分红,以2015年12月31日为评估基准日,本次借壳交易扣除15亿元的现金分红后顺丰实际作价433亿元。

根据并购重组协议,为方便鼎泰新材拟置出资产和负债的交割,2016年8月25日,鼎泰新材成立了一家承接公司——马鞍山顺泰稀土新材料有限公司,用来承接鼎泰新材拟置出所有资产和负债以及其他相关经营内容。承接公司的法定代表人仍为刘冀鲁,鼎泰新材持有其100%的股份,承接公司取得鼎泰新材全资子公司重庆市隆泰稀土新材料有限责任公司100%的股份。根据并购重组协议,承接公司将负责鼎泰新材拟置出所有资产和负债以及由于这些资产或负债所产生的所有劳动关系、任何形式的协议、组织关系、约定或者产生的全部成本费用。因此,本次置换不会影响原鼎泰新材员工与公司签订的劳动协议。鼎泰新材置出资产的结构具体如图3-6所示。

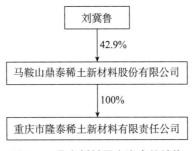

图3-6 鼎泰新材置出资产的结构

资料来源:顺丰2016年年度报告。

3.发行股票购买资产

在此次借壳交易中,顺丰作价433亿元与鼎泰新材置出资产8亿元的差额为425亿元,差额部分由鼎泰新材以发行等额股票的方式从顺丰共计7名股东处购买。此次鼎泰新材以2015年12月31日为发行股票的定价基准日,要求发行股票购买差额资产的股票发行价格不低于2015年12月31日前60个交易日股票均价的90%,经顺丰与鼎泰新材协商,确定交易价格为21.66元/股。2016年5月17日,鼎泰新材召开当年年度股东大会,审议通过了2015年年度利润分配预案,鼎泰新材以截至2015年12月31日的公司总股本116 746 170股为基数,每10股派发现金红利1.40元(含税),当年现金分红共计1 634.45万元,同时以资本公积向全体股东每10股转增10股。因此,经除权除息调整后,此次购买差额资产的股票发行价格由21.66元/股调整为10.76元/股,发行数量为395 018.59万股。

4.募集配套资金

此次并购重组还向不超过10名特定投资者定向发行股票,发行股票数量不超过72 595.47万股,这些配套融资将用于建设标的公司的基础设施,购置飞机、冷运车辆与相关设备,搭建物流信息服务平台以及研发物流信息化等技术。该项定向增发成功与否并不会影响到之前的资产置换与发行股票购买差额资产行为。经除权除息调整后,此次定向增发股票的发行价格为 11.03 元/股,共发行 72 529.47 万股,募集资金 79.90 亿元,约占拟购买差额资产交易价格的 1/5。

2017 年 2 月 15 日,鼎泰新材在与顺丰完成工商登记过户手续后,正式更名为顺丰控股。此次借壳上市完成之后,鼎泰新材原有的资产以及负债被剥离,顺丰 100% 的股权注入上市公司,上市公司的主营业务也从制造业变为物流服务业。借壳后上市公司的股权结构如图 3-7 所示。

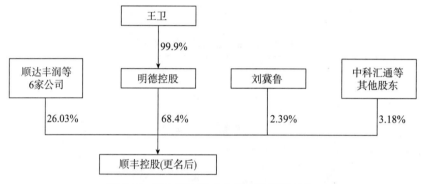

图 3-7 顺丰借壳后上市公司的股权结构

资料来源:顺丰 2016 年年度报告。

从图 3-7 中可以看出,借壳上市完成之后,明德控股成为上市公司控股股东,王卫通过持有明德控股 99.9% 的股份成为上市公司的实际控制人。

(二)借壳上市的财务绩效分析

1. 偿债能力

偿债能力是指公司是否具有准时清偿负债的能力,其主要针对的是公司的资本状况、目前的财产风险水平以及资本投入和运营情况。若要实现长期的稳定发展,公司务必要维持自身良好的资本状况,将偿债能力稳定在一个较高的水平。资产负债率体现的是公司拥有的资产中从外部筹得的部分所占比重的情况,它展现了一个公司的长期偿债能力。若该比率较高,则表明公司中有较大部分的资本是通过筹资得来的,这会使公司面临的风险加大;但该比率也不是越低越好,若该比率过低,则会在一定程度上限制公司的运营,因此只有维持一个适当的资产负债率,才能保障公司的长期发展。顺丰借壳上市前后的偿债能力指标比较如表 3-5 和图 3-8 所示。

案例3 借壳鼎泰新材,顺丰成功上市

表3-5 顺丰2014—2018年财务数据简表1　　　　　　　　　　　　　　单位:万元

项目	2014年	2015年	2016年	2017年	2018年
流动资产	1 566 662.67	1 858 248.76	2 133 317.48	3 148 962.08	3 192 161.40
流动负债	1 182 306.22	1 642 409.94	1 838 695.85	2 154 460.38	2 636 935.55
存货	38 932.07	25 609.79	39 601.37	44 635.90	81 805.00
总资产	2 742 644.77	3 471 657.33	4 413 488.56	5 766 016.44	7 161 456.88
总负债	1 298 336.31	2 095 771.04	2 357 822.14	2 492 753.21	3 470 062.53

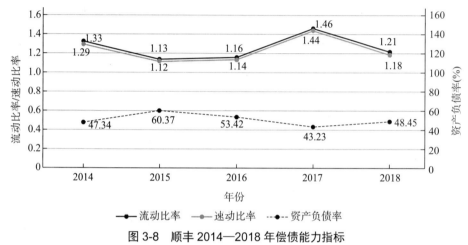

图3-8 顺丰2014—2018年偿债能力指标

如图3-8所示,顺丰在借壳前后,流动比率和速动比率的变化趋势相当,之所以会产生这种现象,是由于快递行业囤货较少,存货比例低,对公司的影响较小。在2014年和2015年,顺丰的流动比率和速动比率都呈现出下降趋势,在2016年借壳上市后,两者均有所回升。在完成借壳上市当年,公司流动资产和流动负债都增加了,其根本原因是当年吸收泰森控股的增资,并且借款减少。从宏观上来看,借壳上市后顺丰拥有的流动资产和流动负债的整体规模变大,流动比率和速动比率都有所回升,顺丰的短期偿债能力显著提升。

资产负债率指标代表着顺丰的长期偿债能力,从图3-8中可知,顺丰2014—2018年该指标分别为47.34%、60.37%、53.42%、43.23%、48.45%。在2014年和2015年,该指标逐年上升,但在完成借壳上市后,2016—2018年该指标均显著降低,这主要是因为借壳上市后,顺丰拥有的固定资产增多,无形资产也得到了扩充,并且投资性房地产随之增加。资产负债率的下降标志着顺丰的财务杠杆降低,财务风险较小。顺丰保持着经营业绩的稳定,而业务的良好发展为公司提供了资

本支撑,加上顺丰强有力的管理能力和控制方式,公司的资产负债率逐步降低。

综上所述,顺丰作为我国民营快递的龙头企业,在原有基础上提高了自身的偿债能力,降低了公司整体财务风险。由此可以显示出,借壳上市为顺丰指明了融资方向,开拓了筹资方式,为公司日后的稳健发展提供了强有力的支撑。

2. 营运能力

营运能力是指公司经营和运行的能力,即公司通过调整资产架构来创造利润的能力。从某种角度来说,营运能力就是公司对资本的组织能力和运转资本的能力。在供产销环节中,资金周转发挥着非常重要的作用,供产销的任一环节存在问题都会对整个公司的资金周转能力造成不利影响。顺丰借壳上市前后的营运能力指标比较如图 3-9 和图 3-10 所示。

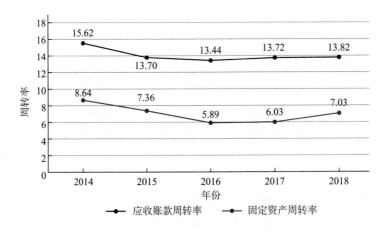

图 3-9　顺丰 2014—2018 年营运能力指标（1）

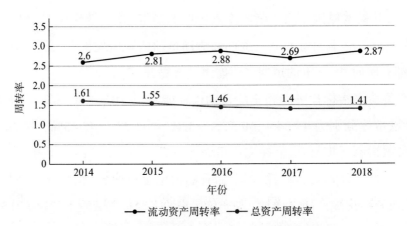

图 3-10　顺丰 2014—2018 年营运能力指标（2）

从图 3-9 中可知,2014—2018 年顺丰的应收账款周转率分别为 15.62、13.70、13.44、13.72 和 13.82,从变化趋势上来看,2014—2016 年,该比率逐年降低,意味着顺丰资本中应收账款的份额在不断扩大。造成这一情况的原因主要有两个,一是顺丰在为一部分顾客提供服务时采用的是定期结算的模式,月末尚未收回的款项就形成了应收账款;二是顺丰不断探索新领域,接触新业务,提供新服务,其多元化的发展也创造了业务营业收入,一些无法及时收到的款项形成了公司的应收账款,应收账款随之增多。

2015 年 9 月,顺丰将亏损的业务转让给了股东王某,此后,顺丰的主要经营范围集中于速运物流方面,但其仍然拓展新业务,提升综合实力,其业务的不断拓展促使其应收账款不断增加。通过账龄分析,顺丰的应收账款账龄都较短,多集中在 12 个月之内,坏账比率相对较低。从应收账款周转率的变化趋势来看,在顺丰实现借壳上市当年,该比率的降速放缓,上市一年后该比率不降反升,这主要是因为顺丰在 2017 年拓展业务版图导致未收回的服务款项增多。因此,无法对顺丰借壳上市后面对的应收账款的损失风险一概而论,仍需持续关注其发展趋势再做总结。

2014—2018 年顺丰的固定资产周转率分别为 8.64、7.36、5.89、6.03 和 7.03,从变化趋势来看,从 2014 年开始其固定资产周转率就陆续降低,在 2017 年、2018 年虽有所反转,但仍低于 2014 年和 2015 年,主要原因是公司加大了对固定资产的投资力度,固定资产的购置规模在逐年扩张。例如,2015 年,顺丰对飞机和运输设备加大了资金投入,并且投入逐年增加;2016 年,上海华新项目和义乌产业园项目完工转入固定资产,且当年新收购了一些公司;2017 年和 2018 年对电子设备、飞机及配件的投资持续增加,这些都导致了顺丰固定资产总体规模不断扩张。

从图 3-10 中可知,流动资产周转率从 2014 年开始呈上升趋势。顺丰的流动资产和营业收入都以相对稳定的速度逐年增长,但营业收入的增长率高于流动资产的增长率,其原因是顺丰将其旗下的销售板块剥离,使其不再纳入公司的业务范围,这导致流动资产的增长率放缓。另外,在实现借壳上市后,顺丰试图通过多元化的业务模式来提升自身的竞争实力,因此不断探索新业务,实现了营业收入的增长。进入 2017 年后,顺丰的流动资产和营业收入仍持续增长,但与之前不同的是,其流动资产的增长超越了营业收入的增长,由此带来了流动资产周转率在 2017 年的小幅回落。

从图 3-10 中还可以看出,在 2015 年顺丰的总资产周转率开始下降,2016 年下降幅度最大。该比率的下降归结于顺丰的收购行为。从 2015 年起,顺丰不断拓展业务领域,通过收购一些小公司来实现业务多元化,这种收购行为使得其资产大幅度增长。尽管营业收入在此期间也稳步增长,但是终究比不上资产的增长速度。2016 年总资产周转率的下降幅度大,主要原因是当年顺丰对其产业结构进行了调整,其总资产的增长超越了营业收入的增长。

综上所述,借壳上市当年,顺丰的营运能力发展欠佳,主要是因为当年公司不断进行并购重组、收购子公司、扩大规模、购买设备等,影响了周转速度。但 2016 年顺丰的营业收入保持增长,因此无法对其营运质量一概而论。2018 年各项指标回稳,这说明在 2016 年借壳上市后,顺丰已慢慢适应上市后的运营模式,运行逐步平稳。

3. 盈利能力

盈利能力代表着一家公司创造收益的能力,也可以比作公司资本运作升值能力。顺丰借壳上市前后的盈利能力指标比较如表 3-6 和图 3-11 所示。

表 3-6　顺丰 2014—2018 年财务数据简表 2　　　　　　　　　　单位:万元

项目	2014 年	2015 年	2016 年	2017 年	2018 年
净利润	47 562.79	109 422.12	416 078.49	475 184.86	446 426.86
营业收入	3 891 114.14	4 810 115.48	5 748 269.81	7 109 429.70	9 094 269.42
营业成本	3 219 892.15	3 858 590.38	4 616 516.66	5 682 311.43	7 464 218.29
所有者权益	1 444 308.45	1 375 886.29	2 055 666.42	3 273 263.22	3 691 394.35
总资产	2 742 644.77	3 471 657.33	4 413 488.56	5 766 016.44	7 161 456.88

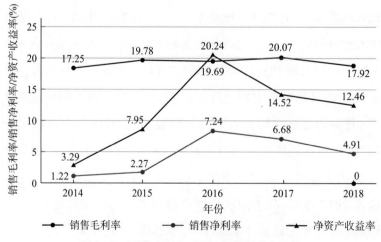

图 3-11　顺丰 2014—2018 年盈利能力指标

从图 3-11 中可知,顺丰在 2016 年销售毛利率略降,但净利率提高。2016 年顺丰的营业成本高达 461.65 亿元,这主要是因为当年业务模式有所创新,一些业务采取外包模式使得成本增加。2017 年顺丰的营业成本为 568.23 亿元,同比增长 23.09%,稍稍低于营业收入的增长幅度,这主要归功于新的科技成果使得公司的运营速度与能力显著提升,顺丰的盈利能力仍处于行业前几名的位置,具有较高的盈利水平。

从表 3-6 中可知,在 2015 年和 2016 年,顺丰的营业收入和净利润均平缓增长,净利润的增长速度比营业收入的增长速度要快一些,因而销售净利率提高了。之所以会出现这种情况,是因为顺丰在 2016 年不断拓展新业务,扩大经营范围,扩张业务规模,并加大对成本的管控力度。在对新领域加大投资、开展新型业务的同时,顺丰对其原本拥有的营运方向也做好管控,其国际业务是原来的 4.09 倍,重货业务和冷运业务也几乎翻了一番。在成本管控层面,顺丰不断优化内部结构,实现自动化管理。综上所述,业务量的增加和对成本的成功管控使公司 2016 年的净利润增加了,2016 年的净利润比 2015 年增长了 280.25%。另外,2016 年的营业外收入也有很大提升,这是由于 2016 年 7 月顺丰收购公司产生了一些负商誉(直接计入当年的营业外收入),该事项直接使得 2016 年的销售净利率比 2015 年约提高了三倍,由此顺丰借壳上市当年盈利能力有所上升。

顺丰的净资产收益率在 2015 年和 2016 年均有所上升,至 2018 年有所回落,但仍保持较高水平。2016 年净资产收益率上升幅度较大,这是由于顺丰增加了对营业成本的投资,尝试采用多种方法提高资源的利用效率,不仅改善了人力、线路、材料等,而且培养了管理人才,增加了智能物流技术。科技投入使得公司整体服务质量不断提高,客户黏性不断增强,技术创新使得公司运营效率进一步提高。

综上所述,顺丰的盈利能力得到了显著提升并保持在一个很高的水平。由此可见,借壳上市使顺丰在行业内的竞争力增强,公司地位提高,公司规模扩大,顺丰表现出强劲的发展势头。

4. 发展能力

公司的发展能力是彰显该公司经营服务、运营业务活动能力的指标。顺丰借壳上市前后的发展能力指标比较如表 3-7 和图 3-12 所示。

表3-7　顺丰2014—2018年财务数据简表3　　　　　　　　　　单位：万元

项目	2014年	2015年	2016年	2017年	2018年
总资产	2 742 644.77	3 471 657.33	4 413 488.56	5 766 016.44	7 161 456.88
固定资产	524 754.03	782 629.91	1 167 834.26	1 189 495.72	1 396 670.23
所有者权益	1 444 308.45	1 375 886.29	2 055 666.42	3 273 263.22	3 691 394.35
营业收入	3 891 114.14	4 810 115.48	5 748 269.81	7 109 429.70	9 094 269.42
净利润	47 562.79	109 422.12	416 078.49	475 184.86	446 426.86

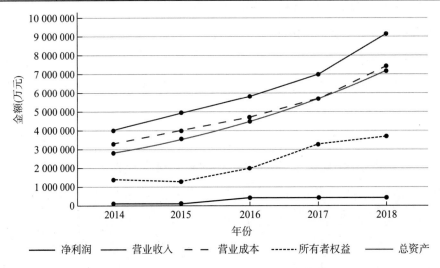

图3-12　顺丰2014—2018年发展能力指标

从表3-7和图3-12中可知,2016年顺丰总资产增长速度和固定资产增长速度都有所加快,顺丰通过不断拓展新市场、接受新业务、涉足新领域、采购优质资产、加大技术投入、添置设备来扩大生产规模、完善资产结构。顺丰在2016年营业收入增长速度并不快是因为其在2015年将商品销售和代理业务模块剥离了出去,此外加盟式快递给快递市场带来了巨大的冲击;2017年、2018年公司营业收入增长率分别为23.68%、27.92%,在传统业务的增长贡献收入的同时,重货、冷运等新业务也发展得较好。由此可以看出,顺丰在2016年总体处于扩张阶段,成长性良好,到2018年各项指标增长速度放缓,但仍有继续挖掘和提高的空间。

三、问题讨论

面对竞争对手在资本市场的率先起跑,作为国内快递龙头的顺丰通过借壳鼎泰新材实现了快速上市,正式跻身A股资本市场运作平台,为公司未来的融资和并购整合奠定了良好基础。本案例请学员们重点思考以下问题:

1. 我国快递行业发展呈现什么样的趋势？为什么快递企业近几年纷纷选择上市？

2. 企业上市的方式有哪些？借壳上市有什么特点？借壳上市过程中需要注意哪些问题？

3. 如果你是顺丰的CEO（首席执行官）或CFO（首席财务官），你会选择借壳上市吗？为什么？

4. 顺丰借壳上市的财务绩效表现怎么样？

5. 结合顺丰近五年的财务报告及顺丰上市以来的市值表现，如何认识、评价顺丰的借壳上市行为？

6. 顺丰的借壳上市对其他企业有哪些启示？

四、主要参考资料

1. 陈永忠，高勇. 上市公司壳资源利用理论与实务[M]. 北京：人民出版社，2004.

2. 程雯慧. 顺丰控股借壳上市案例研究[D]. 南京审计大学，2018.

3. 段小萍，许珂. 上市公司壳资源价值影响因素实证研究[J]. 财会通讯，2017(04):20-27.

4. 红梅，李艳萍，李广. 顺丰借壳上市之路的启示[J]. 中国商论，2016(26):23-24.

5. 李名扬. 顺丰借壳上市案例研究[D]. 中国财政科学研究院，2018.

6. 罗浩亮. 借壳上市法律问题研究——以顺丰快递为视角[J]. 法制与经济，2017(02):79-81.

7. 吕维依，敖慧. 物流企业借壳上市的动因剖析——以顺丰控股借壳鼎泰新材为例[J]. 财会通讯，2017(11):89-91.

8. 马鞍山鼎泰稀土新材料股份有限公司2014—2015年年报.

9. 彭晓洁. 我国民营企业借壳上市的现状、动因及建议[J]. 财会月刊，2011(12):28-29.

10. 尚芳莹. 顺丰公司借壳上市动因分析[J]. 全国流通经济，2018(28):26-27.

11. 顺丰控股股份有限公司2016—2018年年报.

12. 谭逸成. 借壳上市壳资源选择标准——以奇虎360借壳江南嘉捷为例[J].

现代营销(信息版),2019(01):112-113.

13. 王皓. 我国 A 股市场企业借壳上市相关问题研究 [D]. 西南财经大学,2013.

14. 叶晟昀. 顺丰控股借壳上市案例分析 [D]. 华中科技大学,2018.

15. 张道宏等. 上市公司壳资源研究 [M]. 西安:西安交通大学出版社,2002.

案例4 永辉超市供应链融资模式及影响

教学目标

本案例旨在通过分析永辉超市与广发银行合作开展供应链融资业务的具体操作过程，以及该业务对供应链融资各参与方产生的影响，使学员思考供应链融资的不同运作模式分别适应于何种情形，并深刻地了解供应链融资对企业强化供应链管理的意义。

近年来，由于受到电子商务的冲击，国内零售业态发生了较大的变化，零售百货这一传统行业的业绩下滑态势明显，如何优化供应链上的资源配置，让资金更高效地流动，融合多业态发展，以更好地满足消费需求、提高聚客能力，成为零售百货行业的当务之急。永辉超市针对上游供应商开展供应链融资业务，极大地缓解了供应商的资金需求困境，供应商数量与品质均明显改善。供应链融资模式有效提升了永辉超市的供应链竞争能力，促使其朝着我国连锁企业龙头大步迈进。

一、案例背景介绍

从2010年开始，永辉超市与广发银行共同开办了供应链融资业务，围绕着永辉超市对供应商提供一系列融资服务。就福建省而言，与永辉超市存在利益关系的上游供应商有571个，商品品类包括服饰、食品、生鲜等，因为生鲜与农副食品供应商具有不稳定性，以及服饰企业品牌核心优势不够显著、业务类型较多，永辉超市本着弱化担保条件，优先发展优质、经营稳定的目标客户群的方针，通过广发银行优先对食品用品类上游供应商进行批量授信。食品用品类上游供应商具有销售渠道稳定、资金周期性需求突出、对永辉超市依附性强、资产少、发展速度快而自身融资难等特征。永辉超市开展供应链融资业务主要基于以下背景：

(一)供应商面临较大的资金压力

永辉超市供应商与上游生产厂家和下游企业进行贸易时,处于不利位置。供应商采购产品时上游生产厂家需要其提前付清货款,而其在销售商品时通常采用先发货、再收款的方案,并且收回货款历经的时间较长。随着采购和销售规模的扩大,供应商面临的资金短缺风险越来越大,这严重制约了其规模的进一步扩大。大部分资金被应收账款与存货环节占用,供应商面对诸多的资金负荷,具体体现在以下两点:其一,超市统一支付产生的结账周期;其二,产品库存数目增长引发的铺货资金需求,以及重要节假日铺货产生的短期资金需求。

一般来说,供应商为永辉超市提供的账期是 55 天,也就是说,供应商会存在一个多月账款无法收回的情况。此外,供应商和上游生产厂家之间的模式是上游生产厂家在货款到账后发出货物,甚至要求供应商提早结算下个月度的货款;省外厂家发货历经的时长通常是两周左右,快消品生产厂家会强制要求供应商储存 45 天的营销库存。所以,在应收账款与存货的影响下资金被占用,是供应商面临资金短缺问题最为重要的原因。

(二)中小型供应商传统融资渠道受阻

资金是企业赖以生存发展的动力,源源不断的流通资金能够推动企业平稳可持续发展。反过来说,资金匮乏必然会阻碍企业的正常运营。中小型企业如果想处理好资金匮乏这一问题,最主要的是能从银行获得信贷资金,然而由于其规模不够大,能够用于质押的资产非常少,且信誉度较低,无法获得核心企业的信誉担保,因此很难从银行获得信贷资金。中小型企业可以通过与核心企业构建平稳的协作关系,提升信誉等级,以得到银行提供的资金扶持。开展供应链融资业务消除了阻碍中小型企业筹集资本的要素:信誉水平低、流通资金匮乏、应收款项收回时间长,拓宽了企业的融资渠道。和永辉超市建立合作关系的供应商大部分是规模不大、运营能力不强的中小型企业。纵观国内中小型企业筹集资本的整体情况,直接与间接筹资途径的局限性已经暴露出来,大部分企业得到信贷资金的途径为商业银行扶持,然而对于中小型企业而言,获得银行信贷资金面临巨大的难度。很长时间以来,由于国内缺少对中小型企业的必要信贷政策扶持,再加上这些企业极易遭受资金实力、抵押资产、竞争能力、自持资本、运营危机等诸多要素的影响,并且商业银行审核、批复流程过于繁杂,历经时间较长,中小型企业得到贷款资金扶持的可能性大大降低,面临诸多障碍。

(三)永辉超市业绩增长迅速

企业的快速发展不仅取决于企业自身的战略制定和实施,还要求企业拥有与自身发展速度相匹配的供应链体系。稳定、成熟的供应链也有利于供应链内企业维持快速、持久的扩张速度。2008—2012年,永辉超市的营业收入由56.79亿元增长至236.85亿元,年增长率高于40%(见图4-1);净利润也由2.14亿元增长至5.02亿元,五年复合增长率在25%以上。如此快速的业绩增长也对其供应商提出了要求。永辉超市认识到资金问题正是束缚其供应商快速发展的一个重要因素,而供应链融资模式便是帮助供应商摆脱资金短缺约束的必要方式。永辉超市和广发银行合作的供应链融资业务便因此开展起来。

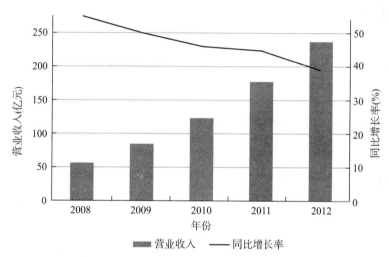

图4-1 永辉超市2008—2012年营业收入总额及同比增长率

资料来源:根据永辉超市年报整理。

二、供应链融资模式介绍

供应链融资的基本模式是:商业银行等金融机构通过对供应链中的各类企业提供一系列融资服务,推动各类企业的协作与往来,确保供应链有序、平稳、持续运作。因为供应链中的企业大部分是资金匮乏的中小型企业,所以融资面对的主体是中小型企业,这些企业是商业银行办理供应链融资业务的入手点。总体而言,供应链融资包括三类方式:

（一）未来货权融资

供应链中的上游与下游企业开展交易活动时，下游企业结算款项以后，尽管本质而言成为商品的所有人，但是并非即刻就能拿到商品。结算货款、收取商品、进行营销等诸多环节存在一定的时间差，极有可能使负责采购的下游中小型企业面临资金匮乏风险。未来货权融资就是针对这一问题而提出的。图4-2是具有代表性的未来货权融资模式。在这一模式里，承担着采购成本的中小型企业处在供应链下游，其对商业银行缴纳保证金以后，即获得商业银行提供的承兑汇票，进而得到所需资金，用来结算上游核心企业（供应商）的货款。在此过程中，上游供应商逐渐对物流企业以及仓储企业发出商品，在商品进入仓库之后，将其转化成仓单质押，处在下游位置的中小型企业借此对商业银行提交融资请求，所以未来货权融资也被叫作保兑仓融资。在这一模式里，假如获取信贷资金的中小型企业到达还款期限之后难以还清欠款，那么核心企业必须收购质押商品，如此一来，必然能够减少商业银行面临的贷款风险，并且这一模式之下，中小型企业不用直接结算所有货款，能够划分批次来结算货款，拥有对商品的提取权，这些均有利于供应商分批营销，减少采购企业的资金压力。

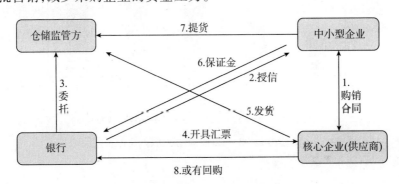

图4-2 未来货权融资模式

但我们也需要了解，未来货权融资通常被视作大宗货物（比如钢铁等）保值升值的有效工具，所以为规避不实交易，商业银行等金融机构必须引进第三方监督机关，比如物流企业。现如今，国内许多商业银行委任中国对外贸易运输（集团）总公司对其顾客实施物流监督，从而商业银行通过了解供应链中的核心企业与上下游中小型企业的实际状况，可以降低自身的授信风险。此外，第三方物流企业得到了供应链中各类企业的运输业务，这是多方共赢的结局。

(二)融通仓融资

大部分情况下,供应链中拥有资金筹集需求的企业并不存在上述供应链融资模式中要求的核心企业(担保方)信誉担保,但是这些企业拥有自己的存货,所以商业银行等金融机构开办的各项授信业务能够依附于融通仓融资模式来进行。图4-3是具有代表性的融通仓融资模式。融通仓融资也被叫作存货融资,它是商业银行等金融机构对手中持有存货、处在供应链中的上下游中小型企业提供的信贷产品,指的是中小型企业把自有存货用来质押,通过中立的第三方物流企业估值之后,得到商业银行等金融机构授信的融资方式。

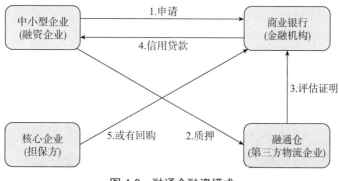

图 4-3 融通仓融资模式

融通仓融资模式相对来说便捷度更高,非常灵活。只要是商业银行认定的存货,都能够被视作抵押物向商业银行筹集资金。在这一模式里,企业在得到所需资金的状况下,不可能对自身的运营活动产生任何阻碍,实践流程较为简便,方便推行。融通仓融资模式和未来货权融资的相似点体现在商业银行等金融机构必须利用第三方物流企业的协助,使商业银行降低授信风险。

(三)应收账款融资

许多中小型企业(供应商)由于规模相对较小,讨价还价能力较弱,造成核心企业经常运用赊销的模式购买所需原料,长此以往,使中小型企业资金严重匮乏,不利于企业的平稳、可持续发展。在该背景下,应收账款融资模式应运而生。该模式指的是利用供应链中核心企业做出的结算承诺,中小型企业将并未达到期限的应收账款用于质押,进而得到商业银行等金融机构信贷资金的资本筹集方式。图4-4是具有代表性的应收账款融资模式。在这一模式里,处在上游位置的中小型企业是需要信贷资金的一方,也就是债权企业;处在下游位置的核心企业是债务企业,对融资过程具有反担保功能。反担保指的是假如中小型企业无法在约定期限内如数偿还所欠商业银行的贷款,那么核心企业必须负担对商业银行造成的亏损。采用这一模式,一方面能够确保中小型企业得到所需的信贷资金,缓解其资金短缺压力,满足企业的融资需求;另一方面能够维系供应链的平稳性,提升供应链的运作效率。

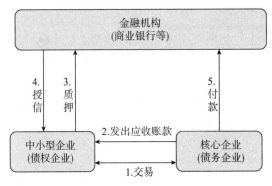

图 4-4　应收账款融资模式

三、案例介绍

(一)永辉超市简介

永辉超市建立于 1998 年,企业总部地处福建省福州市。经过多年的发展,永辉超市一跃成为我国规模庞大的商业强企,2016 年位列中国企业 500 强第 141 位,被视作"农业产业化"具有代表性的龙头企业。企业自创立以来,一直保持着较快的成长速度,不断创造着行业神话,获得了各界的认可和赞誉,拥有着细分行业领先地位和优越的品牌优势,经过十多年的优质快速发展,企业于 2013 年 11 月 15 日在上海证券交易所主板上市,股票代码为 601933。截至 2017 年 7 月底,企业在全国 20 余个城市开设了 548 个店铺,已签订合约、准备铺设的店铺达到 225 个,运营面积高达 453 万平方米。2014 年 9 月,全球著名的商业巨头牛奶国际有限公司注入 56.93 亿元资金,通过 7 元/股的价格参与永辉超市股份,拥有的股份比重达到 19.99%,变成了永辉超市最大的股东。2015 年 8 月,京东通过旗下两家子公司(江苏京东邦能投资管理有限公司及江苏圆周电子商务有限公司)战略入股永辉超市,凭借持有 10% 的股份比重,一跃变成永辉超市排名第三的股东。2017 年 12 月 15 日,永辉超市发布公告称,实际控制人拟以 8.81 元/股的价格转让 5% 的股份给腾讯。2017 年永辉超市具体股权结构如图 4-5 所示。

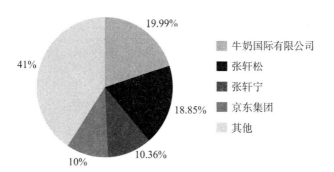

图 4-5 永辉超市股权结构

资料来源:永辉超市 2017 年年度报告。

(二)永辉超市供应链融资模式及效果分析

1. 流程分析

本次供应链融资的具体授信方案及业务流程如下:

(1)授信目标供应商的选择。

广发银行把永辉超市供应商按照年供货量以及年销售收入的具体金额分成 A、B、C 三级,不同级别对应不同的授信额度,每一级别的供应商也有相对应的分级标准(见表 4-1、表 4-2)。

表 4-1 永辉超市供应商数量及业绩

年供货量	年销售收入	供应商数量
3 000 万—5 000 万元	9 000 万—15 000 万元	6
1 000 万—3 000 万元	3 000 万—9 000 万元	33
600 万—1 000 万元	1 800 万—3 000 万元	206

资料来源:根据永辉超市年报及网络资料整理。

表 4-2 永辉超市供应商分级标准

分类	标准
A 级供应商	1. 销售经验:个体与家庭拥有超过五年的关联行业工作经验; 2. 渠道控制能力:代理超过三个知名品牌,和生产厂商构建了密切的产品供给协作关系; 3. 企业销售能力:年销售收入高于 9 000 万元,年供货量超过 3 000 万元。
B 级供应商	1. 销售经验:个体或家庭拥有超过五年的关联行业工作经验; 2. 渠道控制能力:代理超过两个知名品牌,和生产厂商构建了密切的产品供给协作关系; 3. 企业销售能力:年销售收入高于 3 000 万元,年供货量超过 1 000 万元。
C 级供应商	1. 销售经验:个体与家庭拥有超过三年的关联行业工作经验; 2. 渠道控制能力:代理超过一个知名品牌,和生产厂商构建了密切的产品供给协作关系; 3. 企业销售能力:年销售收入高于 1 800 万元,年供货量超过 600 万元。

资料来源:根据永辉超市年报及网络资料整。

(2) 具体授信额度。

通过对诸多供应商进行分级,确保原来处在无序状态的市场达到有序发展,运用标准的批量授信程序,以提升银行供应链融资业务的运作效率。以 A 级供应商为例,A 级供应商批量授信额度为 1 亿元,单户授信额度不能高于 1 500 万元,非质押类单户授信额度不能高于 500 万元;供应商和永辉超市应建立超过两年的协作关系,具有和大型商超进行协作的一系列合约、账单记录以及商品运输记录、订货记录等;企业年销售收入应达到 9 000 万—15 000 万元,企业控股人最少在本地持有一处房屋,购买的物业不能少于 200 万元,包含房屋、店铺等。永辉超市供应商具体授信额度如表 4-3 所示。

表 4-3　永辉超市供应商具体授信额度

供应商等级	单户最高授信额度	非抵押授信额度	抵押率（上限）
A	1 500 万元	上限为 500 万元,依据年供货量 16% 予以核算	一般住宅抵押率提升到 100%,店铺、洋楼、写字楼抵押率提升到 80%,厂址、土地抵押率提升到 70%
B	1 000 万元	上限为 300 万元,依据年供货量 16% 予以核算	
C	800 万元	上限为 200 万元,依据年供货量 16% 予以核算	

资料来源:根据永辉超市年报及网络资料整理。

(3) 具体业务流程。

永辉超市在和供应商进行交易时,广发银行参与其中,并把其构建的供应商服务系统和广发银行构建的资金管理系统密切衔接,给予广发银行对两大系统运营和管理、监管目标顾客群资金流和现金流的权利。广发银行依附于永辉超市提供的供应商服务系统等,把其还款账户设置于银行内部,真正实现了对借贷风险的有效制约,进而为永辉超市供应商提供信贷资金,以满足其信贷需求。具体业务流程如下:

① 永辉超市在和供应商进行交易时,广发银行参与其中,并把其构建的供应商服务系统和广发银行构建的资金管理系统密切衔接,给予广发银行对两大系统运营和管理的权利。

② 永辉超市通过其供应商服务系统,当系统检测到某一货品缺货时,按照优先顺序,自动向供应商下单。

③ 供应商收到订单后,估计出所需资金,向广发银行递交融资需求申请。

④ 广发银行在收到供应商的申请后,通过永辉超市供应商服务系统确定其真实性,核实后向供应商放款。

⑤ 供应商在收到贷款后,向永辉超市发货。

⑥ 收到货物后,永辉超市会提供一个收货单,并将收货单编号和增值税发票号录入供应商服务系统中,把其还款账户设置于广发银行内部。

⑦ 按合同约定日期,永辉超市将货款直接转到其在广发银行开立的还款账户;同时,还需要支付一部分借款利息给广发银行。至此,一笔供应链融资业务就完成了(见图4-6)。

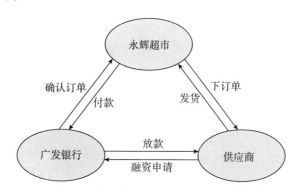

图4-6 永辉超市供应链融资业务流程

2. 效果分析

(1)永辉超市应付账款周期延长,财务成本降低。

财务成本控制是企业实现平稳持续运营必不可少的环节,能够显著提升企业的运营水平,为企业创造巨额的经济效益。在降低财务成本的同时,企业应加强自身的核心竞争实力,使之持续获利,并在日益加剧的竞争局势里脱颖而出,占据巨大的市场份额。资金成本作为财务成本的重要组成部分,其能否得到有效控制对企业整体财务成本的控制起着至关重要的作用。永辉超市以其自身信用为核心,帮助其上游中小型供应商解决融资困难的问题,不仅缓解了其供应商的融资困境,而且对永辉超市降低近期资金成本益处颇多。本案例选取了四家同行业零售企业作为可比公司来验证永辉超市自开展供应链融资以来对自身资金成本的控制效果(见图4-7)。

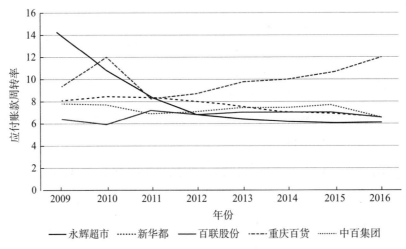

图 4-7　永辉超市及同行业可比公司应付账款周转率变化

资料来源：根据永辉超市年报资料整理。

根据图 4-7 可知，2009 年之后，永辉超市应付账款周转率呈现出显著的下降趋势，直至 2016 年，这一数值从 14.65 降至 6.72，说明应付账款周期明显延长，永辉超市拥有很长的周期占据供应商的货款，这在一定程度上降低了其资金成本。

(2) 广发银行信贷结构和收入结构得到优化。

商业银行作为我国金融行业最为重要的主体之一，在人们社会、经济生活的很多领域里发挥着无可替代的作用。近年来，商业银行获得了突飞猛进的发展，收获了丰硕的业务成果。尽管国内商业银行整体规模明显扩大，收益水平有所提升，但是大多数商业银行并未关注内部运营模式和信贷结构的调节与升级，造成开采和使用信贷资金处于落后状态，信贷资金品质严重下滑，引发了诸多矛盾与冲突。这在一定程度上威胁到了金融行业的平稳快速发展，是摆在国民经济和社会发展面前的障碍。

目前，我国的经济发展正处于一个重要的战略机遇期，增长方式的转变和产业结构的调整是未来很长一段时间内国家开展经济工作的重中之重。从宏观角度而言，我国各大商业银行应当在经济转型的重要阶段，紧握发展机会，加大变革力度，把信贷资金放置在发展前途广阔、收益率高的主导行业，以及那些具有强大抗风险能力和发展潜力的新兴产业。这样不仅会为我国目前的经济发展提供更强有力的资金支持，还会使得商业银行在对外投资中获取更高的回报。从微观角度而言，商业银行如果想使信贷业务顺利运作，则必须合理分配信贷资金，这项内容是各项工作的基础要件。此外,信贷结构的调节同样要建立在商业银行对信贷资金结构予以规划的前提下,以确保信贷资金得到合理分配和使用。另外,商业银行除了要对信贷结构进行调节与优化,还要遵守基本原则,比如资金流通性、安全性等。唯有如此,才可以使信贷结构趋于合理,信贷资金落到实处。

本案例通过对广发银行广州分行近几年的信贷结构做出分析,从而得出开展供应链融资业务对其信贷结构和收入结构起到优化作用的结论。

从图4-8和图4-9中可以看出,自开展供应链融资业务以来,广发银行广州分行企业贷款所占比重逐年上升,这是中小型企业信贷规模不断增长引发的。其中,信用贷款所占比重呈现出逐年上升的趋势,而抵押贷款和保证贷款所占比重则呈现出逐年下降的趋势。广发银行广州分行信贷结构发生了巨大变动,这一方面可以消除信贷风险,另一方面可以提升信贷资金品质。另外,2009—2016年,广发银行广州分行的利息收入中,动产质押产生的利息收入出现了一定程度的下降,而票据贴现产生的利息收入则出现了快速增长。这些均对银行收入结构的调节产生了积极影响。

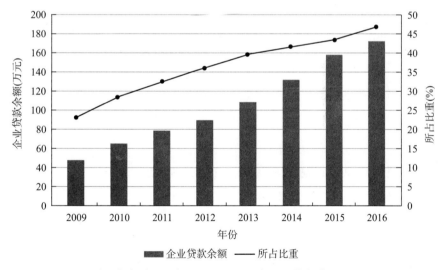

图4-8　广发银行广州分行2009—2016年企业贷款余额及所占比重

资料来源:根据网络资料整理。

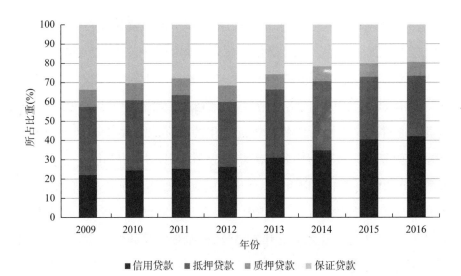

图 4-9 广发银行广州分行 2009—2016 年信贷结构

资料来源:广发银行网站。

(3) 上游供应商资金周转加快,收入规模迅速提升。

伴随经济全球化的来临,再加上新型技术手段的推陈出新,现如今供应链管理逐渐变成新型的管理观念与模式,其通过对供应链中诸多节点予以规制和协调,来提升企业的经济效益。在这一背景下,供应链涉及的利益主体之间的联系为协作与互助,并非一味地竞争。优秀的供应商是企业运作与管理必不可少的保障,其能够确保供应链顺畅运行,规避由于货物短缺、产品不合格等诸多情况对企业造成的经济亏损;另外,也可以显著提升企业的营销总量,减少库存压力,缩减采购投入。

在永辉超市将供应链融资业务纳入发展战略之后,供应商数量与品质均明显改善。本案例统计了 2010 年和 2016 年永辉超市供应商在销售收入和供应商数量方面的具体数据,并据此分析了永辉超市上游供应商具体情况的变化(见表 4-4、表 4-5)。

表 4-4 2010 年永辉超市供应商情况

年供货量	年销售收入	供应商数量
10 000 万元以上	30 000 万元以上	0
5 000 万—10 000 万元	15 000 万—30 000 万元	3
3 000 万—5 000 万元	9 000 万—15 000 万元	3
1 000 万—3 000 万元	3 000 万—9 000 万元	18

(续表)

年供货量	年销售收入	供应商数量
600万—1 000万元	1 800万—3 000万元	124
600万元以下	1 800万元以下	211

资料来源：根据永辉超市年报资料整理。

表4-5　2016年永辉超市供应商情况

年供货量	年销售收入	供应商数量
10 000万元以上	30 000万元以上	1
5 000万—10 000万元	15 000万—30 000万元	10
3 000万—5 000万元	9 000万—15 000万元	6
1 000万—3 000万元	3 000万—9 000万元	33
600万—1 000万元	1 800万—3 000万元	206
600万元以下	1 800万元以下	315

资料来源：根据永辉超市年报资料整理。

通常而言，供应链中规模庞大、实力雄厚的核心企业由于优势明显，经常会在货物交接、结账周期、定价等诸多层面对中小型企业提出严格的要求，从而给这些企业造成巨大的压力。由于中小型企业资金实力较弱、规模不够庞大，因此无法从商业银行获得信贷资金，面临的资金压力相当大，最终会导致供应链的平衡状态被打破。永辉超市通过开展供应链融资业务，把资金的占用时间转嫁到商业银行端，不仅延长了其应付账款的占用时间，还加快了供应商应收账款的收回时间。由表4-4、表4-5可以看出，永辉超市供应商不仅在数量上有了大幅增加，并且出现了销售收入在3亿元以上的超大型供应商。这足以证明供应链融资业务对供应商平稳、持续发展具有不容小觑的作用。

(4) 供应链融资业务成为永辉超市新的利润增长点。

近年来，供应链融资领域逐渐吸引了各路资本的竞逐，各大商业银行、产业资本等已把供应链融资视为其"必争之地"。随着蚂蚁金服、京东金融等巨头公司和一大批P2P(个人对个人)网贷公司进入供应链融资领域，加之互联网金融市场的不断完善以及政策红利的引导，供应链融资领域逐渐成为各路资本淘金的蓝海。永辉超市在与广发银行合作开展供应链融资业务中，意识到了当下供应链融资的发展趋势，同时供应链融资广阔的盈利前景也引起了永辉超市的注意，加之永辉超市自身又有多年开展供应链融资业务的经验和需求,因此布局供应链金融行业已经成为永辉超市的必然选择。根据相关网站统计,目前我国供应链融资市场规模已经达到 10 万亿元,预计 2020 年可接近 20 万亿元的规模。此外,我国当前供应链融资的发展在政策红利的引导下也越来越稳健,国内很多大型企业在布局供应链融资业务后都取得了很大成功。

2016 年年底,永辉超市先后成立重庆永辉小额贷款有限公司和华通银行,开始涉足消费金融和商业银行领域。永辉超市 2017 年年报显示,企业已经初步完成构建"全供应链+线下零售门店网络全覆盖+消费者"的移动智能科技金融业务战略目标。截至 2017 年年底,累计注册客户 14 万个,贷款余额 10.6 亿元。永辉超市拥有数万家供应商资源,企业应付账款总额接近 80 亿元,供应商融资需求缺口巨大。因此,供应链融资业务有望成为永辉超市新的利润增长点。

(三)永辉超市供应链融资方案存在的不足

在本案例中,永辉超市供应链融资方案存在以下不足之处:首先,广发银行制定的授信方案中,授信范围并未涵盖永辉超市全体供应商;其次,由于永辉超市中小型供应商会计核算体系不够健全、财务数据披露不够清晰明确,因此广发银行在开展具体工作时很难快速有效地推进,这无疑会降低双方的工作效率。此外,广发银行借助永辉超市供应商管理系统虽然能够比较有效地保证交易的真实性,但是产品质量问题是广发银行不能有效监测的风险点之一。如果永辉超市从供应商采购的产品出现质量问题,就会造成永辉超市无法及时支付款项给广发银行。由于广发银行不能代替永辉超市履行验货的职能,因此广发银行提前支付给供应商的款项必然面临货物验收不能通过所带来的风险。

四、问题讨论

中小型企业的融资难问题一直是学术界和实务界关注的焦点,而供应链融资由于在理论上具备解决该问题的可行性,因此供应链融资近年来也开始在实务界受到企业和商业银行的青睐。永辉超市针对自身上游供应商开展供应链融资业务,极大地缓解了供应商的资金匮乏困境,这对其他企业无疑有着很大的借鉴意义,但是在整个方案的实施过程中也存在一些问题,对此学员们需要独立思考。本案例请学员们重点思考以下问题:

1. 什么是供应链融资?供应链融资有哪些特点?

2. 未来货权融资模式和融通仓融资模式主要有哪些区别?
3. 供应链融资与传统信贷模式有哪些区别?
4. 本案例中,永辉超市供应链融资方案存在哪些问题?
5. 本案例对其他企业开展供应链融资业务有哪些启示?

五、主要参考资料

1. 陈燕.供应链融资在我国进出口中小企业国际贸易领域的应用研究[D].西南财经大学,2011.

2. 侯娟娟.我国中小企业供应链融资模式分析[J].企业研究,2013(15):78-79.

3. 李金龙.供应链金融理论与实务[M].北京:人民交通出版社,2011.

4. 李欣.商业银行供应链融资业务研究[J].学术论坛,2016,38(2):49-53.

5. 钱志成.供应链融资案例研究——以永辉超市为例[D].中国财政科学研究院,2018.

6. 宋华.供应链金融[M].北京:中国人民大学出版社,2015.

7. 宋阳.中小企业融资解决方案之供应链融资[D].上海交通大学,2012.

8. 宋羽.中小企业融资[M].北京:经济科学出版社,2012.

9. 谢慰琦.我国中小企业融资困境——基于供应链融资的对策研究[D].厦门大学,2009.

10. 永辉超市股份有限公司2009—2017年年报.

11. 袁菲.中小商业银行供应链融资模式解析——基于M银行案例[D].华东理工大学,2016.

12. 朱道立.第三方物流服务创新:融通仓及其运作模式初探[J].中国流通经济,2002,16(02):11-14.

案例 5
PPP 模式驱动华夏幸福"花式"融资

教学目标

本案例旨在引导学员学习和分析企业融资模式及 PPP 项目运作模式,特别是房地产企业参与 PPP 项目对自身融资安排的影响。通过案例分析,学员可以了解不同融资方式的操作流程,比较成本效益,总结特点;同时,可以了解 PPP 项目运作模式,分析为何该模式越来越受到企业和政府的欢迎。此外,通过案例分析,可以引导学员展开对房地产企业在新经济形势下如何解决融资困局,如何切实解决企业"融资难与融资贵"问题的思考。

十年一拐点,我国房地产行业自 1998 年房改至今,整整走过了 20 个年头。2018 年,新的市场拐点再次降临。这一年,我国房地产市场迎来了史上最严、时间最长的楼市调控,"房住不炒"深入人心。政策的变化深刻影响了房地产市场的各个领域。楼市格局正式从增量市场迈向存量市场。从一二线城市到三四线城市,整个房地产市场充满了变数。在我国房地产市场,华夏幸福无疑是一个非常奇特的代表,它既没有"华南五虎"的锋利无匹,也没有"招金保万"的大开大合,凭借着独特的发展模式成为我国房地产市场中独树一帜的一家企业。

随着京津冀一体化战略的深入贯彻和落实,环京区域的房地产市场迎来爆发式增长。由此,重仓环京布局的华夏幸福尽享政策红利。然而,2017 年《发行监管问答——关于引导规范上市公司融资行为的监管要求》《上市公司股东、董监高减持股份的若干规定》等一系列新规的出台,使得上市公司融资难度增加;2018 年,身处环京调控重灾区的华夏幸福受到重创,遭遇发展危机。

案例5　PPP模式驱动华夏幸福"花式"融资

2018年7月,为缓解资金压力,华夏幸福将近两成股权折价卖给平安资产管理有限公司(以下简称"平安资管"),由此平安资管成为华夏幸福的第二大股东。在中国平安人寿保险股份有限公司(以下简称"中国平安",平安资管母公司)入股后,华夏幸福进行了一系列大规模的调整,包括裁撤京津冀事业部、调整重庆事业部、将产业集团与小镇集团合并等一系列动作,这些无不成为行业热议的事件。

一、案例背景介绍

(一)公司简介

华夏幸福基业股份有限公司(以下简称"华夏幸福")创立于1998年,二十多年来,始终致力于产业新城的投资、开发、建设与运营,已成长为我国领先的产业新城运营商。截至2018年9月底,公司资产规模近4 000亿元。

华夏幸福以"产业高度聚集、城市功能完善、生态环境优美"的产业新城和"产业鲜明、绿色生态、美丽宜居"的产业小镇为核心产品,通过"政府主导、企业运作、合作共赢"的PPP(政府和社会资本合作)市场化运作机制,在规划设计服务、土地整理服务、基础设施建设、公共配套建设、产业发展服务、城市运营维护六大领域,为城市提供全生命周期的可持续发展解决方案。

围绕国家战略重点区域,公司进一步巩固京津冀区域,积极布局长江经济带、中原城市群、粤港澳大湾区等地区。目前,公司事业版图已遍布北京、河北、广东、江苏、浙江、河南、四川、湖北、湖南、安徽、陕西、贵州等地以及印度尼西亚等全球80余个区域。

2018年7月10日,华夏幸福控股股东华夏幸福基业控股有限公司(以下简称"华夏控股")向中国平安转让19.7%的股份,成交后华夏控股持有华夏幸福40%的股份,中国平安持有华夏幸福19.7%的股份。

(二)发展历程回顾

华夏幸福发展历程如图5-1所示。

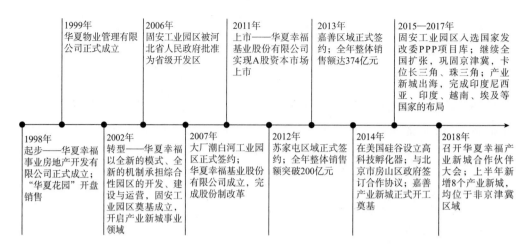

图 5-1　华夏幸福发展历程

资料来源：华夏幸福官网。

起步：抢抓机遇、准确定位、艰苦创业，华夏地产开启了华夏幸福的发展之路。

1998—2001 年是华夏幸福的初创时期。1998 年 7 月华夏幸福基业房地产开发有限公司正式成立。作为河北省廊坊市的一家民营企业，此时的华夏幸福不过是我国房地产行业野蛮生长时期千万家房地产公司中再寻常不过的一家公司。创始人王文学在探索公司发展方向的过程中找到了独立策划人王志刚，他建议王文学放弃住宅做园区，并提出园区开发运营的模式：第一，做园区开发和招商；第二，由政府提供房地产配套开发；第三，把房地产和产业整合起来，做产业新城。

1998 年 10 月，"华夏花园"开盘销售，由此开启华夏地产项目事业领域。

1999 年 8 月，华夏物业管理有限公司正式成立。

转型：拓展事业版图，以全新的模式和全新的机制承担综合性园区的开发、建设与运营。

2002—2010 年是华夏幸福的探索时期。2001 年北京申奥取得成功，为迎接这场举世瞩目的盛会，北京市政府提出要"抓住奥运机遇，加快城市建设"，其中一项工作就是要求北京四环以内的一些工业企业向外搬迁。对于环北京地区的河北诸县来说，这无疑是接收产业转移、发展县域经济的绝佳时机，而华夏幸福也正是在这个关键时点"落子"固安。

2002 年 6 月，华夏幸福与河北省固安县人民政府签订协议，固安工业园区奠基成立，开启产业新城事业领域，确定了政府与社会资本合作（PPP）模式。2006 年 3 月，固安工业园区被河北省人民政府批准为省级开发区。在这个过程中，华夏幸福逐步摸索出一条园区开发与房地产开发相结合的业务模式。

2007年5月，大厂潮白河工业园区正式签约。

对于以园区和房地产开发为主业、重资产运营型的公司来讲，融资难是制约公司扩张的关键性因素，华夏幸福也不例外。为突破这一发展瓶颈，2007年12月华夏幸福基业股份有限公司成立，公司经过三次增资、三次股权转让完成股份制改革。

上市：登陆资本市场的新舞台，实现模式复制，继续坚定不移地打造产业新城。

2011—2013年是华夏幸福的扩张时期。2009年3月，华夏幸福着手筹备上市。2010年，华夏幸福通过定向增发和资产置换取得浙江国祥制冷工业股份有限公司的控制权。2011年8月29日，华夏幸福借壳申请获批准，搭上A股"末班车"，股票简称华夏幸福（股票代码：600340）。

开启全球化：秉持"美国孵化，华夏加速，中国创造"的理念，华夏幸福在美国硅谷设立高科技孵化器，迈出国际化第一步。

2014年至今是华夏幸福的腾飞时期。2014年3月，华夏幸福在美国硅谷设立高科技孵化器，以全球最前沿的科技力量推动中国产业升级。

2016年4月，华夏幸福布局河南省焦作市武陟县、郑州市新郑市，首进中原城市群，实现对具有中远期快速发展机会的潜在经济热点区域的前瞻性布局。

2017年3月，华夏幸福固安工业园区新型城镇化PPP项目供热收费收益权资产支持专项计划获准发行，成为首批PPP项目资产证券化中唯一一个园区PPP项目资产支持专项计划；5月，安徽省滁州市来安产业新城入选国家发展改革委第二批PPP项目典型案例。

2018年2月，湖北省黄冈市团风县产业新城项目、浙江省湖州市南浔区产业新城项目、河南省郑州市新郑市产业新城项目入选财政部第四批PPP示范项目；8月，华夏幸福发布2018年中报，显示各项业绩稳步增长，异地复制成效显著。其中，新增签约区域全部位于京津冀之外，非京津冀区域贡献近八成新增签约投资额，继环南京和环杭州区域之后，环郑州区域成为新的业绩增长极；9月，华夏幸福与中国平安签署战略合作协议，双方将在产业新城、综合金融服务和新兴实业协同发展等领域加强战略合作。

二、华夏幸福业务构成与利润来源

华夏幸福作为国内领先的产业新城运营商，依托于"政企合作"的PPP市场化运作机制,通过签订排他委托协议,提供产业新城的综合解决方案,主要涉及规划设计、土地整理、基础设施建设、公共配套建设、产业发展及城市运营维护等六大类服务。其中,产业发展服务是产业新城的核心部分,包括前期的产业定位、产业规划及后期的招商引资等。公司可以提供从产业新城规划落地到成熟运营期间的全部服务。同时,借助产业新城业务的发展,公司也承接产业园区内配套住宅的开发业务,除满足园区内企业、员工的住房需求外,还承接核心城市向周边溢出需求,同时对核心城市圈以外的需求也具备一定的吸引力。目前,公司的产业新城业务和房地产开发业务已实现"1+1>2"的协同发展。

产业新城的客户包括政府、企业和居民。其中,政府作为主要客户,在与公司签订排他委托协议后,充分享受公司从产业新城规划落地到成熟运营期间的全部服务。公司相当于政府的职业经理人。企业作为园区的入驻者,充分享受公司为其提供的园区内的硬件设施及落户园区带来的税收优惠政策。居民作为园区内主要的价值创造者,充分享受园区带来的就业机会,同时也是园区配套住宅的需求者之一。

产业新城是华夏幸福的核心业务,公司为三类客户提供的服务具有相互促进的作用。例如,公司为居民提供园区内的配套住宅建设及销售服务,住宅销售的回款可以有效地补充公司在前期为政府提供土地整理和基础设施建设服务垫付的资金;公司在园区开发的前期进行招商引资,入园企业的增长带动区域价值的提升,有助于园区内配套住宅销售价格的上涨等,具体如图5-2所示。

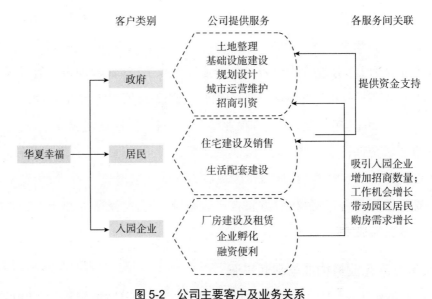

图5-2 公司主要客户及业务关系

资料来源:华夏幸福官网。

有别于传统的房地产开发业务,产业新城的收益按照建设过程中不同的内容进行结算:①产业发展服务费,按当年新增落地投资额的45%计算;②土地整理服务费,按成本的15%计算;③基础设施和公共配套建设服务费,按成本的15%计算;④规划设计服务费,按成本的10%计算;⑤城市运营维护服务费,按政府指导价或双方商定的市场价确定(见图5-3)。

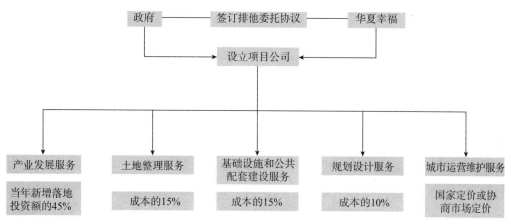

图5-3 产业新城业务内容及收益计算方式

资料来源:华夏幸福官网。

产业新城具有"前期垫付,后期结算"的特点,公司严格遵循"3年当年现金流回正,4年累计现金流回正,单个项目峰值不超过7个亿"的标准。产业新城模式受到政府欢迎的一个重要原因是:前期建设中,对基础设施建设和土地整理的成本投入由公司垫付,垫资时间2年左右。为了避免在同一个项目上积累过多的资金,公司采取滚动开发模式,有效缓解了资金压力。目前,单个园区每年的垫付资金为2亿—3亿元,截至2018年中期末,公司产业新城共有13个处于成熟阶段,19个处于建设起步阶段,28个处于规划阶段,保守估计1年垫付资金上限在96亿元左右。短期来看,京津冀区域限购等政策未见明显的放宽,非京津冀区域拓展产业新城多处于建设起步阶段,前期资金投入规模将持续扩大。中长期来看,中国平安入股有效缓解了公司现金流压力,并且随着非京津冀区域产业新城进入收获期,公司现金流情况将好转。华夏幸福2013—2017年营业利润构成、2013—2016年分业务毛利率及2017年各区域产业新城营业利润构成如表5-1、表5-2、图5-4和图5-5所示。

表5-1　华夏幸福2013—2017年营业利润构成　　　　　　　　　　单位：亿元

营业利润构成	2013年	2014年	2015年	2016年	2017年
城市房地产开发	4.59	6.40	6.99	7.08	64.43
产业发展服务	23.07	34.57	60.27	105.06	212.97
土地整理服务	5.95	3.77	3.86	8.22	6.23
物业管理服务	0.18	−0.43	0.17	0.40	0.66
基础设施建设	2.11	5.53	0.15	1.02	0.20
综合服务	0.12	0.10	1.45	2.27	2.77
园区住宅配套	35.54	45.05	61.85	54.97	—
酒店、俱乐部及其他	−0.09	−0.91	−2.67	−1.59	−2.02
其他业务	−0.27	2.08	0.24	0.32	0.61

资料来源：华夏幸福2013—2017年年度报告。

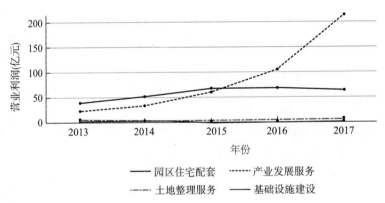

图5-4　华夏幸福2013—2017年营业利润构成

资料来源：华夏幸福2013—2017年年度报告。

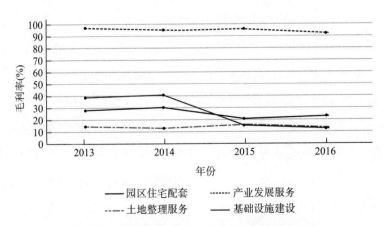

图5-5　华夏幸福2013—2016年分业务毛利率

资料来源：华夏幸福2013—2016年年度报告。

表5-2 华夏幸福2017年各区域产业新城营业利润构成 单位:亿元

区域	产业发展服务	土地整理服务	综合服务	基础设施建设	合计	合计同比增长
京津冀区域	205.2	12.7	3.5	1.0	222.4	52%
廊坊市固安县	98.9	—	—	—	98.9	97%
廊坊市大厂县	47.1	—	—	—	47.1	10%
河北省怀来县	21.0	6.5	3.5	—	31.0	116%
廊坊市香河县	18.3	—	—	0.9	19.2	-3%
廊坊市霸州市	8.8	—	—	—	8.8	-25%
廊坊市永清县	0.6	6.2	—	0.1	6.9	—
廊坊市文安县	5.7	—	—	—	5.7	17%
秦皇岛市昌黎县	4.8	—	—	—	4.8	84%
非京津冀区域	25.7	35.2	0.7	0.6	62.2	134%
嘉兴市嘉善县	14.2	—	—	—	14.2	23%
无锡市梁溪区	2.5	8.7	0.0	0.6	11.8	5%
滁州市来安县	—	11.0	—	—	11.0	—
沈阳市苏家屯区	7.1	—	—	—	7.1	89%
南京市溧水区	0.8	4.9	0.0	—	5.7	—
马鞍山市和县	—	4.1	0.2	—	4.3	—
六安市舒城县	1.0	3.0	0.2	—	4.2	—
武汉市新洲问津	—	2.2	—	—	2.2	—
焦作市武陵县	0.1	1.3	0.3	—	1.7	—
区域合计	230.9	47.9	4.2	1.6	284.6	65%

资料来源:华夏幸福2017年年度报告。

从华夏幸福年报以及上述图表可以看出,园区住宅配套业务曾经是华夏幸福最主要的营业收入来源,但其增速已大大放缓。华夏幸福在园区住宅配套领域能够获得如此收益,与公司采用PPP模式有很大的关系。首先,华夏幸福与当地政府签订PPP协议后,开始进行土地的一级整理与基础设施建设,2016年年报显示,华夏幸福土地整理服务和基础设施建设这两项业务在营业收入中的占比分别为9.66%、1.40%。华夏幸福不用缴纳土地出让金,政府出让土地的收益按照成本加成的一定比例分批或者一次性返还,同时经过协商获得部分土地使用权,使其以较低的成本获取土地进行住宅开发，为园区住宅配套业务提供了土地。其次，当整个园区建成后，政府受理华夏幸福通过招商引资吸引企业入驻园区，众多企业入驻给华夏幸福带来了客户源。最后，由于华夏幸福业务主要在廊坊、张家口等京津冀区域开展，2016年年报显示，华夏幸福京津冀区域营业收入为487亿元，分地区占比高达91.24%。受各类政策因素的影响，北京地区的购房需求转移到河北地区，这一点为华夏幸福房地产的销售带来契机。

2017年，产业发展服务业务跃升为华夏幸福首要的营业收入来源，其中主要是通过招商引资服务，即政府根据企业投资额的一定比例分批将代理费返还给华夏幸福。2013—2017年年报显示，华夏幸福产业发展服务业务的营业收入逐年增长，2017年毛利率更是高达92.25%。

由上述图表可知，华夏幸福投入大量资金整理土地和建设基础设施，在一定程度上依靠公司房地产销售回款的支持。华夏幸福产业新城发展模式持续为其提供高额的利润和现金流，为公司长期稳定发展提供支撑。

三、华夏幸福PPP项目融资创新的动机

PPP项目普遍具有项目运营回收周期长、投资规模大、经营风险高等特点，华夏幸福的PPP项目同样面临严峻的融资困境。PPP模式需要企业与地方政府有良好的关系，即华夏幸福与地方政府签订排他协议，地方政府出地、华夏幸福出钱出力，一起规划建设产业园区，然后招商引资。在这一过程中，地方政府可以获得土地使用权出让收入（地方政府会以低于市场价的价格将土地使用权转让给华夏幸福）、招商引资带来的新增税收收入（原有企业原址产生的税收收入除外）等。这些新增收入的地方留存部分按一定比例纳入财政预算支出管理，第二年再按合同约定的金额支付给华夏幸福。而在此之前，华夏幸福要垫支全部开支。

在PPP模式中，风险全部由华夏幸福承担。根据华夏幸福报表及附注披露的资料，"对政府而言，如果当年财政没有增量，则不需要支付服务费用；财政增量到期仍支付不清的，按合同予以豁免"。也就是说，华夏幸福在此过程中存在极高的风险。华夏幸福2013—2017年前五大债务人如表5-3所示。

表 5-3 华夏幸福 2013—2017 年前五大债务人一览表

债务人	2017年	2016年	2015年	2014年	2013年
第一债务人	固安工业园区财政分局	廊坊大厂回族自治县财政局	固安工业园区财政分局	固安工业园区财政分局	固安工业园区财政分局
第二债务人	廊坊大厂回族自治县财政局	固安工业园区财政分局	大厂潮白河工业园区管理委员会	廊坊大厂回族自治县财政局	昌黎工业园区管理委员会
第三债务人	河北省沙城经济开发区管理委员会	固安县财政局河北固安新兴产业示范区财政分局	固安县财政局河北固安新兴产业示范区财政分局	昌黎工业园区管理委员会	河北文安经济开发区管理委员会
第四债务人	固安县财务局河北固安新兴产业示范区财政分局	河北省沙城经济开发区管理委员会	长三角嘉善科技商务服务区管理委员会	沈水生态科技创新城管理委员会	沈水生态科技创新城管理委员会
第五债务人	沈水生态科技创新城管理委员会	河北文安经济开发区管理委员会	昌黎工业园区管理委员会	大厂潮白河工业园区管理委员会	廊坊大厂回族自治县财政局

资料来源:华夏幸福 2013—2017 年年度报告。

PPP 项目运营回收周期长,在前期建设过程中需要大量的资金投入,而一般社会资本的融资周期通常只有 5—8 年,与动辄二三十年的项目运营回收周期相比期限较短,可能存在偿还期限错配问题,还可能产生项目融资中断等风险。

此外,华夏幸福负债率一度超过 80%,远高于同行业水平。较高的财务杠杆水平意味着华夏幸福面临融资成本上升和财务风险增加的困境。此外,货币市场与资本市场利率变动也将影响华夏幸福的融资成本和还债能力。

四、华夏幸福融资渠道及方式

从前述开发模式可知,园区开发前期资金需求量巨大,除房地产销售带来的现金流以外,华夏幸福对融资现金流的依赖非常明显。2013—2017 年,华夏幸福从外部融资超过 3 000 亿元,除传统的银行贷款以外,涉及 20 种融资方式(见表 5-4)。

表 5-4 华夏幸福融资方式简介

融资方式			案例简介
内部融资	销售输血法		
外部融资	股权融资	战略引资	2013年10月,天弘天方资产管理公司向华夏幸福子公司九通投资注资30亿元。注资后天方资产持有其45%的股权,并占据董事会席位
		定向增发	2016年1月,华夏幸福以22.64元/股的价格完成69亿元定向增发
	债权融资	信托借款	2015年4月,华夏幸福下属大厂华夏向大业信托借款25亿元
		公司债	2016年3月,华夏幸福发行公司债,规模30亿元,期限5年,票面利率5.19%
		关联方借款	2015年9月,华夏幸福旗下三浦威特向廊坊市城郊联社借款1亿元,借款期限1年,利率6.955%。公司董事郭绍增任廊坊市城郊联社理事,因此构成关联方借款
		银团贷款	2014年10月,三浦威特从固安县农信社、廊坊市城郊农信社、永清县农信社和大城县农信社组成的社团贷款人贷款1亿元,利率8.5%
		银行承兑	2015年3月,三浦威特与沧州银行固安支行签署《银行承兑协议》,票面金额2亿元,承兑金额1亿元
		短期融资券	2015年5月,华夏幸福子公司九通投资向中国银行间市场交易商协会申请注册发行28亿元的短期融资券,期限1年
	创新融资	夹层融资	2015年5月,平安信托发起信托计划,募资10亿元。5亿元向廊坊幸福增资,占股41.67%,5亿元以58.33%的股权质押贷款。2016年,华夏幸福以6.18亿元的价格回购41.67%的股权,平安信托获利退出
		售后回租式融资租赁	2014年5月,华夏幸福以2.86亿元的价格将固安工业园区地下管线卖给中国外贸金融租赁公司,年租息率6.15%,并于两年后完成回购
		债务重组	2014年8月,恒丰银行将华夏幸福即将到期的8亿元债权转让给长城资管,期限为30个月,相当于将融资期限延长了30个月
		债权转让	2014年8月,大厂华夏作价15亿元将到期的18.85亿元债权卖给信达资产,相当于以3.85亿元的成本提前收回15亿元现金
		待付购房款收益权转让	2016年3月,华夏幸福与平安信托签署《应收账款买卖协议》,平安信托以20亿元购买其初始购房应收款,100亿元购买其循环应收款

(续表)

融资方式			案例简介
外部融资	创新融资	对地方享有的应收账款收益权转让	2015年7月,子公司九通投资将其持有的对大厂财政局和长三角嘉善科技商务服务区管理委员会享有的15亿元应收账款收益权转让给汇添富资本,转让期满12个月后,九通投资向汇添富资本成功购回所有收益权
		资产支持证券(ABS)	2015年11月,上海富诚海富通以专项计划募集资金购买华夏幸福全资子公司幸福物业所享有的物业费债权,并于上海证券交易所挂牌上市,总规模24亿元
		股权收益权转让	2015年7月,建设银行以5.5亿元的价格受让九通投资持有的三浦威特30.9%的股权收益权,转让期满24个月后九通投资成功回购
		特殊信托计划	2015年5月,三浦威特以对廊坊幸福享有3亿元债权作为基础资产,委托西藏信托设立信托计划,西藏信托同意受让标的债权,转让对价3亿元,三浦威特于12个月后回购相关款项
		夹层式资管计划	2015年,大成创新发行专向资管计划向华夏新城增资4亿元,12个月后,大成创新成功退出
		委托贷款	2015年11月,大厂孔雀城与金元百利、上海银行签署《人民币单位委托贷款借款合同》,借款金额7亿元
		股票质押和对外担保	2015年1月,华夏控股将持有的88%股票质押,华夏幸福正处于股票高峰期(约50元/股,市值约660亿元),在当年5月之前的整个大牛市中,华夏控股的质押比例一直处于80%以上

资料来源:华夏幸福公告。

(一)留存收益

自有资金是公司经营的基础和保证,公司的留存收益决定着再投资能力的强弱。随着公司规模的扩张和盈利能力的不断提高,华夏幸福的留存收益保持着很高的增长速度。2011—2017年,华夏幸福留存收益复合增长率高达40%,远远超过行业平均水平。虽然外部融资成为公司主要的融资方式,但是华夏幸福来自留存收益的资金仍占很大的比重。华夏幸福2013—2017年留存收益及其增长率如表5-5所示。

表5-5　华夏幸福历年留存收益及其增长率

项目	2013年	2014年	2015年	2016年	2017年
留存收益（亿元）	53.12	84.49	103.88	152.79	217.04
增长率（%）	N/A	59.05	22.95	47.08	42.05

资料来源：华夏幸福2013—2017年年度报告。

（二）银行贷款

在我国，房地产公司对银行贷款具有高度依赖性。华夏幸福也把银行贷款作为重要的融资途径，尤其是在子公司的开发建设项目中，开发贷款是其资金的主要来源。随着公司规模的扩大和融资需求的日益增长，华夏幸福银行贷款的规模随之扩大，近年来在银行贷款基准利率下降的背景下，华夏幸福银行贷款占期末外部融资总额的比重逐年上升（见表5-6）。

表5-6　华夏幸福2013—2017年银行贷款情况

项目	2013年	2014年	2015年	2016年	2017年
银行贷款（亿元）	35.15	70.75	130.21	206.88	412.48
期末外部融资总额（亿元）	178.47	313.07	483.18	709.14	1 105.43
占期末外部融资总额比重（%）	19.70	22.60	26.95	29.17	37.31

资料来源：华夏幸福2013—2017年年度报告。

（三）预收账款

预收账款的构成主要是华夏幸福提前向客户收取的购房款。预收账款是华夏幸福最重要的资金来源，在期末内外部融资总额中所占比重最大，随着开发和销售能力的不断提高，华夏幸福的预收账款复合增长率超40%，2016年年底，华夏幸福预收账款余额突破千亿元（见表5-7）。

表5-7　华夏幸福2013—2017年预收账款情况

项目	2013年	2014年	2015年	2016年	2017年
预收账款（亿元）	349.81	439.80	672.55	1 025.48	1 324.76
增长率（%）	N/A	25.73	52.92	52.48	29.18
占期末内外部融资总额比重（%）	54.54	45.54	47.03	48.40	43.46

资料来源：华夏幸福2013—2017年年度报告。

(四)公司债

2015年,国内债权融资环境相对宽松,华夏幸福抓住窗口机会,进行大规模债权融资。华夏幸福在2015年共发行5期公司债,合计融资80亿元,利率为5.10%—5.99%。

2016年,华夏幸福继续发行9期公司债,合计融资225亿元,利率为3.85%—5.40%,公司债平均资本成本比2015年低。

2017年,华夏幸福及其子公司成功发行16亿元非公开发行公司债(私募债)、19亿元中期票据、60亿元超短期融资债券、10亿元短期融资券及10亿美元境外债,债券平均成本为5.30%。2015—2018年华夏幸福未到期债券情况如表5-8所示。

表5-8 2015—2018年华夏幸福未到期债券情况

债券简称	债券类型	起息日	到期日	规模(万元)	利率(%)
18华夏07	一般公司债	2018-12-20	2025-12-20	400 000	8.30
18华夏06	一般公司债	2018-12-20	2023-12-20	300 000	7.00
18华夏02	一般公司债	2018-05-30	2023-05-30	52 500	6.80
16华夏债	一般公司债	2016-01-20	2023-01-20	150 000	4.88
15华夏05	一般公司债	2015-10-22	2022-10-22	400 000	5.10
18华夏03	一般公司债	2018-06-20	2022-06-20	200 000	7.15
18华夏01	一般公司债	2018-05-30	2022-05-30	247 500	6.80
17幸福基业MTN001	一般中期票据	2017-05-23	2022-05-23	190 000	5.80
18华夏04	私募债	2018-09-10	2021-09-10	130 000	7.40
16华夏06	私募债	2016-05-12	2021-05-12	400 000	5.38
16华夏05	私募债	2016-04-18	2021-04-18	200 000	5.30
16华夏04	私募债	2016-03-24	2021-03-24	300 000	5.19
16华夏01	私募债	2016-03-09	2021-03-09	280 000	5.40
16华夏02	一般公司债	2016-03-03	2021-03-03	200 000	7.00
16华夏08	私募债	2016-06-21	2020-06-21	520 000	6.95
16华夏07	私募债	2016-06-01	2020-06-01	100 000	5.19
19华夏幸福SCP001	超短期融资债券	2019-01-18	2019-10-15	250 000	5.50
15华夏03	私募债	2015-09-09	2019-09-09	100 000	6.00
15华夏02	私募债	2015-08-31	2019-08-31	100 000	6.00

资料来源:华夏幸福2015—2018年年度报告。

(五)夹层融资

夹层融资实质上是股权质押,虽然从合约来看公司将股权转让给投资机构,但却约定在未来某一时段以一定价格回购,因此其性质介于股权融资与债券融资之间,所以称之为"夹层"。华夏幸福曾多次使用这种融资手段,几年时间,华夏幸福分别与华鑫国际信托有限公司(以下简称"华鑫信托")、上海财富资产管理有限公司(以下简称"长江财富")、平安信托有限责任公司(以下简称"平安信托")等众多信托公司合作,将旗下公司股权转让或直接增资,华鑫信托、长江财富和平安信托等都有经营收益权,并可以在相应的时间内选择灵活的退出方式。

2013年11月19日,华夏幸福下属全资二级子公司九通基业投资有限公司(以下简称"九通投资")及九通投资的全资子公司北京丰科建房地产开发有限公司(以下简称"北京丰科建")与华澳国际信托有限公司(以下简称"华澳信托")签订《增资协议》及《信托贷款合同》,约定华澳信托拟设立信托计划,信托计划拟募集资金10亿元,其中7.6亿元用于增资北京丰科建,2.4亿元向北京丰科建提供信托贷款,首期预定募集资金规模为1亿元,其中向北京丰科建增资0.76亿元,向北京丰科建提供信托贷款0.24亿元。本次增资完成后,华澳信托持有北京丰科建66.67%的股权,九通投资持有北京丰科建33.33%的股权,九通投资将其持有的本次增资后北京丰科建33.33%的股权质押给华澳信托。

这种夹层融资最大的好处在于财务报表更漂亮。由于华夏幸福成为小股东,北京丰科建不再进行并表,因此北京丰科建的负债不再体现在华夏幸福的合并报表中,成为华夏幸福的表外负债,从而优化了华夏幸福的资产负债表。2014—2018年华夏幸福夹层融资情况如表5-9所示。

表5-9 2014—2018年华夏幸福夹层融资情况   单位:万元

首次披露日	交易标的	交易买方	所属行业	交易总价值
2014-03-08	无锡幸福基业51%股权	华鑫信托	房地产开发	50 000.00
2014-03-08	京御地产债权15亿元	中国信达资产管理股份有限公司河北省分公司	—	150 000.00
2014-03-14	京御地产对天津幸福100 180万元债权	天弘创新资产	—	100 000.00
2014-03-14	固安京御幸福33.3%股权	长江财富资产	房地产开发	20 000.00
2014-05-27	无锡幸福基业49%股权	华鑫信托	房地产开发	49 000.00

(续表)

首次披露日	交易标的	交易买方	所属行业	交易总价值
2014-05-29	廊坊幸福基业41.67%股权	平安信托	房地产开发	50 000.00
2014-07-02	香河孔雀城60%股权	华宝信托	房地产开发	51 525.00
2014-07-17	三浦威特9亿元债权	中国华融	—	75 000.00
2014-09-10	固安京御幸福21.84%股权	长江财富资产	房地产开发	250 000.00
2014-11-13	怀来京御3.5亿元债权	金谷信托	—	35 000.00
2015-02-14	华夏新城66.67%股权	大成创新资本	建筑与工程	40 000.00
2015-04-01	固安幸福仓储40%股权	平安汇通财富	公路运输	20 000.00
2015-04-18	永定河公司49.50%股权	华润深国投信托	建筑产品	230 000.00
2015-07-16	三浦威特30.9%股权	中国建设银行	环境与设施服务	55 000.00
2015-08-28	太库科技100%股权	知合产业投资有限公司	多领域控股	3 000.00
2015-10-16	永清鼎泰49.04%股权	大成创新资本	建筑与工程	50 000.00
2015-10-16	廊坊瑞祥31.25%股权	恒天财富投资	建筑与工程	100 000.00
2015-10-16	北京丰科建49%股权	芜湖歌斐资产	房地产开发	200 000.00
2015-10-30	任丘鼎兴49.04%股权	大成创新资本	房地产开发	33 300.00
2015-11-11	霸州孔雀城49%股权	金元百利资产	房地产开发	100 000.00
2015-11-11	大厂孔雀城49%股权	金元百利资产	房地产开发	80 000.00
2015-11-11	香河胜强33.33%股权	平安汇通财富	房地产开发	60 000.00
2015-11-11	大厂誉昌33.33%股权	平安汇通财富	房地产开发	60 000.00
2016-08-04	霸州青旅49%股权	华能信托	房地产开发	70 000.00
2016-08-04	永清孔雀城49%股权	华能信托	房地产开发	30 000.00
2016-12-02	香河胜强45%的股权	平安汇通财富	房地产开发	200 000.00
2017-04-07	瑞轩房地产40%股权	华融国际信托	房地产开发	100 000.00
2017-04-18	涿州致远部分股权	大业信托；华夏幸福	房地产开发	409 500.00
2017-04-28	霸州前华40%股权	东方隆皓	房地产开发	250 000.00
2017-04-28	任丘孔雀城45.45%股权	中铁信托	房地产开发	100 000.00
2017-06-06	邯郸鼎兴部分股权	申万宏源证券；九通基业	房地产服务	150 000.00
2017-07-11	武汉鼎鸿部分股权	国通信托	建筑与工程	200 000.00
2017-07-11	湖州鼎泰部分股权	平安信托	建筑与工程	300 000.00
2017-07-11	邢台鼎兴部分股权	英大信托	建筑与工程	60 000.00
2017-08-18	霸州金源45.45%股权	建信信托	房地产开发	150 000.00

（续表）

首次披露日	交易标的	交易买方	所属行业	交易总价值
2017-09-06	舒城鼎兴40%股权	东方隆昇	房地产开发	150 000.00
2017-09-06	文安孔雀城45.45%股权	建信信托	房地产开发	150 000.00
2017-09-13	南京鼎通35.99%股权	新华信托	多领域控股	150 000.00
2017-09-13	长葛鼎鸿47.62%股权	中信信托	多领域控股	200 000.00
2017-09-13	武汉鼎实47.62%的股权	中信信托	多领域控股	200 000.00
2017-09-28	武陟鼎兴49%股权	金谷信托	建筑与工程	99 000.00
2018-03-06	永清孔雀城40%股权	汇添富资本	房地产开发	40 000.00
2018-03-06	盛基恒宇40%股权	汇添富资本	房地产开发	40 000.00

资料来源：华夏幸福公告。

华夏幸福2014年至今转让孙公司股权近50次，其中多数以融资为目的，出让股权给信托机构或银行；在增资协议或股权转让协议中约定回购条款和溢价款，约定到期溢价回购股权；入资方并非实实在在参与经营管理，仅为获得股权溢价或利润分红。自2013年以来，华夏幸福在投资开发新项目或成立新的子公司时，往往引入信托、资管或银行入股，通过吸收投资和贷款来满足项目资金需要。

（六）售后回租融资租赁

2014年3月，大厂回族自治县鼎鸿投资开发有限公司（以下简称"大厂鼎鸿"）对其所拥有的大厂潮白河工业园区地下管线，以售后回租的方式向中国外贸金融租赁有限公司（以下简称"外贸租赁"）融资3亿元，年租息率7.072 5%，为期两年；按季付息，按半年不等额还款，第一个半年偿还租赁本金的10%，第二个半年偿还租赁本金的10%，第三个半年偿还租赁本金的30%，第四个半年偿还租赁本金的50%；在租赁期间，设备所有权归外贸租赁所有；租赁期满，大厂鼎鸿以名义货价3万元从外贸租赁购回全部租赁物的所有权。也就是说，华夏幸福把工业园区的地下管线卖给融资租赁公司，该公司再把管线回租给华夏幸福，华夏幸福每年付给该公司租金（3亿元×7.072 5%），并在每隔半年不等额偿还本金，直到两年后实际上以3亿元的总价格回购这些管线。

华夏幸福以远远低于其他融资形式的成本，用没有任何现金流价值的地下管线获得了3亿元的资金，华夏幸福项目的收益率在覆盖这些成本的基础上还能有相当不错的收成，应该说这是一笔十分划算的融资交易。2013—2016年华夏幸福融资租赁情况如表5-10所示。

表5-10 2013—2016年华夏幸福融资租赁情况   单位：亿元

公告时间	融资方	租赁公司	融资金额
2013-02-27	三浦威特	盛通租赁	5.00
2013-02-27	三浦威特	越秀租赁	0.03
2013-02-27	廊坊华夏	越秀租赁	0.67
2014-05-10	大厂鼎鸿	外贸租赁	2.86
2014-07-17	三浦威特	正光国际	3.00
2014-08-12	三浦威特	越秀租赁	1.49
2014-11-13	三浦威特	越秀租赁	0.62
2015-04-01	三浦威特	长城国兴	2.95
2015-05-26	华夏幸福	光大租赁	6.00
2015-06-10	大厂鼎鸿	中航租赁	2.00
2015-06-27	无锡鼎鸿	正奇租赁	1.00
2016-04-26	三浦威特	丰源租赁	11.60
2016-06-14	三浦威特	维租租赁	7.00

资料来源：华夏幸福公告。

售后回租融资租赁也是华夏幸福非常擅长和经常使用的融资方式，上市以来，华夏幸福使用过十余次该融资方式，合计融资44.22亿元，且年租息率在5%—10%，较其他融资方式更为容易，融资成本较低。值得注意的是，2017年华夏幸福并没有新增售后回租融资租赁的动作。

（七）资产支持证券

2015年11月23日，上海富诚海富通资产管理有限公司拟设立"华夏幸福物业一期资产支持专项计划"，以专项计划募集资金购买华夏幸福全资子公司幸福基业物业服务有限公司（以下简称"幸福物业"）所享有的物业费债权及其他权利，以基于物业费债权及其他权利所获得的收益为支付资产支持证券持有人本金及收益资金来源。此次专项计划于上海证券交易所挂牌上市。

此次专项计划发行总规模不超过24亿元，其中优先级资产支持证券面向合格投资者发行，发行对象不超过200人，规模不超过23亿元；次级资产支持证券由幸福物业认购。发行期限方面，专项计划优先级资产支持证券拟分为五档，预期期限分别为1年、2年、3年、4年及5年，次级资产支持证券期限为5年。

华夏幸福表示,此次专项计划募集资金主要用于补充流动资金。幸福物业签署《差额支付承诺函》,对专项计划资金不足以支付优先级资产支持证券持有人预期收益和未偿本金余额的差额部分承担补足义务。华夏幸福为幸福物业在《差额支付承诺函》项下的义务提供连带责任保证担保。

2016年7月,华夏幸福子公司幸福物业发行"华夏幸福物业一期资产支持专项计划",融资23亿元;2017年3月,子公司固安九通基业公用事业有限公司发行"华夏幸福固安工业园区新型城镇化PPP项目供热收费收益权资产支持专项计划",融资7.06亿元;2017年8月,幸福物业发行"华夏幸福固安工业园区新型城镇化PPP资产支持票据",融资2亿元。通过资产支持证券,华夏幸福实际融资32.06亿元,资金成本很低,在3.64%—5.60%。

2016年至今华夏幸福共发行6个产品、23笔资产支持证券(见表5-11、表5-12)。

表5-11 华夏幸福6个资产证券化产品

产品简称	产品全称	产品类型	发行总金额(亿元)
华夏幸福PPP2017-1	华夏幸福固安工业园区新型城镇化PPP项目资产支持专项计划	PPP	32.00
幸福固安PPP2017-1	华夏幸福固安工业园区新型城镇化PPP资产支持票据	PPP	2.00
九通PPP2017-1	华夏幸福固安工业园区新型城镇化PPP项目供热收费收益权资产支持专项计划	PPP	7.06
幸福2016-1	华夏幸福物业一期资产支持专项计划	收费收益权	23.00
幸福平安2016-1	华夏幸福购房尾款一期资产支持专项计划	其他	23.00
问津PPP2018-1	平安汇通-华夏幸福武汉市新洲区问津产业新城PPP项目资产支持专项计划	PPP	21.00

资料来源:华夏幸福公告。

表5-12 截至2017年华夏幸福23笔资产证券化情况

证券代码	证券简称	证券类型	最新利率(%)	剩余期限(年)	最新评级
146869.SH	17华夏A1	优先级	6.00	0	AAA
146870.SH	17华夏A2	优先级	6.20	0.97	AAA
146871.SH	17华夏A3	优先级	6.60	1.91	AAA
146872.SH	17华夏A4	优先级	6.60	2.80	AAA
146873.SH	17华夏A5	优先级	6.60	3.65	AAA

（续表）

证券代码	证券简称	证券类型	最新利率（%）	剩余期限（年）	最新评级
146874.SH	17华夏A6	优先级	6.60	4.47	AAA
n17112141.SH	17华夏次	次级	0	3.11	NR
081759005.IB	17幸福固安ABN001优先	优先级	4.80	0.92	AAA
081759006.IB	17幸福固安ABN002优先	优先级	4.80	21.92	AAA
081759007.IB	17幸福固安ABN次	次级	0	1.92	NR[①]
142796.SH	17九通A1	优先级	3.90	0	AAA
142797.SH	17九通A2	优先级	5.00	0.88	AAA
142798.SH	17九通A3	优先级	5.20	1.83	AAA
142799.SH	17九通A4	优先级	5.20	2.74	AAA
142800.SH	17九通A5	优先级	5.20	3.61	AAA
142801.SH	17九通A6	优先级	5.20	4.46	AAA
142802.SH	17九通次	次级	0	3.75	NR
131918.SH	16幸福A1	优先级	3.64	0	AAA
131919.SH	16幸福A2	优先级	4.29	0	AAA
131920.SH	16幸福A3	优先级	5.30	0.67	AAA
131921.SH	16幸福A4	优先级	7.00	1.62	AAA
131922.SH	16幸福A5	优先级	5.60	2.52	AAA
131923.SH	16幸福次	次级	0	1.66	NR

资料来源：华夏幸福公告。

注：① NR指发债人未获得评级。

（八）永续债

根据华夏幸福2017年年报披露内容，截至2017年年末华夏幸福尚未兑付永续债90亿元，较2016年同期增幅高达8倍，增长势头迅猛。

在金融去杠杆和楼市调控的双重背景下，房子难卖的同时，房地产融资的难度也陡增。上海证券交易所在2016年10月28日公告称，将对房地产、产能过剩行业公司的债券发行审核试行分类监管，并规定房地产公司债不得购置土地。到2017年，全国房地产企业包括私募债、公司债、中期票据等在内的债务融资都处于低迷状态。随着银行贷款、公司债、票据、信托、股权再融资、海外发债等渠道全面收紧甚至叫停，房地产行业昔日的融资模式被上了枷锁。为应对压力，房地产企业纷纷尝试其他融资渠道，为自己输血，华夏幸福转而利用永续债进行融资，破解当前房地产企业的融资困境。

华夏幸福2017年公布了五项共计85亿元永续债融资计划，这五项计划均为通过信托公司发行信托计划进行筹资(见表5-13)。在国内房地产企业融资成本普遍上升的形势下，这五笔永续债的初始利率在6%及7%左右，对于信托融资这种方式而言并不算高，但是在3年之后每年增长3%乃至成倍增长的情况将导致利率最终走高，届时将为企业带来相当大的利息偿付负担。华夏幸福筹集的资金分别用于：公司及其下属子公司的产业园区开发建设，嘉善高铁新城新型城镇化PPP项目的开发建设，三浦威特开发的固安工业园区基础设施的维护。

表5-13 2017年华夏幸福永续债融资计划

日期	金额	用途	途径	利率调整机制
1月12日	不超过20亿元	产业园区开发建设	中信信托——信托计划	1—3年：6.1% 满3年后，每年增加300个基点，直至年利率达18.1%
4月18日	15亿元	嘉善高铁新城新型城镇化PPP项目的开发建设	华宝信托——单一资金信托	1—2年：5.9% 3年：11.9% 满3年后，每年递增100个基点
5月24日	不超过30亿元	产业园区开发建设	华能信托——单一资金信托	初始投资期限内：6%/年 重置后的每个投资期限在前一年基础上增加300个基点，直至年利率达到初始利率+12%
6月27日	10亿元	三浦威特开发的固安工业园区基础设施的维护	渤海信托——单一资金信托	第一个收益率调整周期内：5.9% 第i个调整周期：$M_{i+1}=M_i\times 2$
11月11日	10亿元	南京市溧水区产业新城PPP项目建设	光大兴陇信托——单一资金信托	3年为一个收益率调整周期 第一个调整周期内：$M_i=7.2\%+0.11\%$ 第i个调整周期内：$M_i+1=7.2\%\times i\times 2+0.11\%$

资料来源：华夏幸福公告。

除上述几笔通过信托方式融资的永续债，早在2016年11月，华夏幸福与兴业财富资产管理有限公司(以下简称"兴业财富")就签署了约 30 亿元可续期委托贷款协议,兴业财富设立专项资产管理计划并通过兴业银行向华夏幸福发放贷款,金额为 10 亿元,而后亦签署了其余 20 亿元可续期委托贷款协议。

2016 年 12 月,华夏幸福宣布将申请发行 50 亿元的长期限含权中期票据(简称"永续中票"),但至今未有更多注册与发行进展。

2017 年半年报显示,华夏幸福已经发行 105 亿元永续债,相比期初的 10 亿元增加了 95 亿元。这些永续债在资产负债表中计作权益,利息与分红亦将以利润方式在报表中记录,但目前尚未获悉付息及分红数据。

五、华夏幸福融资成效

2013—2017 年,华夏幸福资产负债率、剔除预收账款后的资产负债率均呈稳步下降态势(见图 5-6),流动比率稳步提升(见图 5-7)。在华夏幸福上市初期,除了首次公开上市募集的资金,其他所有资金都是通过银行贷款和信托两种融资方式取得的,导致资产负债率上升;然而随着资产证券化、衍生金融工具等表外融资方式和权益转让、债务重组等创新融资方式的应用,资产负债率出现下降。

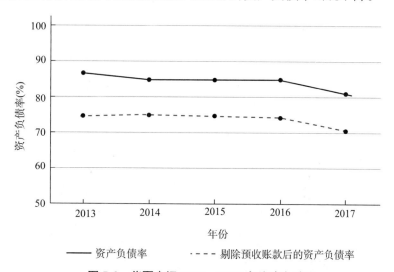

图 5-6 华夏幸福 2013—2017 年资产负债率

资料来源:华夏幸福 2013—2017 年年度报告。

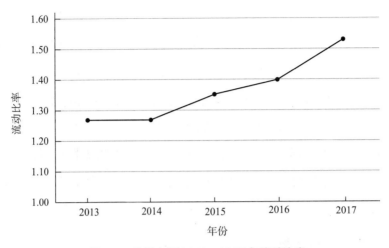

图 5-7　华夏幸福 2013—2017 年流动比率

资料来源：华夏幸福 2013—2017 年年度报告。

除降低资产负债率，多元化融资还优化了华夏幸福的短期负债结构——流动负债占比降低，非流动负债占比逐渐提高（见图 5-8）。长短期负债结构的变动，同样与多元化融资策略有关。华夏幸福融资工具的调整，长期债券、长期资产证券化、售后回租融资租赁等长期融资方式的应用，置换了公司的短期负债，使得长期负债占比得以提高。通常，公司应该用长期负债筹集的资金进行长期项目的投资，用短期负债筹集的资金维持日常运营，华夏幸福产业新城从土地整理、基础设施建设、招商引资、产业落地到后期服务经历的周期多达数年，非流动负债占比的提高降低了华夏幸福的短期还款压力，提升了公司应对突发事件的能力。

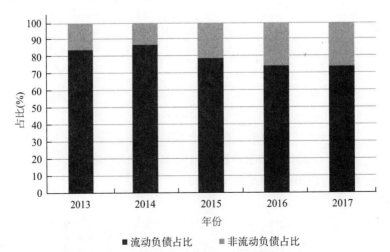

图 5-8　华夏幸福 2013—2017 年负债结构

资料来源：华夏幸福 2013—2017 年年度报告。

近年来，华夏幸福的有息债务平均融资成本不断下降，且下降幅度较大（见图 5-9）。融资成本由融资方式决定，成本降低的根本原因是高利率信托融资占比降低和低成本债券的发行。从公司各项融资方式的利率可以看出，各项融资方式利率的一致降低也对降低融资成本产生了巨大作用，2013—2017 年银行贷款的平均利率下降了 1.48 个百分点，信托、资管等其他融资方式的平均利率下降了 2.29 个百分点。在华夏幸福融资规模高增长的背景下，这无疑可以为公司节省巨额的利息支出，在减轻资金压力的同时也为股东增加了财富。

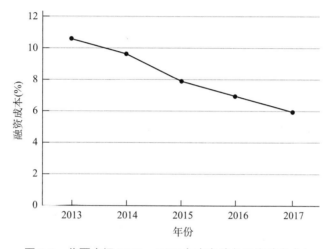

图 5-9　华夏幸福 2013—2017 年有息债务平均融资成本

资料来源：华夏幸福 2013—2017 年年度报告。

六、尾声

最近一段时间，对于房地产市场来说无疑是一个寒冬。万科在其年会上高喊"活下去"，中原地产内部甚至流传出"排队等死"的说法，但是对于华夏幸福来说，这个冬天似乎格外寒冷。

2018 年 4 月 13 日，上海证券交易所上市公司监管一部下发《关于对华夏幸福基业股份有限公司 2017 年年度报告的事后审核问询函》（上证公函〔2018〕0301 号）。

2018 年 7 月 10 日，华夏幸福公告称，控股股东华夏控股和平安资管签订股权转让协议。双方约定，华夏控股以 23.655 元 / 股的价格向平安资管转让 5.82 亿股华夏幸福股份，占公司总股本的 19.7%。华夏幸福承诺，未来三年，公司净利润增长率分别不低于 30%、65%、105%。如此苛刻的对赌协议，可以看出华夏幸福对资金的渴望。

2018年10月10日，华夏幸福公告称，拟与北京万科企业有限公司就华夏幸福环京区域33.93万平方米住宅用地签署合作协议，暂定交易价款为32.34亿元，一共涉及10块土地，用地总面积为509亩。以上地块均由华夏幸福在2017年9月9日至2018年5月9日间取得，土地价格共计约38.33亿元。华夏幸福也被认为是亏本卖地、打折卖楼。

2018年11月10日，市场传言"华夏的小镇集团全国400多人和华夏京南集团500多人全部裁掉"，华夏幸福三天裁员上千人的消息也由此在房地产圈传播开来。

严苛对赌、打折卖楼、裁员自救、退股造车，这些举动都表明华夏幸福似乎出现了问题，截至2018年12月28日收盘，华夏幸福的股价已经从2018年2月最高峰的46.88元/股跌到25.30元/股，近乎腰斩，这让大家不禁想问华夏幸福要怎样继续幸福下去？

七、问题讨论

华夏幸福创立于1998年，其依托产业新城开发的运营模式快速从我国房地产行业野蛮生长时期千万家房地产公司中脱颖而出，后期更是借助与政府合作的PPP项目成为国内领先的产业新城运营商。由于PPP项目所需投入，华夏幸福不断拓宽融资渠道，开启花式融资之路。然而融资给其带来的资金压力使得正处于行业寒冬期的华夏幸福未来被蒙上阴影，华夏幸福究竟能否扭转劣势，转危为安？本案例请学员们重点思考以下问题：

1. 房地产企业的融资渠道和方式主要有哪些？
2. PPP模式有哪些类型？你认为PPP模式的特征和优势是什么？
3. 华夏幸福参与PPP项目对融资方式、融资成本和融资期限结构有何影响？
4. 华夏幸福参与PPP项目融资的风险有哪些？应如何应对？
5. 华夏幸福"花式融资"有哪几种模式？各种模式有什么具体特点？
6. 华夏幸福的"花式融资"对房地产企业有何借鉴意义？

八、主要参考资料

1. 郝惠鹏.针对国有房地产企业融资方式相关内容研究[J].中国建设信息化，2018(20):76-77.

2. 华夏幸福 2011—2017 年年度报告.

3. 李展. 中国房地产公司的融资方式和未来融资趋势预测[J]. 财经界(学术版),2018(21):29-31.

4. 王斯宁. 特色小镇生意模式探析——以华夏幸福和华侨城为例[J]. 住宅与房地产,2018(21):54-55.

5. 谢洁华,李成青,阳治,姜珊. 严监管环境下房地产业特点及金融风险管理对策[J]. 海南金融,2018(09):53-59.

6. 张珍珍. 华夏幸福巨量融资之谜解析[D]. 安徽财经大学,2018.

7. 赵霞. 新形势下房地产企业资金管理困境及对策[J]. 经贸实践,2018(22):161.

8. 中国管理会计网. 起底华夏幸福融资术:通过 21 种手段 4 年融资 3 000 亿[EB/OL]. http://finance.sina.com.cn/stock/(访问时间:2019-07-20),2017-06-04.

案例 6
乐视：资本"狂舞"触发退市危机

教学目标

本案例旨在使学员了解乐视的发展历程、资本运营特点及当前面临的财务困境，引导学员深入讨论企业资本运营方式、资金链运转模式、财务危机及其表现，分析企业陷入财务危机或财务困境的成因，并思考应对措施。

2010年8月21日，乐视网成为首家登陆创业板的国内视频网站，并在随后几年内迅速发展成为创业板的龙头股票。与此同时，乐视网在资本市场上展开了疯狂的"烧钱"扩张模式，并购花儿影视、酷派、易到等多家公司，入股TCL，开拓电视、手机、汽车等多项业务。然而，大量的扩张投资使乐视的资金链出现断裂危机。身处危机中的乐视，经历了"贾跑路"，迎来了"孙骑士"，却最终没有逃出被暂停上市甚至退市的命运。从700亿元到70亿元的市值暴亏，九年的"黄粱一梦"，持续几年的资金链危机，乐视究竟给我们留下了怎样的警示？

一、案例背景介绍

（一）公司简介

乐视集团（以下简称"乐视"）由贾跃亭于北京创立，旗下业务主要分为上市业务（乐视视频、影视、云、体育、新媒体、盒子、电视、金融）和非上市业务（乐视手机、汽车、生态农业、电动车、房地产、影业）。其中，乐视网信息技术（北京）股份有限公司（以下简称"乐视网"）是乐视旗下的上市公司，成立于2004年，并于2010年8月登陆深圳证券交易所创业板上市，其核心业务是基于整个网络视频的广告业务、终端业务、会员及发行业务等。乐视网上市使其成为乐视最重要的融资平台。在资本力量和政治力量的双向驱动下，乐视从一家二流视频网站起家，扩张为拥有三大体系(上市公司乐视网,非上市的乐视生态体系、乐视汽车生态体系),横跨七大生态子系统(内容、大屏终端、手机、汽车、体育、互联网金融、互联网及云),涉及上百家公司的大型集团。

(二)发展历程:蒙眼狂奔的"孤胆英雄"

2003年,30岁的贾跃亭踏入北京,在紫竹桥美林公寓租住一处民居兼当办公室和住所,成立了北京西伯尔通信科技有限公司(下称"北京西伯尔")。公司专门承接电信运营商不看重但又必不可少的室内外网络覆盖业务,时值电信高科技企业兴起,移动通信、互联网处于上升期,贾跃亭抓住机会发展手机流媒体业务,涉足互联网。2004年,脱胎于北京西伯尔流媒体部的乐视网正式成立。当时的乐视网选择了与其他视频门户截然不同的玩法——正版+付费。在那个盗版横行的年代,它踏出了惊险但正确的第一步。2007年,乐视网通过版权分销,率先成为扭亏为盈的视频网站。大概从那个时期开始,乐视在贾跃亭的带领下走上了一条截然不同于其他视频网站发展模式的扩张之路。乐视网发展历程如表6-1所示。

表6-1 乐视网发展历程

年份	事件	采用的战略	评价
2004	乐视网在北京成立	差异化战略	在乐视成立初期,为乐视积累了一定的资本
2005	低价收购了大量影视剧内容的互联网版权		
2007	将自身多年积累的版权分销给其他视频网站,从中赚取差价		
2009	推出云视频超清播放机818,后来演变为乐视盒子	延伸产业链 打造"平台+内容+终端+应用"的生态模式	对影视业进行了垂直整合,拓宽了业务范围
2010	公司上市		
2011	乐视影业(北京)有限公司成立		
2013	推出乐视TV超级电视		
2014	成立乐视云计算有限公司 发布"SEE计划",欲打造超级汽车以及汽车互联网生态系统 推出乐视手机 成立乐视体育文化产业发展(北京)有限公司 成立乐视财富(北京)信息技术有限公司 收购花儿影视	多元化战略	涉足多个领域,但在各个领域的发展并不突出 缺乏核心竞争力 脱离了核心业务

(续表)

年份	事件	采用的战略	评价
2015	成立乐视移动智能信息技术(北京)有限公司 成立乐视音乐文化产业发展(北京)有限公司 成立乐意互联智能科技(北京)有限公司 并购易到用车、入股TCL	多元化战略	涉足多个领域，但在各个领域的发展并不突出 缺乏核心竞争力 脱离了核心业务
2016	乐视以第一大股东的身份控股酷派集团有限公司 乐视与广汽集团、众诚汽车保险共同投资成立大圣科技股份有限公司 乐视与新沃资本等7家公司发起设立新沃财产保险股份有限公司 乐视宣布收购美智能电视巨头Vizio		

资料来源：乐视生态官网。

2009年乐视推出云视频超清播放机818，后来演变为乐视盒子，自此乐视开始致力于打造"平台＋内容＋终端＋应用"的垂直产业链生态模式。2011年乐视影业成立。2013年乐视推出乐视TV超级电视。而在当年年底，一个由贾跃亭独创的术语开始大规模出现在乐视官方口径——生态化反。其官方给出的解释是，乐视产品基于开放的安卓平台，结合乐视生态终端的垂直整合能力，打破硬件边界、UI(用户界面)边界、内容边界、应用边界，打破整个产业链中的创新边界，打破内部的组织边界，让生态产生强大的化学聚变反应，形成开放的闭环，在给用户创造极致体验的同时，也向所有第三方开发者史无前例地开放所有权。在打造生态系统上，乐视一直目标明确，就是按照全产业链重度垂直的逻辑，打造一个完整的娱乐生态链。从平台开始，到内容网站、影视公司、电视剧公司，再到终端的硬件盒子、电视和下游的O2O(在线离线/线上到线下)等，平台＋内容＋终端＋应用，形成一个重度垂直的闭环，满足用户对各类娱乐内容的消费需求。在这一战略的指导下，2014—2015年乐视马不停蹄地进军汽车、手机、体育及音乐等产业。乐视生态系统结构如图6-1所示。

我们不能否认，能让网站流量排名168位的乐视网成为首家在A股上市的视频网站的贾跃亭先生是个资本运作高手。但是乐视的扩张速度之快和领域之广需要数量庞大的资金来支持，乐视依靠内部融资显然无法满足这一需求。因此，如何为发展中的项目筹集到足够的资金成为乐视待解决的关键性问题。

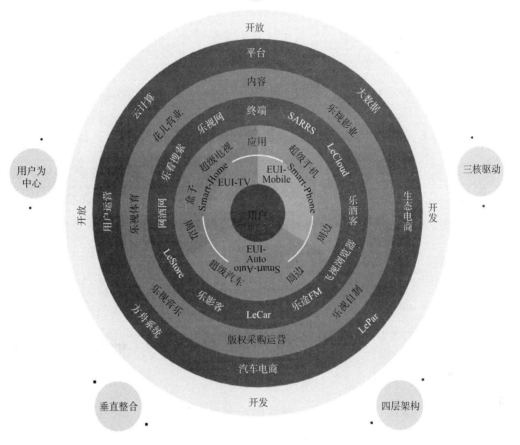

图 6-1 乐视生态系统结构

资料来源:乐视生态官网。

二、资本"盛宴",为梦想窒息

(一)资本运营——"嗜血"融资,"冒死"大跃进

1. 乐视网的投融资历程

乐视网自成立以来投融资历程可简要划分为如下三个阶段:

第一阶段,2004—2006 年公司初创期。在这一阶段,乐视网运营主要依靠创始人投入的资金,其间主要通过与北京西伯尔 PDA(掌上电脑)用户合作取得收入,2006 年该笔收入为 900 万元。2005 年,公司是中国联通第一个手机流媒体业务——视讯新干线的最大内容供应商以及广东联通手机电视内容供应商,当时联

通的手机电视系统、内容播控平台是乐视帮助建立的。2006年,公司完成了央视国际手机流媒体电视播控平台建设并负责对其进行维护。早期为手机运营商建立视频业务让乐视触觉到内容和版权的潜在价值,而要将流量变现,就需做会员收费制,长宜之计就是买正版。正版加付费成为乐视网的独特生态,也使得公司完成了最初的资本积累。

第二阶段,2007—2009年公司上市前成长期。在这一阶段,乐视网发展的资金主要来自内部融资、银行信贷和私募股权。从2007年开始,乐视网通过将多年积累的版权分销给其他视频网站,从中赚取差价,率先成为国内第一家扭亏为盈的视频网站。盈利后的乐视网在2008年获得了唯一一次私募股权融资(PE),这次融资从4月份开始,乐视网选择了三家国内投资机构联合注资,北京汇金立方投资管理中心(有限合伙)、深圳市创新投资集团有限公司、深圳市南海成长精选创业投资合伙企业(有限合伙)作为新增股东对公司出资额合计为人民币5 280万元。乐视网用募得的资金当年创建了乐视影业(北京)有限公司,该公司成功制作并发行了国内首部科幻电影《机器侠》,并参与投拍喜剧片《决战杀马镇》,它的成立是为了帮助乐视网打通影视剧上游资源和关系。2008年乐视网年报显示,公司资产负债率为3.71,速动比率为15.49,流动比率为15.57。由于公司偿债能力良好,乐视网从银行借入第一笔短期借款4 000万元。

第三阶段,2010年至今公司上市后成长期。在这一阶段,乐视网为了完善生态圈,开始向各领域扩展,资金需求量逐渐增大。从公开资料中可以看出,近几年乐视网在融资方式和对象上可谓面面俱到,其计728.59亿元的融资金额也远远超过了大多数上市公司和发展中的互联网公司。下面,从股权融资、债务融资、股权质押融资三方面来详细分析一下。

首先,股权融资方面。2010年6月,乐视网公开发行股票2 500万股,发行后总股本为1亿股,发行价格为29.20元/股,募集资金达7.3亿元。其中,网下发行500万股,网上发行2 000万股。乐视网之所以会选择股权融资的形式,一方面是因为影视库中的版权到2010年相继到期,且由于其他视频网站加入版权竞争,版权费不断增加,公司为了维护版权资源优势,需要大量资金;另一方面也是为了满足上市要求。至此,乐视网以"首家在国内上市的视频网站"身份登陆创业板。本次发行募集资金投向互联网视频基础及应用平台改造升级、3G手机流媒体电视应用平台改造升级以及研发中心扩建三个项目。项目建成后,乐视网在相关领域的业务开拓能力将大大提高,有利于抓住"三网融合"时代视频服务领域的发展机遇。

其次,债务融资。2011年,乐视网疯狂地采购版权以及设备,并进行其他投资,直接导致其现金流陷入紧张局面。根据当年年报,虽然其主营业务收入相比2010年增长了151%,但是在年末,其现金及现金等价物余额仅有1.33亿元,相比2010年的5.43亿元减少了约75%。为了应付其投拍自制剧及联合推出系列微电影的投入,乐视网2011年、2012年连续两年申请银行长期借款共计8000万元,并且在2012年通过发行不超过4亿元公司债的方式弥补流动性。但大举发债导致公司资产负债率由2011年的40.42%攀升至2012年的56.11%,流动资产为8.91亿元,而流动负债则高达11.14亿元。与此同时,公司2012年的预收账款仅为682.64万元,同比降幅达55%,这给乐视网未来业绩增长和现金流带来了巨大的压力。但即使面对这种压力,从2012年到2017年,乐视网的资产负债率依然一路高升(见表6-2)。且深入了解可发现,乐视网的融资结构趋于以短期负债为主,其中2016年的流动负债占比高达57.39%,可以推测其存在短债长投的情况,即将短期运营资金用于汽车研发等长期项目。

表6-2 2011—2018年乐视网资产负债率情况

项目	2011年	2012年	2013年	2014年	2015年	2016年	2017年	2018年
资产负债率(%)	40.42	56.11	58.58	62.23	77.53	67.48	103.72	141.25
流动比率	1.02	0.80	0.83	0.81	1.22	1.27	0.55	0.36
速动比率	0.49	0.78	0.77	0.65	1.07	1.20	0.50	0.30

资料来源:乐视网2011—2018年年度报告。

最后,股权质押融资。为了解决资金难题,贾跃亭使尽浑身解数,不惜加入杠杆,对其股权进行多次质押。股权质押虽然是大股东常用的、较为便捷的融资方式之一,被公司高管普遍运用,但是如果股票价格逼近预警线,甚至达到质押时所约定的平仓线,则被强行平仓风险会成为当下市场难以忽视的一种威胁。2011年9月,贾跃亭发生了第一笔质押,上海国际信托有限公司(以下简称"上海国际信托")是当时贾跃亭进行股权质押的信托公司,当时贾跃亭将其持有的乐视网21.4%的股票进行了质押;2011年11月,贾跃亭再次将其持有的乐视网21.4%

股票质押给了上海国际信托。从 2013 年 2 月 8 日到 2014 年 7 月 3 日这 17 个月间，贾跃亭共进行了 26 次股权质押和 11 次股权解除质押，股权质押解押次数相当频繁。截至 2017 年，贾跃亭持有乐视网 5.12 亿股股票（占公司股本的 25.67%），质押比例达到 100%。不可否认的是，反复的股权质押已成为乐视网资本运营、维持资金链的重要资金来源。与此同时，乐视网将其通过各种方式募集到的资金投入其疯狂的兼并收购、资本扩张活动。

2013 年 9 月，乐视网用募集到的 16 亿元资金收购了两家公司的股权：一是花儿影视，为了渗透影视内容制作，打造"平台＋内容＋终端＋应用"的完整生态系统，乐视网以"现金＋股票"的形式作价 9 亿元收购其 100% 的股权；二是乐视新媒体，乐视网发行股份收购乐视新媒体 99.5% 的股权，对价为 3 亿元，另向不超过 10 名其他特定投资者发行股份募集配套资金 4 亿元。

2014 年 12 月 9 日，贾跃亭宣布乐视"SEE 计划"，标志着乐视集团正式进军智能电动汽车行业，积极建立汽车互联网生态系统。

2015 年 1 月 28 日，乐视网正式宣布进入手机领域，并首次对外公布乐视移动战略；4 月 14 日，乐视网推出全球首个生态手机品牌"乐视超级手机"。

2015 年 12 月，乐视网拟通过发行股份购买资产并募集配套资金的方式购买乐视影业股权，将乐视影业的控股权转让给乐视网。

2015 年 12 月 11 日，乐视网以现金认购 TCL 多媒体科技控股有限公司（以下简称"TCL 多媒体"）新股的方式成为 TCL 多媒体第二大股东，以此股权为纽带，公司与 TCL 集团签订了《战略合作备忘录》，在战略资源和商业模式方面形成多维度的深度战略合作。

2016 年 1 月 4 日，中信集团确认乐视集团收购国安俱乐部 50% 的股权，但在 2016 年 10 月 27 日，乐视集团、国安"分手"。

2016 年 6 月 17 日，乐视网以 10.47 亿港元（约折合 9 亿元人民币）的代价增持酷派集团有限公司股份至 28.90%，成为其第一大股东，控股酷派集团有限公司。这标志着这起从 2015 年 6 月 28 日开始、历时长达一年、总金额逾 30 亿元的收购终于完成。

美国西部时间 2016 年 7 月 26 日，乐视全球（LeEco Global）在美国洛杉矶召开全球发布会，贾跃亭对外宣布收购美智能电视巨头 Vizio，收购额达 20 亿美元。这次收购被业内认为是目前全球电视产业史上最大的收购计划。

乐视集团控股架构具体如图 6-2 所示。

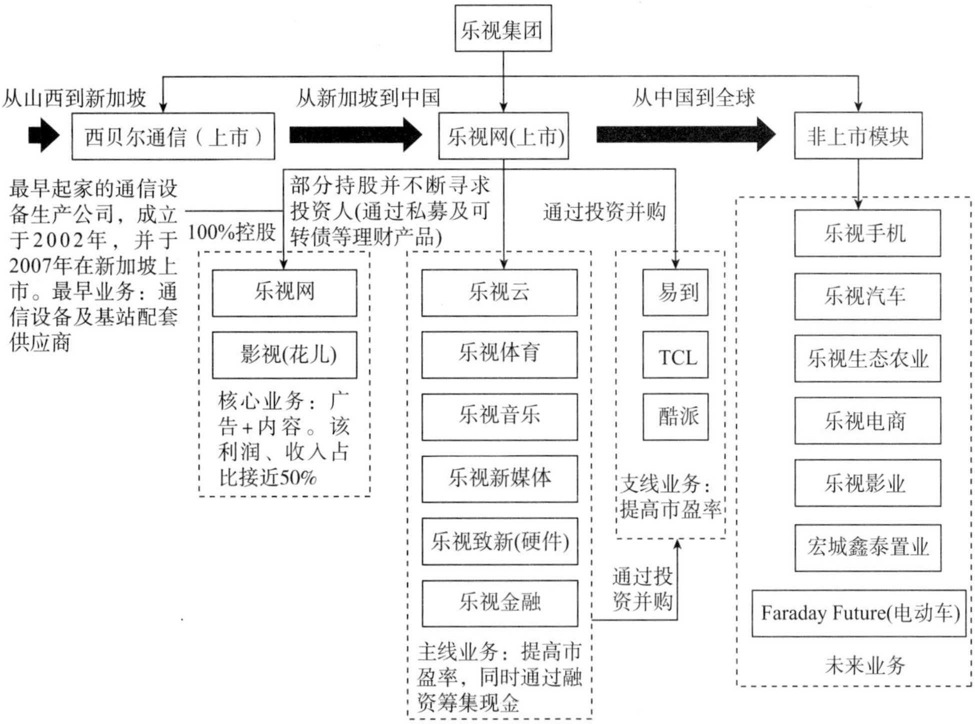

图 6-2　乐视集团控股架构

```
                            乐视集团
        ┌───────────────────┼───────────────────┐
   从山西到新加坡         从新加坡到中国         从中国到全球
        ↓                   ↓                   ↓
   西贝尔通信(上市)      乐视网(上市)         非上市模块
```

从山西到新加坡——西贝尔通信（上市）：最早起家的通信设备生产公司，成立于2002年，并于2007年在新加坡上市。最早业务：通信设备及基站配套供应商。100%控股：乐视网、影视(花儿)。核心业务：广告+内容。该利润、收入占比接近50%。

从新加坡到中国——乐视网（上市）：部分持股并不断寻求投资人(通过私募及可转债等理财产品)：乐视云、乐视体育、乐视音乐、乐视新媒体、乐视致新(硬件)、乐视金融。主线业务：提高市盈率，同时通过融资筹集现金。

通过投资并购：易到、TCL、酷派。支线业务：提高市盈率。

从中国到全球——非上市模块：乐视手机、乐视汽车、乐视生态农业、乐视电商、乐视影业、宏城鑫泰置业、Faraday Future(电动车)。未来业务。

资料来源：乐视生态官网。

2. 危险信号灯：大量股权质押与高管减持

乐视网近几年扩张速度之快令人瞠目结舌，虽然其市场估值与股票价格曾随着公司的扩张在创业板里水涨船高，但是仔细研究乐视网的资本运营，你会发现危机警报已然拉响。

乐视网这种大规模且高速的扩张需要大量的资金支持，保证资金链高效持续的运转是其资本运营的难点，亦是关键点。纵观乐视网的融资方式，一方面，其外部融资受限，首先就资本市场发达程度来说，国内资本市场目前与欧美资本市场尚存在一定差距，对私营企业而言再融资渠道并不畅通。其次，贾跃亭作为乐视的实际控制人，相较于稀释股份吸纳外部融资，他似乎更偏向于把大量股份留给高管团队。乐视网每发展一个新业务，贾跃亭都会挖来这个行业的一流高手。比如做汽车，挖来了上海通用和上海大众这两个我国最主流汽车品牌的总经理；做体育，把央视知名足球解说员刘建宏找来做高管；做乐视影业，则签约知名导演张艺谋。要吸引并留住这些自带资源和流量的合伙人,股权激励是个好办法。而另一方面,在外部融资受限的情况下,乐视网不得不依赖大量的内部融资,这些资金主要来自股权质押与高管的减持套现。

数据显示,2013年7月至2016年,贾跃芳、贾跃亭姐弟累计进行了38次股权质押,部分股权被多次循环解押后再质押。贾跃亭有一笔质押发生在2015年10月26日,他将手中尚未质押的乐视网5.07亿股股票一次性全部质押出去。在乐视网2017年半年报中,第一大股东贾跃亭的全部股份状态为冻结,第三大股东刘弘的股权质押率高达92.91%,第四大股东贾跃民的股权质押率为98.48%。

2015年乐视网股权结构如图6-2所示。

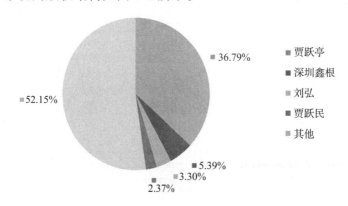

图6-3 2015年乐视网股权结构

资料来源:乐视网官方网站。

在2015年10月30日,乐视网称为了缓解公司资金压力,满足公司日常经营资金需求,同时为了优化公司股权结构、引入战略投资者等,贾跃亭以协议转让的方式向鑫根基金合计转让乐视网无限售条件流通股1亿股,占公司总股本的5.39%。2016年6月初,因乐视网资金紧张,贾跃亭曾对其个人股份进行了减持,减持后所得25亿元资金全部无息借款给乐视网。观察2013年至今的乐视网股东持股情况,2013排名第二的大股东贾跃芳(贾跃亭姐姐)已于2015年跌出前十大股东之列。其中,公司第十大股东持股11 941 156股,这表明贾跃芳所质押股份或已大量减持。

近年来,贾跃亭及其家族成员前前后后进行的多次股权转让、股份减持套现以及大量股权质押,无一不在向资本市场传递乐视网资本运营存在问题,资金短缺、资金链紧张的信号;且贾跃亭及其家族成员通过减持股份套现的数百亿元也被公众质疑,是否如事前承诺全部无息借款给了乐视集团。股票市场向来受信息影响巨大,受上述高管行为影响,乐视网股票价格大幅下跌,市场资金大量逃离。但同时,根据股权质押的规定,如果股票价格下跌达到股权质押时所约定的警戒线价格,则信托公司会强行平仓。因此,乐视网的资本运营可以说已踏入险境,一不小心便会万劫不复。

(二) 危机来临——资金链还撑得住么?

2016年10月19日,乐视网在美国高调举行了一场昂贵的发布会,向美国用户宣布:乐视网垂直整合、开放闭环的生态系统即将正式落户美国,并声称"苹果、谷歌、三星、特斯拉、亚马逊这些最优秀的科技公司都做不到乐视网将推出的一切"。然而就在这场发布会举行后的短短十几天后,11月2日至7日短短的四个交易日,乐视网市值凭空蒸发了128亿元。2016年11月2日,网上传出消息称乐视网资金链紧张,拖欠供应商100多亿元货款;11月3日,乐视网发布声明回应,并不存在拖欠巨额货款的情况,因拖欠供应商巨额货款导致股价下跌的传闻属于不负责任的抹黑造谣;11月6日,贾跃亭给员工发了一封五千多字的内部信,标题是《乐视的海水与火焰:是被巨浪吞没还是把海洋煮沸?》,贾跃亭在信中承认乐视网的手机业务出现了资金问题,贾跃亭还主动透露乐视网的资金压力和管理压力很大,为此乐视网要刹车检修,但战略方向不变。2017年7月4日,贾跃亭及乐视控股(北京)有限公司(以下简称"乐视控股")持有的乐视网5.1913亿股已被法院冻结,原因是贾跃亭为乐视网手机业务融资承担个人连带担保引发的财产保全问题;7月6日,处于舆论中心的贾跃亭主动辞去了乐视网董事长及其他相关职务,并在互联网上发表公开信,承诺会将所有欠款还上,并坚持继续发展乐视网汽车业务。

乐视究竟怎么了? 为了寻找这个问题的真实答案,我们首先从其旗下上市公司乐视网对外公布的财务数据入手(见表6-3)。从乐视网的财务数据中,我们不难看出乐视网财务杠杆高、债务资本依赖性强的特点;同时,流动比率和速动比率低,公司现金严重短缺,短期偿债能力弱。乐视网当前的财务状况难以继续维持其庞大生态系统的需求。巨大的资金缺口需要更多的投资人注血,资金链困难已成为当下最为棘手的问题。同时,从乐视网年报中对关联方交易的披露信息来看,乐视内部上市体系和非上市体系之间的关联交易数量多、资金流动数额大,资金关系非常紧密。2016年乐视网应收账款项目中欠债前五名的公司全部为关联企业,其中四家来自乐视旗下非上市体系。在乐视网所有的应收应付项目中,关联企业应收项目占了41项,应付项目占了28项。贾跃亭曾一度把乐视的资金链紧张问题归咎于对非上市业务的投入,乐视集团内部各公司之间这种大规模的资金流动很容易导致当一个项目或一家公司的资金流动出现问题时牵连到其他项目和公司,造成多米诺骨牌效应。但进一步分析,我们会发现乐视的关联方交易不仅仅是涉及金额巨大这么简单,其部分公司既做关联方采购,又做关联方销售,上下游客户和供应商重叠让我们不由地怀疑乐视是否在通过其关联方交易形成"体内循环",虚增利润。

表6-3 2012—2018年乐视网主要财务指标

项目		2018年	2017年	2016年	2015年	2014年	2013年	2012年
盈利能力	净资产收益率(%)	—	-211.40	7.84	16.15	15.27	17.93	16.88
	销售净利率(%)	-362.61	-256.26	-1.01	1.67	1.89	9.84	16.27
	总资产净利率(%)	-43.52	-72.55	-0.90	1.68	1.86	5.87	8.13
营运能力	总资产周转率	0.12	0.28	0.89	1.01	0.98	0.60	0.50
	应收账款周转率	0.67	1.16	3.64	4.96	4.80	3.57	4.26
	流动资产周转率	0.53	0.89	1.76	2.05	2.40	1.59	1.50
偿债能力	资产负债率(%)	141.25	103.72	67.48	77.53	62.23	58.58	56.11
	流动比率	0.36	0.55	1.27	1.22	0.81	0.83	0.80
	速动比率	0.30	0.50	1.20	1.07	0.65	0.77	0.78
	现金流量利息保障倍数	-1.56	-3.35	-1.94	3.15	1.59	1.53	1.82

资料来源:乐视网2012—2018年年度报告。

危机中的乐视,从内部来看,一是缺乏盈利能力,能够贡献资金的"现金牛"业务本身"造血"能力弱;二是乐视的生态系统需要大量的、源源不断的资金注入,许多成长期业务急需发展;三是债务压力过大。从外部来看,其掌门人与公司都背负着巨大的舆论压力,公司本身业务受到较大冲击,且乐视持续高额融资和低回报的产出模式很难吸引到缺乏耐心的中国资本。

最终,这个创办于2004年,在短短十多年间发展成为横跨视频网站、大屏终端、手机、汽车、体育、影视、互联网金融等多项产业,涉及上百家公司的大型集团一夜之间从一个市场估值上千亿元的上市公司变成了资本市场投资者眼里的一块烫手山芋。

(三)迷雾重重——乐视网能否突出重围

2017年1月13日,乐视网正式公告其拿下了168亿元的巨额融资。在这168亿元的融资中,同为晋商的孙宏斌通过融创中国控股有限公司(以下简称"融创中国")向乐视投资150亿元,大举买下乐视网、乐视影业和乐视致新电子科技有限公司(以下简称"乐视致新")分别8.61%、15%和33.4959%的股份。此次交易,乐视网及其控股子公司合计将获得71亿元,投资方将在5个工作日内支付总交易价款中的60.41亿元。其中,贾跃亭将其所持有的乐视网1.7亿股股份,以每股35.39元的价格,共计60.41亿元转让给融创中国旗下的天津嘉睿汇鑫企业管理有限公司(以下简称"嘉睿汇鑫")。2017年1月15日,乐视与融创中国联手召开主题为"同袍携行、乐创未来"的战略投资暨合作发布会。

在融创中国加入后的5月份,贾跃亭提出辞去乐视网总经理职务,专任董事长一职,梁军任公司总经理,财务总监杨丽杰辞职,由张巍接任其职务,管理层关键职位的调整与融创系的进驻和贾跃亭对自身未来的打算都密切相关。2017年6月13日,乐视控股法人代表由贾跃亭变更为乐视网监事吴孟,同时吴孟也取代贾跃芳成为乐视控股总经理。2017年7月6日上午,贾跃亭于微博发文称"会对乐视的员工、用户、客户和投资者尽责到底",但同时宣布辞去乐视网一切职务,将出任乐视汽车生态全球董事长,只为全力以赴实现FF91最快量产上市。2017年7月17日,乐视网晚间发布的公告显示,关于孙宏斌、梁军、张昭补选非独立董事的相关议案以超过95%的高比例票数通过,孙宏斌正式进入董事会;同月21日,孙宏斌在贾跃亭远走美国后正式接任乐视网董事长一职,至此融创系已对乐视董事会形成了实际控制。

2017年8月,乐视网发布公告称,接到嘉睿汇鑫的通知,该公司实际控制人融创房地产集团有限公司(以下简称"融创房地产集团")完成一笔融资,按照融资合同条例,嘉睿汇鑫持乐视网股份达5%以上,所以融创房地产集团在获得融资款项后需将嘉睿汇鑫所持有的乐视网股份全部质押给中信信托有限责任公司。据了解,嘉睿汇鑫将持股质押的时间为2017年8月8日,现已办理完所有手续。也就是说,融创中国(融创房地产集团子公司)已质押其所持有的乐视网全部股份。

2017年10月24日,继贾跃亭之后,乐视网的第二任总经理梁军宣布离职。尽管高管离职对乐视而言已不是新鲜事,可梁军是不同的,他是孙宏斌入主后任命的新高管,一度被孙宏斌寄予厚望。他的离开极容易向外界传递一种信号——孙宏斌加入也很难将乐视从"缺钱"的泥潭中拉出来,这对于风雨飘摇的乐视而言无疑是雪上加霜。

2017年10月,乐视网正式发布其2017年第三季度财报。截至2017年9月30日,乐视网前三季度总营业收入为60.95亿元,同比减少63.67%,归属于上市公司股东的净亏损为16.52亿元,同比下降435.02%。从此次财报来看,第三季度乐视网业绩大幅下滑。根据2018年年初乐视网发布的2017年度业绩预告来看,乐视网2017年的亏损金额大约在1 160 495.34万—1 160 995.34万元。

2017年11月16日,融创中国发布公告称,嘉睿汇鑫同意分别向乐视网控股子公司乐视致新提供借款5亿元(第一笔借款),向乐视网提供借款12.9亿元(第二笔借款)。这两笔借款均用于一般运营,可以补充乐视网与乐视致新日常流动与经营资金。客观上,这是孙宏斌第二次做乐视的"骑士",再次为乐视投入了一笔救命钱。

2018年1月24日,停牌9个月之久的乐视网宣布复牌。在复牌前夕,现任董事长孙宏斌留下了这样一句话:"人有时候要敢教日月换新天,有时候也要愿赌服输。"这位白衣骑士此时此刻的心境,怕是与当年发布会时十分不同了。这期间他从乐视的投资者变成乐视真正的掌舵人,试图将乐视的上市体系与非上市体系进行切割,引导乐视停止烧钱并止血,却最终因乐视内部复杂的关联方交易而没有成功。他与贾跃亭的关系也因在此次危机中多次意见不统一而变得扑朔迷离。

乐视网2016年年度报告中有这样一段话:"六年前,乐视网初登创业板,依靠版权内容和会员付费的创新模式,年营业收入达2.3亿元。如今,公司构建了互联网及云、内容、大屏终端三大子生态,实现年营业收入超200亿元,市值超过

600亿元。六年近百倍的成长,背后是乐视人对互联网生态创新的笃定,是一路奔跑的创业精神。创业如登山,起步阶段从无到有、蒙眼狂奔,冲到山腰一蹴而就,但是离山顶越近,前路越发陡峭,脚步也越发沉重。"在这份报告中,笔者将2016年乐视网所经历的一切归纳为孕育蜕变,将2017年设定为盈利之战。我们不否认融创中国孙宏斌的入驻不仅为乐视网带来了资金,还为乐视网带来了战略上的调整,但是就乐视网现在的情况来看,融创中国的加入是否能够帮助其化险为夷依然是个未知数。

(四)尘埃落定——乐视暂别创业板

2018年2月8日复牌后的乐视网在经历了12个跌停后开板,在以浙江游资为代表的多方势力推动下,当天成交41亿元,涨幅高达5.39%。之后,以所在农历年最后一个交易日(2月14日)为起点,乐视网结束了连日来股价下跌的趋势,开始绝地反弹,从每股单价4.01元一鼓作气涨到6.77元,整体涨幅高达68.8%。面对如此异样的涨幅,深圳证券交易所宣布于3月14日下午13:00起开市停牌,核查公司股票交易相关事宜。但就在停牌当天晚上,另一重磅消息爆出——孙宏斌申请辞去乐视网董事长职务。孙宏斌的离开使得市场对乐视网的未来预期再度蒙上阴影,融创中国也在后期宣布对乐视网投资的150亿元已全部计提坏账准备。而孙宏斌与乐视网的故事还没有完全结束,尽管他当时已公开承认乐视网是一笔失败的投资,但是他对乐视体系内正常经营运转、保有核心价值的电视与影视业务心存希望,计划在脱身离开乐视网后仍对这两项业务保持控制权。通过增资、竞拍、逼债的"三步走"策略后,2018年9月22日嘉睿汇鑫以7.73亿元的总拍卖起拍价,接盘乐视控股持有的新乐视智家[即乐融致新电子科技(天津)有限公司]、乐视影业全部资产。事实上,融创中国看好科技创新和消费升级带来的大文化、大娱乐的投资机会早有时日。2017年,融创中国通过了与大连万达商业地产股份有限公司13个文旅项目的合作。融创中国方面认为,在经济高质量增长、居民收入持续升高、消费升级不断加速的背景下,文旅板块发展潜力巨大,其将致力于成为我国最大的高品质文旅地产运营商之一。换句话说,孙宏斌最终拿走了乐视体系内最有价值部分(电视、手机、电影等)的实际控制权,打算将其融入融创中国未来发展战略的闭环当中,而乐视体系中的剩余部分显然与其关系不大了。

孙宏斌走了,广大股民再次将希望寄托在贾跃亭身上,虽然贾跃亭在美国一心一意地发展造车事业,并没有透露出回国处理乐视网债务的打算,但是毕竟其仍是乐视网名义上的"大股东",加之 2018 年 6 月 25 日,恒大健康产业集团发布公告称,恒大集团以 67.74 亿港元收购香港时颖公司 100% 的股份,间接获得 Smart King 公司 45% 的股份,成为法拉第未来(Faraday Future)第一大股东。法拉第未来获得恒大集团投资的消息传出后,市场上曾出现一种声音:如果贾跃亭能够在恒大集团的帮助下依靠法拉第未来东山再起,那么未来是否存在回归乐视的可能性。然而,随着时间的推移,股民们等到的是贾跃亭与恒大集团再起纷争,一度在香港发起仲裁,尽管最后以和解收尾,但贾跃亭自身难保,无心再管乐视网的事实也随之暴露无遗。

2019 年 5 月 10 日,深圳证券交易所发布公告决定于 5 月 13 日起暂停乐视网股票上市,与此同时因公司及贾跃亭涉嫌信息披露违法违规等行为,证监会决定对公司及贾跃亭立案调查。根据乐视网发布的 2018 年年度报告,2017 年乐视网营业收入为 15.58 亿元,较 2017 年同期下降 77.83%,归属于上市公司股东的净利润为 -40.96 亿元,归属于上市公司股东的净资产为 -30.26 亿元,合并范围内流动负债与非流动负债总规模约 120 亿元。深圳证券交易所公告发布当天,乐视网公开举行了业绩说明会,董事会秘书白冰透露乐视网目前未有明确的债务重组计划。

至此,市场普遍认为,乐视网已步入破产清算倒计时,未来恐难再有转机。这场横跨 2016—2019 年的公司资金链危机似乎终于要在万众瞩目下迎来终章,而它的退幕为我国资本市场留下了无尽的思考与反省。

三、问题讨论

2008 年年初登陆创业板的乐视网凭借贾跃亭提出的"生态闭环"发展概念及出色的资本运营手段迅速拓展业务版图,一度成为创业板市值第一股。但随后过度的资本融资以及有限的现金回流导致集团资金链压力日益增大,最终将乐视网推向退市边缘。本案例请学员们重点思考以下问题:

1. 资本运营的方式有哪些?近年来乐视网的资本运营有什么特点?这些特点可能为乐视网带来哪些潜在风险?

2. 以乐视网为例,导致一家企业发生财务危机的影响因素及规避措施有哪些?

3. 通过此次乐视网危机,谈谈如何有效控制母子公司之间的关联方交易和资金转移,以防止它们带来财务风险?

4. 基于乐视网财务报告,结合乐视网生态模式,如何认识、评价乐视网经营管理行为?

5. 导致乐视网被证监会暂停上市的直接原因与根本原因分别有哪些?

6. 暂停上市后的乐视网会面临怎样的处理?这次事件为资本市场中的其他企业留下了怎样的警示?

四、主要参考资料

1. 曹笑颖. 乐视多元化扩展及内部控制研究[J]. 现代商贸工业,2019,40(12):64-65.

2. 陈萌. 时间效应与大股东减持行为——基于乐视网停牌案例的思考[J]. 财会学习,2019(08):231-232.

3. 符媛. 乐视网融资策略改进研究[D]. 湖南大学,2016.

4. 高凤. 乐视融资文件曝光:贾跃亭用了大量担保和质押[J]. 股市动态分析,2016(20):14.

5. 高瑜. 烧钱扩张下的乐视——资金链危机[J]. 商场现代化,2017(02):228-229.

6. 姜皓明. 浅谈乐视前CEO贾跃亭的梦想之旅[J]. 科技经济导刊,2017(28):160.

7. 金梦玲. 乐视网融资行为分析[D]. 安徽工业大学,2016.

8. 乐视网2011—2018年年度报告.

9. 木木. 乐视:一半是海水,一半是火焰[J]. 商业观察,2016(11):32-35.

10. 孙守哲. 乐视网高管减持动因研究[D]. 石河子大学,2016.

11. 谢鹏. 乐视赌局:伟大还是死亡[J]. 中国中小企业,2017(01):34-38.

12. 张炎. 乐视经营战略与财务风险研究[J]. 经贸实践,2017(08):161.

案例 7 格力电器高额现金股利引发的思考

教学目标

股利政策是公司理财活动的重要组成部分,本案例旨在通过介绍近年来格力电器的现金股利政策,引导学员思考上市公司如何制定恰当的股利政策,以实现上市公司、广大投资者以及资本市场三方共赢局面。

格力电器董事长董明珠女士号称"为了成就格力,放弃8000万年薪""为格力耗尽一生,却只拿500万年薪"。她曾多次公开表示格力电器将长期坚持高现金分红。纵观格力电器自上市以来的表现,其分红情况的确如其所述。上市数年,其高现金分红的势头只增不减,格力电器母公司2016年度分红总额竟然占到净利润总额的70.22%,但其2017年年报宣布不分红,引起了广泛关注。

作为成熟期的企业,尤其是在电器行业,格力电器的股利政策相当吸引眼球。格力电器如此之高的分红究竟是出于对公司发展的考虑还是决策者自身对公司利益的觊觎?格力电器近年来的股利政策及其对公司财务的影响值得我们深思。

一、案例背景介绍

(一)公司简介

珠海格力电器股份有限公司(以下简称"格力电器")成立于1991年,1996年11月18日在深圳证券交易所上市,公司股票简称为"格力电器",注册资本为6 015 730 878万元。格力电器的母公司是珠海格力集团有限公司,珠海市国资委是其最终的实际控制人。

格力电器是一家多元化、科技型的全球工业集团,拥有格力、TOSOT、晶弘三大品牌,产业覆盖空调、生活电器、高端装备、通信设备四大领域,即以家用空调、商用空调、冷冻冷藏设备、核电空调、轨道交通空调、光伏空调等为主的空调领域,以厨房电器、健康家电、环境家电、洗衣机、冰箱等为主的生活电器领域,以智能装备、数控机床、精密模具、机器人、精密铸造设备等为主的高端装备领域,以物联网设备、手机、芯片、大数据等为主的通信设备领域。格力电器产品远销160多个国家和地区,仅空调领域已累计为全球超过4亿用户服务。

格力电器始终坚持"以消费者的需求为最高标准",始终把自主创新作为最根本和最持久的动力,坚持自主研发、自主生产、自主营销和自主培养人才,掌控从上游压缩机、电机等零部件研发生产到下游废弃产品回收利用的全产业链。

据2018年《福布斯》发布的"全球上市公司2000强"名单,格力电器位列第294名,较2017年上升70位;据《财富》(中文版)和光辉国际联合发布的"2018年度最受赞赏的中国公司"榜单,格力电器位列总榜单第2名,居家电行业之首;据《福布斯》发布的"2018年全球最佳雇主"榜单,格力电器入围全球百强,排名第88位,在进入榜单的中国企业中位列第6;2018年格力电器再次获得"CCTV中国十佳上市公司"殊荣。

据2018年全球知名经济类媒体《日本经济新闻》数据,格力电器以21.9%的全球市场占有率位列家用空调领域榜首,比第2名高出7个百分点;据产业在线数据,格力家用空调产销量自1995年起连续24年位居国内空调行业第一,自2005年起连续14年领跑全球;据业内权威专业媒体《暖通空调资讯》数据,格力电器连续7年蝉联国内中央空调市场第一。

(二)格力电器行业地位

格力电器的实力不可小觑,在我国家电行业中,格力电器多年来名列前茅,空调的市场份额已经达到最高位置,格力空调可以说是家喻户晓。截至2018年年底,格力电器市值达3255亿元,在行业中排名第二,仅次于美的集团,远远高于家电行业平均水平;格力电器的净资产和净利润也分别位居行业第二,远远高于家电行业平均水平。通过表7-1我们可以看出,格力电器在市盈率、净利率、ROE(净资产收益率)等指标上也是名列行业前茅。

表7-1　2018年格力电器与家电行业（49家企业）指标对比

企业	总市值（亿元）	净资产（亿元）	净利润（亿元）	市盈率（倍）	市净率（倍）	毛利率（%）	净利率（%）	ROE（%）
格力电器	3 147	949.0	56.72	13.87	3.37	30.59	13.99	6.14
家电行业平均	2 44.3	100.1	3.82	26.11	2.92	25.63	6.84	2.59
行业排名	2	2	2	5	16	18	9	5

资料来源：Wind数据库。

图7-1所示是家电行业前五大企业，分别是美的集团、格力电器、青岛海尔、TCL集团和老板电器，其中格力电器市值(3 255亿元)仅次于美的集团(3 352亿元)，远远超过第三名青岛海尔(1 002亿元)，大约是青岛海尔的3.2倍之多。

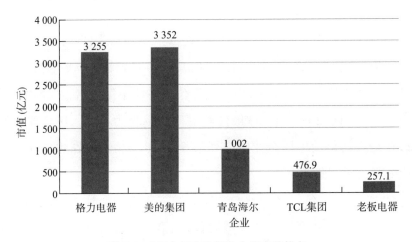

图7-1　2018年家电行业个股市值排名

资料来源：Wind数据库。

（三）主营业务

格力电器的主营业务收入来源于制造业，2018年毛利率高达34.11%，其中空调产品的收入最多，达1 557亿元，占主营业务收入的91.27%，毛利率为36.48%。格力电器大部分收入来自内销，2018年内销收入达1 483亿元，占主营业务收入的86.93%，毛利率高达37.22%；外销收入为223亿元，占主营业务收入的13.07%，毛利率较低，为13.45%(见表7-2)。

表7-2 2018年格力电器主营业务构成

分类标准	主营业务构成	主营业务收入（亿元）	收入比例（%）	主营业务成本（亿元）	成本比例（%）	主营业务利润（亿元）	利润比例（%）	毛利率（%）
按行业	制造业	1 706	100.00	1 124	100.00	582	100.00	34.11
按产品	空调	1 557	91.27	989	87.99	568	97.60	36.48
	其他	80	4.69	75	6.67	5	0.86	6.25
	生活电器	38	2.23	31	2.76	7	1.20	18.42
	智能装备	31	1.81	29	2.58	2	0.34	6.45
按地区	内销	1 483	86.93	931	82.83	552	94.85	37.22
	外销	223	13.07	193	17.17	30	5.15	13.45

资料来源：格力电器2018年年度报告。

（四）股本结构

格力电器的股本结构由有限售条件股份和无限售条件股份两部分构成，格力电器2018年总股本为601 573.08万股，其中有限售条件股份4 616.25万股，占比0.77%，无限售条件股份596 956.83万股，占比99.23%（见表7-3）。

表7-3 2018年格力电器股本结构

股份	数值（万股）	占比（%）
未流通股份	—	—
有限售条件股份	4 616.25	0.77
无限售条件股份	596 956.83	99.23
总股本	601 573.08	100.00

资料来源：格力电器2018年年度报告。

（五）前十大股东

格力电器前十大股东一直以来变化不大，截至2018年9月底，格力电器最大的持股股东为珠海格力集团有限公司，持股1 096 255 624股，占总股本的比例为18.22%，对格力电器具有控制权。最大的个人股东是格力电器的总经理董明珠，持股44 488 492股，占总股本的比例为0.74%（见表7-4）。

表7-4 2018年9月格力电器前十大股东

名次	股东名称	持股数（股）	占总股本比例（%）
1	珠海格力集团有限公司	1 096 255 624	18.22
2	河北京海担保投资有限公司	536 022 233	8.91
3	香港中央结算有限公司	491 214 399	8.17
4	中国证券金融股份有限公司	179 870 800	2.99
5	前海人寿保险股份有限公司—海利年年	115 585 298	1.92
6	中央汇金资产管理有限责任公司	84 483 000	1.40
7	中国人寿保险股份有限公司—传统—普通保险产品-005L-CT001深	57 550 548	0.96
8	中国人寿保险股份有限公司—分红—个人分红-005L-FH002深	56 886 366	0.95
9	董明珠	44 448 492	0.74
10	高瓴资本管理有限公司—HCM中国基金	43 396 407	0.72
	合计	2 705 713 167	44.98

资料来源：格力电器2018年年度报告。

二、经营状况

（一）公司规模

表7-5是格力电器2014—2018年的资产和股东权益情况，从图7-2中可以看出其变动趋势。

表7-5 格力电器2014—2018年资产和股东权益　　　　单位：亿元

项目	2014年	2015年	2016年	2017年	2018年
资产总计	1 562	1 617	1 824	2 150	2 512
股东权益合计	451	486	549	668	927
总市值	1 116.6	1 344.6	2 476.7	2 760	3 255

资料来源：格力电器2014—2018年年度报告。

格力电器2014年年末的资产总计1 562亿元，股东权益合计451亿元。之后的五年中，公司的资产和股东权益逐年增加，到2018年年末，公司资产达到2 512亿元，股东权益达到927亿元，公司规模在行业内比较大，具有雄厚的资产基础。

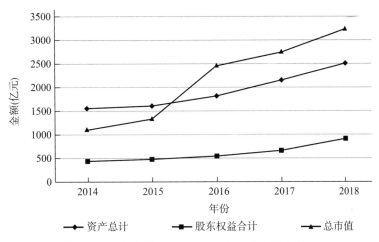

图 7-2　格力电器 2014—2018 年资产和股东权益

资料来源：格力电器 2014—2018 年年度报告。

2014—2018 年格力电器资产总计、股东权益合计、总市值这三个项目在逐年增长。其中，资产总计和股东权益合计的增长率比较稳定，而总市值在 2015—2016 年的增长率达到了 84%，将近前三年平均增长率的 4 倍。总市值的异常上涨可能表明存在公司价值被高估的风险，但与此同时也表明市场上的投资者对格力电器的发展十分看好。

（二）公司盈利能力

表 7-6 是格力电器 2014—2018 年的盈利能力指标，包括净资产收益率、毛利率和净利率三个指标，从图 7-3 中可以看出其变动趋势。

表 7-6　格力电器 2014—2018 年盈利能力指标　　　　　单位：%

指标	2014年	2015年	2016年	2017年	2018年
净资产收益率	32.06	26.37	28.63	34.15	28.69
毛利率	36.10	32.46	32.70	32.86	30.59
净利率	10.35	12.91	14.33	15.18	13.99

资料来源：格力电器 2014—2018 年年度报告。

格力电器的盈利能力很强，其净资产收益率平均值在 30% 左右，意味着每 100 元的净资产可以创造出 30 元左右的净利润；公司的毛利率平均值也在 30% 以上，净利率平均值在 10% 以上。此外，公司盈利能力的发展趋势也十分令人满意。2014—2017 年公司的净利率一直在平稳地上升。

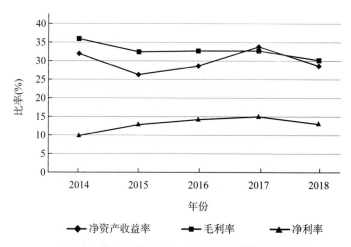

图 7-3　格力电器 2014—2018 年盈利能力指标

资料来源:格力电器 2014—2018 年年度报告。

(三)公司短期偿债能力

表 7-7 是格力电器 2014—2018 年的短期偿债能力指标,包括流动比率、速动比率、现金比率、现金流量比率四个指标,从图 7-4 中可以看出其变动趋势。

表7-7　格力电器2014—2018年短期偿债能力指标

指标	2014年	2015年	2016年	2017年	2018年
流动比率	1.11	1.07	1.13	1.16	1.27
速动比率	1.03	0.99	1.06	1.05	1.14
现金比率(%)	50.32	78.86	75.36	67.54	71.71
现金流量比率(%)	17.47	39.40	11.71	11.09	17.09

资料来源:格力电器 2014—2018 年年度报告。

格力电器的短期偿债能力较强。从 2014 年年末到 2018 年年末的五年内,公司有足够的流动资产覆盖经营所需要的流动负债,流动比率一直保持在 1 以上;速动比率也在不断增长,2016—2018 年也在 1 左右;现金流量比率约为 20%,公司经营活动产生的现金流量可以覆盖其 20% 的流动负债;较高的现金比率也反映出公司闲置的现金资产比较多,可能会使公司的货币资金丧失其机会成本。

(四)公司长期偿债能力

表 7-8 列示了格力电器 2014—2018 年的长期偿债能力指标,包括资产负债率、长期资产负债率两个指标,从图 7-5 中可以看出其变动趋势。

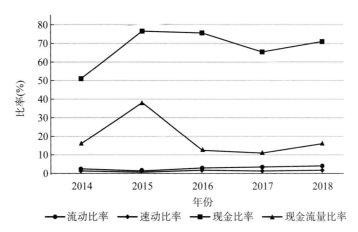

图 7-4 格力电器 2014—2018 年短期偿债能力指标

表 7-8 格力电器 2014—2018 年长期偿债能力指标

指标	2014年	2015年	2016年	2017年	2018年
资产负债率(%)	71.11	69.96	69.88	68.91	63.10
长期资产负债率(%)	5.78	1.05	1.05	0.97	0.90
权益乘数(倍)	3.46	3.32	3.32	3.22	2.71

资料来源：格力电器 2014—2018 年年度报告。

格力电器对其负债的偿还能力比较弱，存在不小的还本压力。虽然 2014—2018 年格力电器的资产负债率稍有下降，但是其资产负债率始终维持在 70% 左右。虽然公司负债占到资产总额的 70% 左右，但是从长期资产负债率来看，公司负债中绝大多数是流动负债，非流动负债的占比非常小。这是家电行业公司的共同特点，其竞争对手美的集团、青岛海尔也如此。

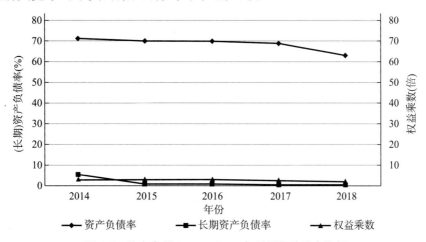

图 7-5 格力电器 2014—2018 年长期偿债能力指标

资料来源：格力电器 2014—2018 年年度报告。

(五)公司营运能力

表 7-9 是格力电器 2014—2018 年的营运能力指标,包括应收账款周转率、存货周转率、总资产周转率、流动资产周转率指标,从图 7-6 中可以看出格力电器营运能力指标的变动趋势。

表7-9　格力电器2014—2018年营运能力指标　　　　单位:次

指标	2014年	2015年	2016年	2017年	2018年
应收账款周转率	61.08	35.28	37.09	33.80	29.32
存货周转率	8.10	7.31	7.88	7.78	7.56
总资产周转率	0.95	0.61	0.63	0.75	0.85
流动资产周转率	1.23	0.81	0.82	0.94	1.07

资料来源:格力电器 2014—2018 年年度报告。

格力电器应收账款的周转状况较好。虽然格力电器应收账款周转率在 2014—2018 年有明显的下滑,但是其周转率高过竞争对手美的集团(2014—2018 年分别为 16.39 次、14.03 次、13.35 次、15.54 次、14.07 次)将近 20 次。格力电器大部分的赊销账款都能收回,坏账少,对方付款的速度快,信誉良好,公司应收账款质量上乘。

2014—2018 年格力电器存货周转速度较快,适销对路,有利于存货及时变现,减轻库存压力,总资产周转率呈上升趋势,而应收转款周转率呈下降趋势,值得公司管理人员关注。

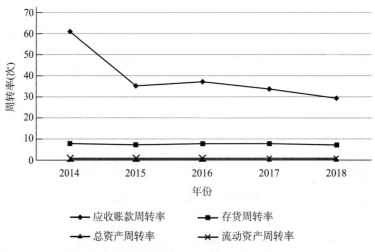

图 7-6　格力电器 2014—2018 年营运能力指标

资料来源:格力电器 2014—2018 年年度报告。

(六)公司成长能力

表7-10是格力电器2014—2018年的成长能力指标,包括主营业务收入增长率、净利润增长率、净资产增长率、总资产增长率指标,从图7-7中可以看出格力电器发展能力指标的变动趋势。

表7-10 格力电器2014—2018年成长能力指标　　　　　　　　单位:%

指标	2014年	2015年	2016年	2017年	2018年
主营业务收入增长率	16.12	-29.04	10.80	36.92	33.61
净利润增长率	30.33	-11.43	22.98	44.99	17.20
净资产增长率	27.25	7.61	13.09	21.69	38.72
总资产增长率	16.85	3.50	12.78	17.87	16.87

资料来源:格力电器2014—2018年年度报告。

格力电器2014—2018年表现出了较强的盈利能力,但是由于经营环境的不确定,要想继续保持更好的发展状况还需要不断地调整其营业战略。2014—2018年,格力电器的主营业务收入只有2015年为负增长,其他各年增长率均超过10%,其他三项增长率一直保持在相对较好的水平。

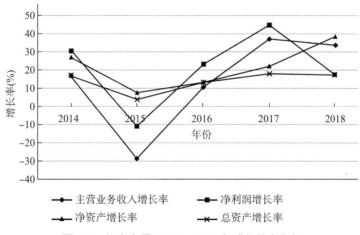

图7-7 格力电器2014—2018年成长能力指标

资料来源:格力电器2014—2018年年度报告。

三、格力电器的股利政策及实施情况

(一)格力电器的利润分配政策

1. 利润分配原则

公司的利润分配应重视对投资者的合理投资回报,利润分配政策应保持连续性和稳定性。

按照公司章程规定，公司可以采取现金、股票或现金与股票相结合的方式分配利润，可以进行中期现金分红。

2. 现金分红的条件和比例

在公司现金流满足公司正常经营和长期发展需求的前提下，公司最近三年以现金方式累计分配的利润不少于最近三年实现的年均可分配利润的30%，具体分红比例由公司董事会根据中国证监会的有关规定和公司经营情况拟定，由公司股东大会审议决定。

3. 发放股票股利的条件

根据累计可供分配利润、公积金及现金流状况，在保证足额现金分红及公司股本规模合理的前提下，公司可以采取股票股利的方式进行利润分配。

4. 同时采取现金及股票股利分配时的现金分红比例

公司同时采取现金及股票股利分配利润的，在满足公司正常生产经营资金需求的情况下，公司实施差异化现金分红政策：

(1)公司发展阶段属成熟期且无重大资金支出安排的，进行利润分配时，现金分红在本次利润分配中所占比例最低应达到80%；

(2)公司发展阶段属成熟期且有重大资金支出安排的，进行利润分配时，现金分红在本次利润分配中所占比例最低应达到40%；

(3)公司发展阶段属成长期且有重大资金支出安排的，进行利润分配时，现金分红在本次利润分配中所占比例最低应达到20%。

(4)公司发展阶段不易区分但有重大资金支出安排的，可以按照前项规定处理。股东大会授权董事会每年在综合考虑公司所处行业特点、发展阶段、自身经营模式、盈利水平以及是否有重大资金支出安排等因素后，根据上述原则提出当年利润分配方案。

（二）格力电器的利润分配方案

1. 格力电器2012—2018年的现金股利分配方案

(1)2012年度利润分配方案。

格力电器母公司2012年度，向全体股东每10股派发现金10.00元（含税，扣税后9.00元),股权登记日为2013年7月10日,除权除息日为2013年7月11日。股利支付率40.76%,分红率4.03%,分红总额300 786.54万元。

(2)2013年度利润分配方案。

格力电器母公司2013年度,向全体股东每10股派发现金15.00元(含税,扣税后13.50元),股权登记日为2014年6月5日,除权除息日为2014年6月6日。股利支付率41.50%,分红率4.86%,分红总额451 179.82万元。

(3)2014年度利润分配方案。

格力电器母公司2014年度,向全体股东每10股转增10股派发现金股利30.00元(含税,扣税后27.00元),股权登记日为2015年7月2日,除权除息日为2015年7月3日。股利支付率63.75%,分红率5.03%,分红总额902 359.62万元。

(4)2015年度利润分配方案。

格力电器母公司2015年度,向全体股东每10股派发现金15.00元(含税,扣税后13.50元),股权登记日为2016年7月6日,除权除息日为2016年7月7日。股利支付率72%,分红率7.80%,分红总额902 359.64万元。

(5)2016年度利润分配方案。

格力电器母公司2016年度,向全体股东每10股派发现金18.00元(含税,扣税后16.20元),股权登记日为2017年7月4日,除权除息日为2017年7月5日。股利支付率70.22%,分红总额1 082 831.56万元。

(6)2017年度利润分配方案。

公司从实际经营情况出发,为满足资本性支出需求,保持财务稳健性和自主性,增强抵御风险能力,实现公司持续、稳定、健康发展,更好地维护全体股东的长远利益,公司2017年度不进行利润分配,不实施送股和资本公积转增股本。

(7)2018年度利润分配方案。

按总股本6 015 730 878股计,向全体股东每10股派发现金15.00元(含税,扣税后13.50元),共计派发现金9 023 596 317.00元,余额转入下年分配。本分配预案尚待股东大会批准。

格力电器2012—2018年具体的现金股利分配方案及实施情况如表7-11至表7-13所示。

表7-11　2012—2018年格力电器现金股利分配方案实施情况

披露日期	会计年度	分配方案	实施情况
2019-04-29	2018	以公司总股本601 573.0878万股为基数,每10股派发现金股利15元	实施
2018-04-26	2017	不派发现金股利,不送红股,不以公积金转增股本,余额转入下年分配	实施
2017-04-27	2016	以公司总股本601 573.0878万股为基数,每10股派发现金股利18元	实施
2016-04-29	2015	以公司总股本601 573.0878万股为基数,每10股派发现金股利15元	实施
2015-04-28	2014	以公司总股本300 786.5439万股为基数,每10股派发现金股利30元	实施
2014-04-25	2013	以公司总股本300 786.5439万股为基数,每10股派发现金股利15元	实施
2013-04-27	2012	以公司总股本300 786.5439万股为基数,每10股派发现金股利10元	实施

资料来源:格力电器2012—2018年年度报告。

表7-12　2012—2018年格力电器现金股利分配情况

报告期	净利润(万元)	现金分红总额(万元)	期末未分配利润(万元)	股利支付率(%)
2018-12-31	2 620 279.00	1 263 303.48	8 193 970.00	48.21
2017-12-31	2 240 158.00	0.00	5 574 008.00	0.00
2016-12-31	1 542 096.50	1 082 831.56	4 407 494.96	70.22
2015-12-31	1 253 244.28	902 359.64	3 773 718.75	72.00
2014-12-31	1 415 517.00	902 359.62	3 484 132.40	63.75
2013-12-31	1 087 067.00	451 179.82	2 539 556.39	41.50
2012-12-31	737 967.00	300 786.54	1 757 227.70	40.76

资料来源:格力电器2012—2018年年度报告。

表7-13　2016—2018年格力电器普通股现金分红情况

项目	2018年	2017年	2016年
现金分红金额(含税)	12 633 034 844.00	0.00	10 828 315 580.40
分红年度合并报表中归属于上市公司普通股股东的净利润	26 202 787 681.42	22 400 484 001.26	15 463 625 768.05
现金分红金额占合并报表中归属于上市公司普通股股东的净利润的比率(%)	48.21	0.00	70.02

(续表)

项目	2018年	2017年	2016年
以其他方式（如回购股份）现金分红金额	0.00	0.00	0.00
以其他方式现金分红金额占合并报表中归属于上市公司普通股股东的净利润的比例（%）	0.00	0.00	0.00
现金分红总额（含其他方式）	12 633 034 844.00	0.00	0.00
现金分红总额（含其他方式）占合并报表中归属于上市公司普通股股东的净利润的比率（%）	48.21	0.00	0.00

资料来源：格力电器2016—2018年年度报告。

2. 格力电器2012—2018年的股票股利分配方案

格力电器2012—2018年具体的股票股利分配方案及实施情况如表7-14所示，2012—2018年配股信息如表7-15所示。

表7-14　2012—2018年格力电器股票股利分配方案

公告日期	分红年度	分红方案（每10股）			股权登记日	除权除息日	红股上市日
		送股	转增	派息（元）			
2017-06-29	2016	—	—	18.00	2017-07-04	2017-07-05	2017-07-05
2016-07-01	2015	—	—	15.00	2016-07-06	2016-07-07	2016-07-07
2015-06-25	2014	0	10	30.00	2015-07-02	2015-07-03	2015-07-03
2014-05-28	2013	—	—	15.00	2014-06-05	2014-06-06	2014-06-06
2013-07-03	2012	—	—	10.00	2013-07-10	2013-07-11	2013-07-11
2012-06-29	2011	0	0	5.00	2012-07-05	2012-07-06	2012-07-06

资料来源：格力电器2011—2018年年度报告。

表7-15　2012—2018年格力电器配股信息

公告日期	配股方案	配股价（元）	配股对象	实际配股数（万股）	配股前总股本	实际配股（%）	配股上市日
2000-07-20	10配3.00	14.00	全体股东	3 276.00	32 520.00万元	1.01	2000-09-08
1998-04-04	10配3.00	22.00	全体股东	1 260.00	15 000.00万元	0.84	1998-06-02

资料来源：根据格力电器年度报告数据计算整理所得。

3. 增发情况

格力电器2006—2012年股票增发情况如表7-16所示。

表7-16　2006—2012年格力电器股票增发情况

公告日期	融资类型	发行数量（万股）	募资总额（万元）	发行价格（元）	发行方式	股权登记日
2012-01-11	增发	18 998	326 000	17.16	本次发行采取向原股东优先配售和网上、网下定价发行相结合的方式进行。发行对象为在深圳证券交易所开立A股股票账户的境内自然人、法人和证券投资基金以及符合相关法律、法规规定的其他投资者（国家法律、法规、规章和政策禁止者除外）	2012-01-12
2007-12-06	增发	2 952	115 600	39.16	本次发行采取网上、网下定价发行相结合的方式进行，股权登记日收市后登记在册的公司股东享有全额的优先认购权。发行对象为在深圳证券交易所开立人民币普通股A股股东账户的机构投资者以及社会公众投资者（国家法律法规禁止者除外）	2007-12-07

资料来源：根据格力电器年度报告数据计算整理所得。

四、尾声

格力电器一向以高现金分红政策受到中小投资者的追捧，自上市以来，截至2017年，格力电器累计实现净利润1 076.14亿元，累计现金分红417.92亿元，分红率达38.84%。董明珠就任董事长以来，格力电器分红力度更甚以往，2015年分红率甚至达到了72%的高点，同时其支付现金股利也达到了90.24亿元之多。2012—2018年，格力电器累计分红400.06亿元。

案例7 格力电器高额现金股利引发的思考

2018年4月25日,格力电器公布2017年年报,表示"不派发现金红利,不送红股",这是格力电器十余年来首次不分红,当日便收到了深圳证券交易所关注函。次日,格力电器股价几乎以跌停开盘,最后大跌8.97%,约270亿元市值蒸发。格力电器解释称,这是公司从实际经营情况出发,为满足资本性支出需求,保持财务稳健性和自主性,增强抵御风险能力,实现公司持续、稳定、健康发展,更好地维护全体股东的长远利益,公司2017年度不进行利润分配,不实施送股和资本公积转增股本。

但此后,格力电器在给深圳证券交易所的回复中表示,会在2018年中报考虑分红。2018年年中,格力电器兑现了年初的分红承诺,共计36.09亿元的分红金额在上半年净利润中占比达到28%。不过,这一分红比例较往年来说,力度有些弱。

董明珠曾说过,分红是企业实力的体现。作为一家上市公司,格力电器有众多投资者投资,公司有能力返利给消费者,同时给股东更高的回报,这样便能够获得更多股东的支持,对公司未来的发展也是非常有利的。投资者购买股票投资这家公司,公司就要反馈于投资者,合理、恰当地分配利润才能长久发展。生产决定分配,分配反作用于生产。上市公司是否分配、如何分配及分配多少直接影响公司未来的筹资能力和经营业绩,一定量的内部留存收益是保证公司长期发展的重要资金来源;而股利为股东提供当期收入,股东对股利的不同偏好直接影响公司股票的未来价格,从而间接影响公司发展。格力电器作为典型的高股息蓝筹股,近年来随着市场长期资金的增加,投资者对稳增长、高股息的个股更为重视,分红预案的改变给公司未来分红预期带来了较大的不确定性。格力电器的高现金分红政策一方面将公司产生的利润返还给股东,有利于股东更好地对资金进行配置,同时使得享受到高现金分红好处的中小股东,在不涉及重大分歧时对现有管理层持支持态度,毫不吝啬的高现金分红政策在一定程度上帮助管理层得到了中小股东手中的选票;另一方面,持续的分红可以体现公司的盈利能力和良好的流动性,提振股东对公司发展的信心,从而对资金来源的稳定性提供一定的保证,而强融资能力又弥补了分红所带来的流动性下降,形成了一个良性循环。

而且,格力电器的高现金分红从长期来看,能够提升公司品牌价值、吸引更多的长期投资者、培育出优秀的管理层、增强公司的长期盈利能力、避免公司盲目多元化和增强公司的风险防范能力等,而这几方面均是公司内在价值提升的关键领域,对公司的整体运营产生着时时刻刻的影响,深入影响着公司的决策和日常管理,并给公司内在价值的不断提升提供了强有力的保证。

五、问题讨论

长期以来,格力电器一直以其高现金分红政策受到市场关注,2017年不分红的消息传出后一度带动公司股价下跌,从而引发大众对其股利政策的思考。本案例请学员们重点思考以下问题:

1. 股利政策的类型有哪些?各有什么适用条件?
2. 公司在选择或确定股利政策时应主要考虑哪些因素?
3. 格力电器近年来采取的是什么样的股利政策?有何特点?
4. 你认为格力电器现行的股利政策是否合理?
5. 格力电器的股利政策对其他公司有何启示?

六、主要参考资料

1. 陈萌. 我国上市公司现金股利对公司价值的影响——以格力电器为例 [J]. 纳税,2019,13(11):194+197.

2. 陈闻泰. 美菱电器的股利分配政策研究 [D]. 安徽财经大学,2016.

3. 富芳菲. 格力电器连续高现金分红对企业价值的影响研究 [D]. 浙江工商大学,2019.

4. 格力电器2010—2018年年报、半年报、季报等财务报告;董事会会议决议公告、股东大会决议公告;格力电器对各类问询函、关注函的答复;其他各类有关公告.

5. 兰波. 格力电器的现金分红逻辑 [N]. 上海证券报,2018-09-06(008).

6. 李锦锦. 格力电器财务战略案例研究 [D]. 吉林财经大学,2017.

7. 廖妍姣. 股利分配政策研究——以贵州茅台为例 [J]. 商,2014(02):29.

8. 陆位忠,林川. 现金股利分配倾向、公司业绩与大股东减持规模 [J]. 财贸研究. 2013,24(3):142-148.

9. 秦丽.2018年中国家电行业年度报告发布 [J]. 电器,2019(03):64.

10. 斯蒂芬·A. 罗斯. 公司理财 [M]. 吴世农,沈艺峰等译. 北京:机械工业出版社,2000.

11. 王冰. 我国上市公司的高派现股利政策研究[D]. 河南大学,2016.

12. 张婷. 上市公司股利分配研究——以格力电器为例[J]. 广西质量监督导报,2019(02):80.

13. 中国注册会计师协会. 财务成本管理[M]. 北京:中国财政经济出版社,2017.

14. 左诗奇. 格力电器高派现股利政策研究[D]. 南昌大学,2018.

案例 8
从万科股权之争看公司控制权转移[1]

教学目标

本案例旨在从公司治理、企业会计准则以及公司法等方面分析万科股权之争中涉及的控制权转移问题。通过本案例,学员可以思考企业股权之争的产生原因及控制权转移与股权结构变动的关系,掌握判断企业控制权转移的方法;同时,充分了解股权之争对企业股权结构产生的影响以及企业预防与抵御恶意收购的策略和方法。

企业的股权之争从来都不是一个新鲜的话题,早年有"君万之争",近来有围绕民生银行的"五大派系"股权之争。然而,2015 年年末爆发的"宝万之争"却将这一话题推向了舆论的顶峰。一直以来,万科的品牌与其董事长王石的名字紧紧地联系在一起,就在大众质疑到底是"万科的王石"还是"王石的万科"之时,宝能半路杀出,并彰显出对万科控制权的熊熊野心,一场披着股权之争外衣的控制权之争就此展开。2016 年,"宝万之争"持续升温,涉及范围也不断扩大,随着华润、安邦、中国恒大、深铁等多方的介入,万科的控制权所属问题越发扑朔迷离。几乎同一时段,同样具有分散股权结构的南玻、格力先后受到了"野蛮人"的威胁,其中南玻更是由于举牌人大股东宝能强势干预企业管理导致其高管集体离职。种种相似的迹象,种种相同的发展脉络,让公众意识到万科与宝能围绕企业控制权的争夺不是个例,它不仅代表了我国许多实体企业与资本之间的博弈,更代表了企业所有者与管理者之间围绕企业实际控制权的博弈。

---

[1] 本案例获 2017 年度全国 MPAcc 优秀教学案例奖。

案例8　从万科股权之争看公司控制权转移

一、案例背景介绍

(一)股权之争的主战场——万科

万科企业股份有限公司(以下简称"万科"或"万科集团")是目前我国最大的专业住宅开发企业,也是股市里的代表性地产蓝筹股。万科成立于1984年,经过30多年的发展,成为国内领先的房地产公司,目前主营业务为房地产开发和物业服务。根据最新披露,2016年万科实现销售面积2 765.4万平方米,销售金额3 647.7亿元,同比分别增长33.8%和39.5%。企业连续8年位居中国房地产开发企业500强榜首,2016年7月首次入选《财富》世界500强,名列第356位。此外,万科董事长王石是一位具有传奇色彩的企业家,其鲜明的个人品牌形象带动了万科企业品牌形象的广泛传播。30多年来,万科在王石的带领下,专注于住宅开发行业,逐渐发展成为管理体系完善、产品服务质量过硬的房地产龙头企业,以王石为核心的万科管理团队也因此享誉行业内外。一直以来作为万科精神领袖的王石曾经说过:"我的成功是别人不再需要我。"但是,随着股权之争的爆发,王石所塑造的万科神话刹那间灰飞烟灭,万科与王石这一次以"悲情"的姿态进入公众的视线。

(二)曾经的盟友——华润

华润(集团)有限公司(以下简称"华润"或"华润集团")是一家在香港注册和运营的多元化控股企业集团,全球500强企业之一。其前身是1938年于香港成立的"联和行",2003年归属国务院国有资产监督管理委员会直接管理。集团核心业务包括零售、电力、地产、燃气、医药、金融等,其中旗下的华润置地有限公司是我国最具实力的综合性房地产开发商之一。华润当前的股权结构如图8-1所示。自2000年起,华润一直维持着万科战略大股东的地位,是万科发展中举足轻重的同盟者。

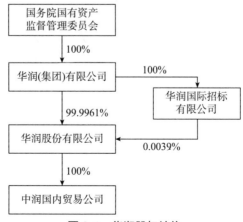

图8-1　华润股权结构

资料来源:万科2015年年度报告。

(三)来势汹汹的"野蛮人"——宝能

近年来凭借着"野蛮人"身份声名鹊起的宝能系是指以深圳市宝能投资集团有限公司(以下简称"宝能"或"宝能集团")为中心的资本集团。宝能集团成立于2000年,最早起家于深圳"菜篮子"工程,由法人代表姚振华先生持股100%,为个人独资有限责任公司。宝能集团旗下包括综合物业开发、金融、现代物流、文化旅游、民生产业等五大板块,下辖包括宝能地产、前海人寿、钜盛华、粤商小额贷款、深业物流、创邦集团等多家子公司。宝能2015年的股权结构如图8-2所示。由图8-2可知,宝能旗下的钜盛华和前海人寿的实际控制人均为姚振华,钜盛华与前海人寿之间存在事实上的一致行为人关系。特别是2014年以来,宝能系利用钜盛华和前海人寿两大资本平台,在A股市场频频进出。其实,万科只是宝能系猎物中的一个,借举牌万科进入公众视野的宝能系曾先后举牌或参股过包括万科在内的近十家上市公司。曾被宝能系举牌过的上市公司,多数与房地产有关。

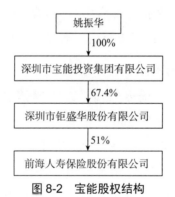

图 8-2 宝能股权结构

资料来源:万科2015年年度报告。

(四)"乱战"中的新盟友——安邦

2015年12月23日夜,两份公告让陷入僵持中的股权之争再掀波澜——万科与安邦分别发布肯定对方的公告,宣布结盟。安邦保险集团股份有限公司(以下简称"安邦")成立于2012年,是我国保险行业综合性集团公司之一,目前拥有财产险、人寿险、健康险、资产管理等多项业务,下辖安邦产险、安邦人寿、和谐健康及安邦资产等多家子公司。2014年以来,安邦先后并购美国、比利时、韩国及荷兰多家保险公司和银行。安邦通过安邦人寿和安邦产险在二级市场大举投资是从2013年开始的,举牌个股主要分布在银行、房地产、基建、能源等领域大市值龙头企业,而万科正是这样"大而稳"的蓝筹股。对于万科来说,同样具有险资背景、曾被怀疑是宝能系一致行为人的安邦在此节点上宣布与公司结盟,无疑给万科内部打下了一针强心剂。

(五)"亦敌亦友"的投资者——中国恒大

中国恒大成立于1997年,目前是集民生住宅、文化旅游、物流、农业、乳业及体育产业于一体的世界500强企业集团。中国恒大当前的股权结构如图8-3所示。在卷入万科的股权之争之前,中国恒大就已凭借多元化投资名声大噪。可以说,在当前我国房地产市场,中国恒大是万科最强劲的对手。所以,2016年8月中国恒大强势入主万科之时,不少人联想到一年前野心勃勃的宝能的身影。根据最新披露,中国恒大旗下的恒大地产集团有限公司(以下简称"恒大地产")2016全年实现合约销售额3 733.7亿元,销售面积4 469万平方米,同比分别增长85.4%、75.2%。恒大地产2016年销售额超过万科,暂居房地产行业之首。

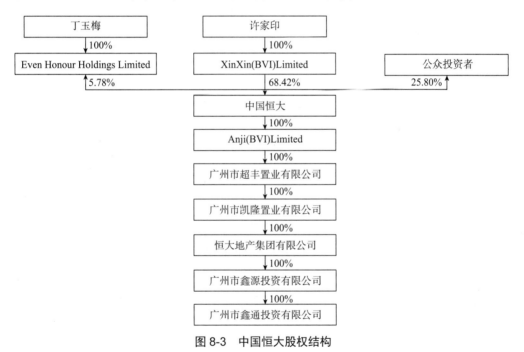

图 8-3 中国恒大股权结构

资料来源:万科2016年年度报告。

注:Even Honour Holdings Limited:均荣控股有限公司;XinXin(BVI)Limited:鑫鑫(BVI)有限公司;Anji(BVI)Limited:安基(BVI)有限公司。

(六)股权之争转折点上的"白衣骑士"——深铁

2016年3月,万科在经历了漫长的停牌后,首次披露资产重组的对象——深圳市地铁集团有限公司(以下简称"深铁"),深铁由此进入公众的视线。深铁成立于1998年7月31日,是深圳市国有资产监督管理委员会直管的国有独资大型企业,是深圳市轨道交通建设和运营的主要力量,当前已形成地铁"投融资、建设、运营、资源经营与物业开发"四位一体的产业链。深铁的国有企业背景也让这场股权之争的剧情变得愈发扑朔迷离。

二、案例概况

(一)万科股权之争的前世今生

1. 股权之争的产生根源

万科的前身是王石在1984年创办的"深圳现代科教仪器展销中心",国有属性,是当时深圳经济特区内最大的摄录像专业器材供应商。1986年,为了摆脱国有企业经营管理的僵化体制,加快业务的规模化发展,万科管理层形成了进行股份化改造并在两年内发行股票的决议。1988年11月,深圳市政府批准了万科的股改方案,公司正式更名为"深圳万科企业股份有限公司",并在当年正式进入房地产行业。1991年1月,万科在深圳证券交易所A股上市,成为深圳证券交易所第二家上市公司。在这次股改上市的过程中,万科共募集到2 800万元资金,以一元一股换算,结合上市前净资产折合的1 324.67万股,公司总股本达到4 124.67万股。

关于万科分散式股权结构形成的根源,目前业界有两种观点:一种观点认为,在万科股改上市时,王石选择了放弃40%应属于个人的股份,这一决定虽然成就了王石作为职业经理人的名声,但是也让公司陷入了股权分散的风险;另一种观点认为,60%与40%是万科股改前政府与个人的股份占比,万科股改后归属于个人部分的股份只有12.84%,其中绝大部分为集体所有,王石实际可取得的股份很少,所以造成万科股权分散现状的原因在于当时特殊的政策背景与市场状况。不管基于上述哪种观点,万科形成了分散式的股权结构是公司股改上市的既定结果,这也为日后围绕公司的控制权之争埋下了隐患。

2. 股权之争的开端——"君万之争"

在万科30多年的发展史中,由股权之争引发的控制权之争不止"宝万之争"这一次。就在万科上市两年后的1993年,万科成功发行B股,当时国泰君安证券股份有限公司(以下简称"君安")承销的1 000万股B股,成本价为12元,但是市场价为9元,账面浮亏3 000万元。君安意图通过这次收购,刺激股价、控制万科董事会。1994年3月30日,君安宣布其代表委托的四家股东——深圳新一代企业有限公司、海南证券、香港俊山投资有限公司和创益投资有限公司(四家公司共持有万科总股份的10.73%)发起《告万科企业股份有限公司全体股东书》,直指万科经营和管理中存在的问题,"君万之争"由此展开,这也是万科股权高度分散隐患的第一次发作。1994年3月31日,王石向深圳证券交易所申请停牌,并获得批准——这是中国股市的第一次停牌,其目的是通过停牌赢得时间,阻击君安等人的"老鼠仓",同时瓦解被君安拉拢的其他股东,瓦解企图改组万科的联盟。1994年4月4日,万科在深圳证券交易所复牌,万科股票轻微涨停;同日下午,万科召开新闻发布会宣布"君万之争"结束。在君安发起股权之争5天的时间内,万科顺利赢得了这场控制权之争。

3. 引入战略性大股东——华润

2000年,数次扩股的万科形成极度分散的股权结构,管理层基于平衡股权结构与稳定企业经营管理活动的考虑,主动引入大型中央企业华润集团,华润由此成为万科的战略性大股东,以万科第一大股东的身份与万科展开了长达16年的合作。万科管理层曾多次公开表示,华润是万科最好的大股东,华润为万科提供了律师、会计方面的专业人士,在万科的组织建设、管理架构和监督机构中均起到至关重要的作用。截至2014年12月31日,华润及其全资子公司共持有万科A股股份1 652 335 290股,占万科总股本的14.97%,是万科第一大股东。从图8-4所示的2014年12月31日万科股权结构中可以看出,即使华润以绝对优势占据

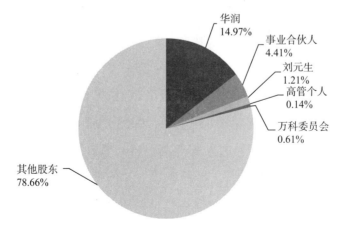

图8-4 "宝万之争"前(2014年12月31日)万科股权结构

资料来源:万科2014年年度报告。

第一大股东的位置,但是万科的绝大多数股权还是掌握在数量多且分散的中小股东手里,而这样的股权结构所存在的天然漏洞在"宝万之争"后彻底暴露。

4. 一触即发的"宝万之争"

2015年7月10日,宝能通过旗下前海人寿在二级市场买入5.53亿股万科股票,占万科总股本的5%,完成首次"举牌"[1],高调进入万科;7月24日,距离初次举牌不到半个月时间里,宝能系对万科二次举牌,旗下前海人寿买入万科0.93%的股份,钜盛华通过集中竞价交易买入万科4.07%的股份,合计持股比例达10%,逼近第一大股东华润的持股比例。事实上,宝能从2015年1月就开始买入万科A股股票,在2015年前两个季度都有所交易,可见宝能的连续举牌是有预谋的行为。就在资本市场开始关注宝能这家名不见经传的企业并期待其下一步的动向时,宝能不负众望,一个月后完成第三次举牌,累计持有万科15.04%的股份,首次超越万科一直以来的第一大股东华润。由此来看,宝能一系列的股票收购行为已经不局限于股票投资,而是直指万科股票背后代表的公司实际控制权。

在宝能连续三次举牌后,一直持观望态度的华润终于有所行动。2015年8月31日及9月1日,华润连续两次增持,持股比例达15.23%,重新取得万科第一大股东之位。然而,这场股权之争才刚刚开始,宝能的野心绝不满足于此。2015年11月底,宝能旗下的钜盛华通过资管计划继续增持5.49亿股万科股票,宝能掌握的万科总股份达20.008%,再次超越华润成为第一大股东。紧接着的12月,宝能乘胜追击、继续增持,截至12月中旬,持股比例总计达22.45%,以绝对优势占据万科第一大股东的宝座。就在宝能的持股比例不断逼近30%的要约线时,安邦耗资百亿元,完成首次举牌,挺进这场股权之争。安邦不合时宜的出现,让资本市场产生了安邦与宝能是一致行为人的猜测。如果安邦与宝能真的选择结盟,那么无论是万科的股权结构还是治理结构都会发生翻天覆地的变化。

根据2015年万科年报披露的信息,截至2015年12月31日,万科的股权结构如图8-5所示。比较图8-4与图8-5可知,2015年这一年间万科的股权结构发生了前所未有的变化——万科的大股东由华润一家独大发展为宝能与华润势均力敌、第一大股东易位且安邦首次出现在万科股东名单中。短短一年间,宝能步步为营,一举突破华润近15%的持股比例,成为万科这家房地产龙头企业的第一

---

[1] 只有买入5%的上市公司股份才需要正式公告,俗称"举牌"。

大股东,野心直指公司的实际控制权,使得曾经牢牢掌握在万科管理层手中的公司实际控制权岌岌可危。

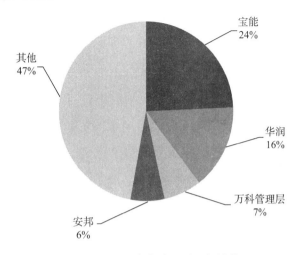

图 8-5　2015 年年底万科股权结构

资料来源:万科 2015 年年度报告。

宝能系强势的入侵势头引起万科管理层的高度不满,为了维护公司控制权,万科管理层不得不开始绝地反击。2015 年 12 月,万科董事长王石在内部讲话中声称"同为深圳企业,彼此知根知底",明确表示不欢迎金融资本收购方宝能成为万科第一大股东,并给出四大理由,即宝能信用不足、能力不够、短债长投、风险巨大,王石认为"信用不够"的宝能入主万科会使万科最值钱的品牌信用受损,同时王石阐明了华润作为产业资本战略性大股东角色的重要性,最后王石总结道,"今天在这里讲,就是表明立场,我们不会受到资本的胁迫,中小股东就是我们的大股东。现在资本来势凶猛,但中小股东会站在我们这边,客户会站在我们这边,要求透明、规范、守法的社会秩序会站在我们这边"。该讲话发表次日,宝能公开回应称"宝能集团恪守法律,尊重规则,相信市场的力量"。紧接着,万科重拾应对"君万之争"的计策,以筹划股票发行用于重大资产重组及收购资产为由申请停牌,以寻求拜票、争取同盟者的时间。就在社会各界不断猜测安邦是否会与宝能结盟、成为一致行为人时,2015 年 12 月 23 日,万科宣布与安邦结盟。这是万科在这场股权之争中迎来的第一个转机。

5. 愈发复杂的股权之争

在万科股票停牌近三个月后,万科就 2016 年 3 月与深铁签署合作备忘录一事进行公告,首次披露了进行重大资产重组的对象。2016年6月,万科在香港联合交易所公开披露资产重组预案,宣布公司拟以发行股票的方式,购买深铁持有的前海国际100%的股份。万科意图通过发行股票,稀释宝能的股份,但是管理层忽略了华润的股份同样会被稀释的事实。就在当月的万科董事会上,华润方面的三位董事对重组预案直接投出了反对票,表明了华润的立场。这是万科与华润结盟以来首次公开意见不一致的情况,华润出乎意料的意见表示,使得万科、宝能、华润三者之间的关系越发微妙。另外,由于万科的重组计划严重触动了宝能的利益,宝能要求罢免王石、郁亮在内的万科10名董事、2名监事。至此,宝能系彻底暴露出控制万科的野心。2016年7月,万科A股复牌,宝能继续增持,将持有的股份提至25.04%,距离触30%的要约收购线只有一步之遥。但是,这场股权之争远远没有结束。

6. 始料未及的新任股东

就在社会公众期待宝能的下一步行动时,万科发布公告称,截至2016年8月4日,中国恒大通过其附属公司在市场上收购万科A股5.52亿股股票,占万科总股本的4.68%。以多元化投资闻名、近年来业务逐渐向房地产市场集中的中国恒大突然出现在这场股权之争中,这让资本市场始料未及。之后的8月至11月间,中国恒大来势汹汹、不断增持,颇有宝能开始时的气势,截至2016年11月30日,中国恒大所持有的万科A股股票达15.53亿股,占万科总股本的14.07%,总价约为362.73亿元,成为万科的第三大股东,并且持续逼近华润第二大股东的持股比例。

作为万科在房地产市场上最强劲竞争者的中国恒大加入这场风云变幻的股权之争,这一情况无论是对万科还是对其他股东来说都是意料之外的,这更引发了人们对中国恒大真正的投资目的的猜测。就在公众以为外来的"资本家们"只要乘胜追击便能彻底动摇万科管理层手中的控制权时,万科管理层的态度发生了明显的变化,董事长王石开始向公众呼吁"资本的温度",表示希望获得资本方宝能与中国恒大的支持,并公开对先前激烈的态度与言辞道歉,表达了多方共赢的期待。证监会与保监会对险资举牌等行为监管趋严,中国恒大、宝能先后被监管部门约谈。可能迫于监管方面的各种压力,中国恒大于2016年12月17日公开表示看好万科的投资前景而无意控股万科。仅仅一天后,万科宣布终止与深铁的重组计划。至此,这场股权之争再次陷入胶着的状态。在经历了2016年引入重组计划、重组计划遇冷并流产、董事会遭遇解散危机、中国恒大入主股权之争等一系列事件后,万科的股权结构又发生了新的变化。截至2016年12月31日,万科的股权结构如图8-6所示。与股权之争发生之前的股权结构相比,现阶段万科的绝大多数股份掌握在多个大股东手里,虽然股权结构不再极度分散,但是由于各大股东都持有各自的立场,因此万科的股权结构以及治理结构还存在很多不稳定的影响因素,这场由股权引发的控制权之争还远远没有结束。

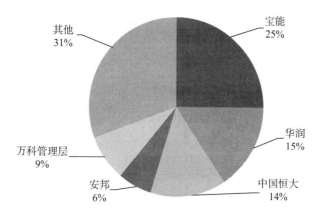

图 8-6　2016 年年底万科的股权结构

资料来源:万科2016年年度报告。

7. 引领结局的转折点

2016年年末,被视为万科重要自救计划的资产重组计划流产,当社会公众认为万科可能就此陷入股权之争的被动局面时,2017年1月12日,万科发布公告称,深铁与华润签订万科股份受让协议,深铁拟受让华润集团所属华润股份有限公司、中润国内贸易有限公司所持有的万科A股股份1 689 599 817股,约占万科总股本的15.31%,交易价格为22.00元/股,转让总价为人民币371.7亿元。此次交易完成后,深铁将取代华润成为万科第二大股东,万科的股权结构也将迎来新的变化,此时万科的股权结构如图8-7所示。而华润与万科长达17年的战略合作关系也随着股权转让而终结。针对华润与深铁的这笔股权转让交易,这场股权之争中最引人注目的两家企业——宝能与中国恒大也纷纷表示支持深铁接手华润,成为万科第二大股东,同时强调两者均是基于财务投资者角度持有万科股份,无意控制万科。

2017年3月16日,中国恒大宣布与深铁签署战略合作框架协议,将其下属企业所持有的万科A股14.07%股份的表决权不可撤销地委托给深铁行使,期限为一年。万科第十七届董事会的任期为2014年3月28日至2017年3月27日。万科董事会面临换届之际,中国恒大转让表决权将直接影响万科下一届董事会的人员结构,并将对公司治理结构的稳定性产生重要影响。就此阶段情况的分析,万科各大股东所掌握的表决权比例如图8-8所示。至此,深铁所掌握的表决权已超过宝能,作为万科新的同盟者,这帮助万科获得了此阶段的主动权。似乎,这场旷日持久的股权之争正在向对万科有利的方向发展。

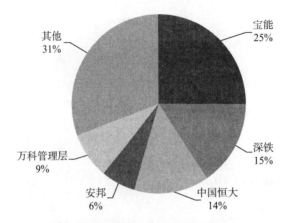

图8-7 华润股权转让后万科股权结构

资料来源:万科简式权益变动报告书。

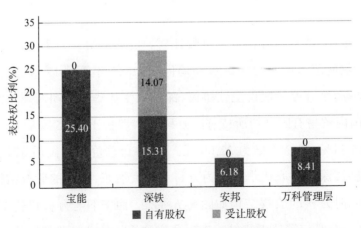

图8-8 中国恒大委托表决权后万科表决权比例

资料来源:根据万科公告等相关资料整理。

8. 最后的赢家

以王石、郁亮为核心的万科第十七届董事会任期到2017年3月27日为止。

案例 8　从万科股权之争看公司控制权转移

根据公司法和上市公司相关监管规定,本应在届满前完成新一届董事会换届工作,但是直到 2017 年 5 月底,万科董事会都未启动董事会换届程序,万科董事会没有依法如期换届已成事实,同时万科董事会也没有对此给出任何合理解释。一时间,万科董事会超期服役背后的原因引发了社会的热议。就在社会各界好奇万科何时重启换届程序时,2017 年 6 月 7 日万科公告称,收到深铁的《通知函》,深铁正筹划受让公司股份的重大事项,截至目前,具体细节尚未最终确定,且最终需按程序批准;此外,为维护广大投资者的利益,避免公司股价异常波动,公司 A 股股票于 2017 年 6 月 7 日上午开市起停牌,停牌时间预计不超过 5 个交易日。公告一出,此次股权转让的卖家是谁成为众议的话题。中国恒大、宝能或者安邦,似乎都有理由成为这个问题的答案。

两天后,中国恒大发布公告,宣布公司于 2017 年 6 月 9 日作为转让方与深铁签订协议,将持有的共 15.53 亿股万科 A 股股份(约占万科总股本的 14.07%)出售给深铁,总对价约为人民币 292 亿元,每股转让价格 18.80 元,预期该出售事项将给中国恒大方面造成约 70.7 亿元的亏损。至此,中国恒大正式退出万科股权之争,万科的股权结构再一次出现重大变动。中国恒大股权转让后万科的股权结构如图 8-9 所示,可以看出,股权转让交易完成后,深铁持股比例超过宝能,成为万科新一任第一大股东。这场长达两年的股权之争的结局似乎日渐明朗。

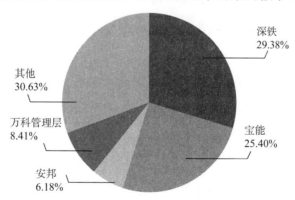

图 8-9　恒大股权转让后万科股权结构

资料来源:根据万科公告等相关资料整理。

2017 年 6 月 11 日,万科披露权益变动报告书,深铁方面表示,如果万科选举董事、监事及高级管理人员,则将根据有关规定依法行使股东权利,向万科推荐合适的董事及监事候选人,由万科股东大会进行董事会及监事会的选举,并由董事会决定聘任高级管理人员。万科董事会改选工作终于提上日程。10 天后的 6 月 21 日,万科董事会换届方案正式出炉,这次的提名由通过两次股权受让成为大股东的深铁发起。其中,最令人关注的是万科创始人王石以及宝能、安邦等方面人士均未出现在这次的名单中。2017 年 6 月 30 日,万科举行了 2016 年股东大会,会上新任董事会成员提名全部获得通过,对此,宝能表示认可。这也意味着一直作为万科灵魂人物存在的创始人王石正式卸任,从此走出万科的历史舞台。2018 年 4 月 3 日,万科发布公告称,钜盛华作为委托人的九大资管计划将在清算过程中以大宗交易或协议转让方式完成所持万科股份的处置和资管计划清算,涉及万科 11.42 亿股股份,占万科总股本的 10.34%,宝能在清空九大资管计划后,在万科的持股比例将进一步下滑。至此,这场股权之争落下帷幕。但是,到底谁才是这场股权之争最后的赢家,这一切还需要时间来检验。

(二)看似偶然实则必然的万科股权之争

从 2015 年宝能杠杆收购万科股权进而引发"宝万之争"到 2016 年宝能与万科关系恶化、中国恒大强势入主股权之争、万科重组计划失败,再到 2017 年华润正式退出股权之争、中国恒大转让股权、深铁正式接手万科,这一系列事件的发生受到了社会各界的高度关注。一方面,因为万科作为房地产公司的优秀代表,其优越的内部管理制度与脆弱的股权结构形成鲜明的对比;另一方面,因为各大股东在这场股权之争中或多或少地表现出对万科实际控制权的野心,一旦有股东持有超过 30% 的股权,那么万科的实际控制权就会落实,随之万科的治理结构与管理结构将会发生重大变化,这不仅会影响万科正常的经营管理状况,而且可能对我国房地产行业的稳定与发展产生不利影响。这一切看似万科在康庄大道上的一次偶然的危机,实则万科早已置身于股权之争的漩涡中而不自知。

前文已经分析万科股权之争产生的根源是其分散的股权结构,但是具体引发万科股权之争并且将这场股权之争推向控制权之争方向发展的因素是复杂且多元的,包括公司自身条件优越、公司价值长期被低估、基于长期分散股权的公司治理结构、万科管理层对外部收购行为缺乏警惕性等多重因素。

1. 公司自身条件优越

当前,世界经济仍处于后经济危机的深度调整期,总体复苏疲软态势无明显改观;我国经济增速放缓,进入新常态发展时期。在 2015 年中央经济工作会议上,中央提出将"去库存"纳入2016年我国确定的五大经济任务中,以改善整体房地产行业库存过剩、行业不景气的现状。另外,一线城市商品住宅销售规模连年创新高,地价大幅上涨,"面粉贵过面包"屡见不鲜,正在透支房地产行业长期的增长潜力。在这样不利的发展背景下,万科坚持强化质量管理、提升产品竞争力、向城市配套服务商转型、创新物业服务、拓展海外业务等,始终保持持续稳定高增长的发展态势,在"宝万之争"激化升级的2016年,万科的销售再创历史新高,实现销售面积2 765.4万平方米,销售金额3 647.7亿元,同比分别增长33.8%和39.5%。从图8-10所示的相关财务数据的变化中也可以看出,万科近十年间在总资产、主营业务收入和净利润方面均保持高速增长的状态,即使在2015—2016年间万科股权之争持续发酵的负面影响下,万科的生产经营活动依旧有条不紊地运行,这得益于万科优秀的内部管理机制。2016年7月,万科更是凭借2015年度1 843.18亿元(293.29亿美元)的主营业务收入,首次入选《财富》世界500强,名列第356位,稳居我国商品住宅开发行业龙头老大的位置。基于万科本身卓越的业绩表现、优越的管理体制与财务状况,如果能够取得万科的股权进而获取万科的实际控制权,那么这不仅可以完善集团企业的治理结构,而且可以在很大程度上改善集团企业的财务状况、经营成果与现金流量。

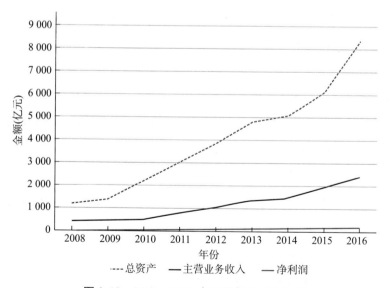

图8-10 2008—2016年万科相关财务数据

资料来源:Wind资讯。

2. 公司价值长期被低估

作为我国首批公开上市的企业,万科是一家规模庞大、内部管理制度以及经营业绩非常优秀的房地产公司,但是一直以来它并没有受到资本市场的青睐。2015年12月,万科的市盈率仅有16.7倍,远低于Wind数据库中房地产行业整体市盈率的30倍。自2000年开始,截至2015年年底,万科A一共才出现25次涨停板,排在所有2000年之前上市的848家上市公司涨停板次数榜的倒数第61位。另外,自2014年7月22日新一轮牛市启动以来,深证成指截至2015年11月27日上涨了64.43%,而万科仅上涨了59.51%,弱于市场。因此,可以看出,万科一直未受到市场大资金的追捧,其价值一直被严重低估。

关于万科价值被长期低估的原因,首先主要与A股的市场风格有关,A股一直喜欢追捧中小个股,这些个股利好题材众多,同时少量资金就能拉动股价大幅上涨,而像万科这样的大盘蓝筹股则需要大量的资金进场才有起色。其次万科的股权结构分散,大股东持股比例较小,就形成了众多中小散户持股,而对于以获取差价为主的散户来说,很难有价值投资者长期持有的耐心,因此卖盘相对较多,除非有超大资金接盘,否则股价很难形成强有力的上涨。[1]对于公司价值长期被低估以及公司股权分散这些状况,万科管理层早就意识到了公司存在的股权风险。在2014年3月的万科春季例会上,回顾了"君万之争"的历史后,万科总经理兼董事郁亮拿出一本《门口的野蛮人》说:"野蛮人正成群结队地来敲门。"他算了一笔账,以万科当时的股价来看,想要控股万科只要200亿元。这一看似调侃的说辞,却也道出了万科股权结构与公司估值上的严重缺陷。虽然万科在2014年引入事业合伙人制度,持续推进股权激励计划,同时公司于2015年7月发布了《关于在人民币100亿元额度内回购公司A股股份的董事会决议公告》,正式开启百亿回购计划,采取多种积极措施完善公司的股权结构,确保公司的控制权,但是截至2016年年底,万科管理层的持股比例仅为8.41%,远远低于30%绝对控股和实际控制的持股比例。

2015年7月,A股大幅受挫,万科股票受到A股市场股灾的影响连续暴跌,正是由于此次万科股票暴跌让"野蛮人"宝能寻找到了控制万科这一优秀房地产

---

[1] 参见新浪财经.万科缘何被野蛮人盯上:或与股价被严重低估有关[EB/OL].http://finance.sina.com.cn/stock/s/2015-12-20/(访问时间:2019-07-20),2015-12-20.

公司的机会。从2015年7月开始,宝能通过旗下子公司钜盛华及其控股的前海人寿对万科股票多次举牌,至2017年6月底,宝能系共持有万科25.40%的股份,2018年4月3日,万科盘后公告,宝能旗下钜盛华要处置九大资管计划持有的万科股票,钜盛华作为委托人的九大资管计划共计持有万科11.42亿股股份,占总股本的10.43%。九大资管计划持股市值已经高达384.17亿元,即便通过大宗交易或协议转让的方式可以有所折价,整体接盘所需资金也是一个大数字。万科第一大股东深铁接盘的可能性不大。深铁至此持股比例已经达到29.38%,如果接盘将涉及两方面的问题:一是持股比例超过30%触发要约收购红线,同时导致万科产生新的控股股东和实际控制人,势必影响万科混合所有制的状态;二是深铁当前持股来自华润和中国恒大的协议转让,现在看来成本很低,高位接盘宝能不划算。不排除另一种可能,宝能将所持股份分散转让给多个对象,恢复"宝万之争"之前除第一大股东之外,万科股权较为分散的状态。[1]

3. 基于长期分散股权的公司治理结构

从广义的角度来说,公司治理是关于企业组织方式、控制机制、利益分配的一系列法律、机构、文化和制度安排。它界定的不仅是企业与其所有者之间的关系,还包括企业与其利益相关者之间的关系。公司治理在内容上涉及公司的股权结构、独立法人地位、所有者和管理者之间的权利分配及利益制衡、对管理者的监督和激励,以及相应的社会责任等一系列法律和经济问题。从狭义的角度来说,公司治理是指在法律保障的条件下,因所有权和经营权分离而产生的代理问题,其核心是处理好公司股东与高层管理人员的关系。而股权结构是公司治理的核心。万科根据香港联合交易所和深圳证券交易所以及《中华人民共和国证券法》的规定,采用同股同权的原则,即"股本权益与股本的经济价值应该一致"。如果股东拥有公司的绝对股权,就拥有了公司的绝对控制权;如果公司股权相互制衡,则任何一个股东均无法依靠绝对股权获得公司的控制权。同时按照万科公司章程第五十七条的规定,只要一方单独或者与他人一致行动时,持有公司发行在外的30%以上(含30%)的股份,即成为控股股东。正是基于这两点,表面上是宝能与万科的股权之争,实际上是宝能对万科控制权的争夺。

万科作为最早上市的公司之一,很早就意识到公司治理机制在建立现代企业

---

[1] 参见于德江.钜盛华九资管将清盘万科 宝能浮盈近500亿[N].证券时报,2018-04-04.

制度中所发挥的重要作用。按照法律、行政法规、部门规章的要求，万科逐步建立了符合实际的公司组织制度和法人治理结构。图 8-11 所示的是万科的组织结构，也是我国现阶段大型上市公司常见的组织结构形式；而图 8-12 所示的是万科董事会[1]的具体人员构成。从组织结构来看，万科和传统的集团企业相比似乎并无特别之处，但是从董事会的具体构成来看，万科的董事会除了独立董事，7 位董事主要来自两大阵营——万科管理层与华润。由于华润一直以来充当了万科的战略合作者角色，对万科的经营管理活动采取放权政策，因此事实上万科董事会最大程度上反映了万科管理层的意志以及管理层对企业的控制情况。

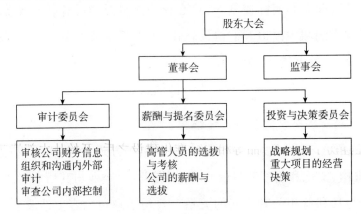

图 8-11　万科的组织结构

资料来源：万科官网。

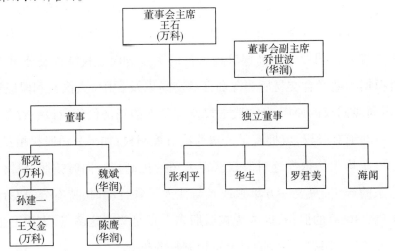

图 8-12　万科董事会（第十七届董事会）人员构成

资料来源：万科 2015 年年度报告。

---

[1] 这里的万科董事会指万科第十七届董事会。

案例8 从万科股权之争看公司控制权转移

在"宝万之争"出现之前,万科应该是我国现代公司中最有创始人控制公司治理模式特色的公司。在控制模式方面,万科的创始人兼董事长王石之于万科,与其他民营企业如华为、联想、海尔等有很大的不同。王石既没有借助集团公司制模式实施控制,又没有个人直接控制大量股权,而是自万科成立以来,一直保持着对万科经营权的控制。成熟环境下的创始人控制不同于创业者或者创业者家族凭借股权比例保持控制的状态,而是使创始人的思想、理念成为公司的灵魂,随着公司发展而股权完全高度分散之后,创始人仍然能够保持着对公司经营权的控制。经过多年的发展,万科形成了不同于反映大股东意志的传统治理结构(如图8-13所示)的"三头博弈"的万科式的治理结构(如图8-14所示)。虽然万科是股权分散的公共控股上市公司,但是万科管理层是平衡各个股东的要素,弥补了中小股东的先天不足,是公司能够实现持续盈利、持续增长和持续分红派息的重要基石。万科不仅规定了股东、董事会、经理层和其他利益相关者的责任和权利,而且明确了在决策公司事务时所应遵循的规则和程序。这一体系的创立和实施标志着公司在经历了品牌、产品等相关标准化建设之后,开始从内部管理进行优化,作为一个体系全方位打造行业标准。在宝能进驻万科之前,即使华润作为万科的第一大股东,其持股比例也未超过15%,并且万科一直坚持与第一大股东华润及其关联企业在业务、人员、资产、机构、财务等方面完全分开,保证了公司具有独立、完整的业务即自主经营能力。

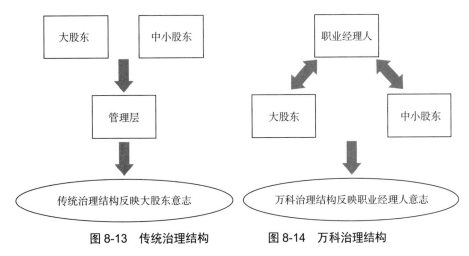

图8-13 传统治理结构　　图8-14 万科治理结构

万科除建立了有利于治理的股权结构外,还形成了规范的董事会运作体系。首先,在董事、监事选举时采用"累积投票制",让中小股东有机会选举代表进入公司;其次,公司重视外部董事、独立董事在董事会中的作用,外部董事比例一直很高;再次,公司充分发挥各专业委员会的作用,通过这些专业委员会监督与管理各细分部门的工作,有利于进一步提高管理决策的效率和效果;最后,公司规范授权经营,建立了"增量—存量"投资决策管理模式,公司的日常经营管理由总经理负责,而对新增投资、新设业务的管理则必须经过公司常设联席机构"投资与决策委员会"讨论,通过后再提请给董事会审议,必要时提请股东大会审议批准。

在2015年万科股权之争发生之前,万科这种治理结构一直为业界所称赞。这种基于高度分散股权、不存在控股股东的治理结构,能够保持多年的稳定状态,为公司经营业务的发展奠定了很好的基础,并且为公司的管理注入了新的活力。华润不仅为万科提供了多方面的资源支持,更为万科管理层提供了充分的独立性,两者在委托与代理方面达成了默契。但是,这一切的制约与平衡在宝能系强势入驻万科时被打破,分散的股权结构吸引了资本市场中"野蛮人"的注意,这不仅使华润失去了万科第一大股东的位置,而且万科的管理层更是自身难保。公众开始质疑万科的治理结构在维护的到底是谁的权益——是以中小股东为主的股东的权益还是以王石为中心的万科管理层的权益,以及在这种治理结构下万科的实际控制权到底掌握在谁的手里——是大股东还是以王石为中心的万科管理层?在这场控制权之争中,万科管理层似乎已经不再是简单的职业经理人身份,而是以一个利益集团的身份存在。

经过两年的股权之争,万科的股权结构发生了翻天覆地的变化。曾经由华润守护长达15年之久的万科第一大股东的位置被宝能在不到半年的时间里取代;随着深铁先后受让华润、中国恒大所持有的万科股份,万科第一大股东再次易位——深铁凭借29.38%的股权比例成为万科新任的第一大股东,并且这一股权比例距30%的绝对控制线仅差一步之遥,未来不排除深铁继续增持万科股票,深铁成为万科的实际控制人指日可待。伴随万科董事会换届程序的完成,深铁成功入驻万科董事会,其未来控股股东的地位得到了进一步的认证。深铁很可能成为万科在股改后的首位具有绝对控制权的股东,而这也预示着万科将走出高度分散的股权结构所带给公司的阴霾。

4. 万科管理层对外部收购行为缺乏警惕性

由于直到宝能第三次举牌——增持万科股份至15%,以王石、郁亮为代表的万科管理层对宝能连续举牌行为都没有采取任何反收购措施。当宝能再次增持万科股份至20%,从而超越华润成为万科第一大股东时,万科管理层的警觉已经为时已晚,其股权结构已经发生重大改变,特别是针对反收购特别有用的"毒丸计划"[1],即"股权摊薄反收购措施"已失去效用。万科在对宝能的收购行为做出反击的初期,曾考虑过"毒丸计划",针对其原第一大股东华润及万科管理层采用定向增发,以摊薄宝能所持有的股份。但是根据我国现行的《公司法》和《证券法》的规定,作为利益相关方,万科的定向增发计划在交付股东大会投票表决时,被定向增发的一方作为关联人将回避投票。因此,在宝能持股比例已经超过20%的情况下,上述定向增发方案很可能无法在股东大会通过,主要还是因为万科股权高度分散,且我国上市公司的中小股东普遍投票意愿低,因而万科放弃采用"毒丸计划"而改用与深铁的重大资产重组项目以应对与宝能的股权之争。无奈,此项与深铁的重大资产重组项目不仅激怒了宝能,华润也一改之前不参与的态度,提出反对意见,高调质疑万科与深铁的合作方案公告没有经过万科董事会讨论通过,存在程序上的问题。这标志着华润正式宣布加入万科股权之争大战,并将局势拉入了愈加复杂的"三足鼎立"局面:华润代表的中央企业、宝能代表的民营资本以及深铁代表的地方国有资产,三方的利益在万科控制权这一点上出现了前所未有的矛盾与冲突。而这一僵持局面随着华润将所持有的万科股份全部转让给深铁被打破——中央业企让位于地方国有企业,同时民营企业背景的中国恒大站队国有企业。由此,万科一方终于迎来了股权之争的转机,但是这场股权之争带给以王石、郁亮为中心的万科管理层的阴影与教训是持久而沉重的。预示着万科股权之争走向完结的万科董事会改选完成后,作为万科创始人的王石宣布卸任,不再担任万科董事长。被誉为万科灵魂人物的王石的退出,无疑给万科管理团队带来了无尽的变数与压力,一直被视为王石接班人的郁亮是否能够带领刚刚经历了股权之争的万科浴火重生,这一切还有待时间去检验。

(三)"野蛮人"还是"同盟者"?

1. 披着"战略投资"外衣的野蛮人——宝能

据披露的消息,宝能旗下前海人寿及其一致行为人钜盛华于2015年1月开

---

[1] "毒丸计划"指当一个公司遇到恶意收购时,尤其是当收购方占有的股份已经达到10%—20%时,拟被收购的目标公司为了保住自己的控制权,就大量低价定向增发新股,目的是让收购方手中的股份占比下降,即摊薄股权,同时也增大了收购成本,让收购方无法达到控股的目的。

始买入万科股票,在 2015 年 7 月首次举牌之前,在 2015 年 2—7 月每个月内均有所交易。从宝能的角度来说,前期增持万科的股票,可能并不是谋求控股万科,而仅仅是满足其控股公司前海人寿资产配置的需求。因为前海人寿的资金几乎全部来自万能险——高现金价值保险产品,这种产品对公司的偿付能力提出了更高的要求,选择万科可以获得稳定的长期投资回报率。而后期,随着连续多次举牌成功,宝能作为"野蛮人"控股万科的野心被激发了。毕竟宝能在控股前海人寿之前,其主营业务是旗下的宝能地产,与万科从行业上来说属于同业竞争关系,但从地产规模来说,宝能地产与万科地产根本不在一个量级上。因而宝能希望通过二级市场的频繁举牌最终达到控股万科的目的,然后通过这种类似"蛇吞象"的方式,借助万科地产的品牌效应及公司资源扶持宝能旗下的宝能地产。这种发展模式对于降低宝能的融资成本有很大的帮助。但是,令宝能没有想到的是,原本在其他成熟市场经济国家资本市场司空见惯的并购行为却让宝能在我国资本市场中成为媒体和公众侧目的对象,一时间宝能成了"野蛮人"的代名词。

2018 年 4 月 3 日,距离宝能第一次举牌万科 33 个月后,姚振华终于开启了撤离万科的第一步。宝能旗下的钜盛华欲清盘万科九大资管计划,涉及万科 11.42 亿股股份,占万科总股本的 10.34%。本次减持万科股份,相应的巨额收益将有助于宝能在多个板块的快速发展;另外,对于万科管理层来说,宝能清盘九大资管计划后,在万科的持股比例进一步下滑,郁亮等人也可将精力更多地放在公司的经营管理上,于双方来说都是一个不错的选择。

2. 再见了,曾经的盟友——华润

在 2015—2016 年激烈的股权之争中,宝能不止一次公开显示出控股万科的野心,相比之下,万科的前第一大股东——华润就显得极为低调,直到 2016 年 3 月,华润公开表示反对万科与深铁的资产重组计划,时隔多年华润想要控股万科的野心再一次显露。其实早在 2000 年,华润最初成为万科的第一大股东时,就是冲着万科的控制权而去的,并曾在短短半年间做出两次尝试。2000 年 12 月 23 日,万科宣布向大股东华润定向增发 B 股,目的是让华润对万科达到 50% 的持股比例,但因小股东激烈反对,此方案迅速宣告失败。然而,华润控股之心并未就此而止。2001 年 5 月底,新的方案出炉——万科向华润定向增发 A 股,华润则把持有的华润置地(北京)股份有限公司(以下简称"北京置地")44.2% 的股份注入万科。华润希望通过这宗交易形成华润控股万科、万科控股北京置地、北京置地控股华远地产股份有限公司（以下简称"华远地产"）的股权结构，但此方案遭到华远地产董事长任志强的强烈反对，最后以任志强出走、定增方案失败告终。华润的想法昭然可见。在入股万科前的1994年，华润就通过收购华远地产70%的股份进入北京市场，入股万科后，便希望通过整合万科和华远地产，建立"北华远、南万科"的华润地产帝国。时任华润集团副董事长、总经理宁高宁曾公开表示，希望通过整合这两家公司，再加上在其他城市的房地产业务，华润未来能够发展成为全国住宅行业的领导者。随着两项定增计划先后破产，这样的愿景没有得以实现，宁高宁就放弃了这个想法，选择做一个安静的财务投资者，极少干预万科的日常经营管理。随着万科逐渐成长为房地产行业的龙头企业，华润想要整合万科的难度也越来越大；同时，华润的内外动力均不足。从外在层面来看，无论是行业环境还是政策都尚未给华润整合的压力；从内在层面来看，华润打算花更多的精力扶持北京置地的发展，而万科的快速规模化发展也确实让华润赚得盆满钵满。直到2015年万科股权之争爆发，特别是2016年3月华润鲜明而强烈地表示反对深铁成为万科的"白衣骑士"，显示出华润对万科的处理思路已经发生变化——华润意图争取万科的实际控制权，并与北京置地进行整合，重拾打造华润地产帝国的梦想。只是随着宝能的筹码不断增加，以及中国恒大强势入侵万科，万科的股价持续被推高，华润想要成为万科控股股东的难度不断加大，成本不断上升。同时，华润还可能受到国资委监管层面的压力，国资委就万科的股权之争做出了"央企不与地方争利"的明确表态，要求华润配合深圳市政府妥善解决问题。从政策管制角度来说，政策明显是偏向万科一方的，所以华润最终选择退出股权之争也是战略上的一种调整。

3. 模糊的同盟者——安邦

在安邦公开表态之前，业内人士普遍猜测宝能和安邦可能成为一致行为人，从而合谋控制万科。但是2015年12月23日晚，万科官网发布声明称，安邦举牌万科后，万科与其进行了卓有成效的沟通。万科欢迎安邦成为万科重要股东，并与安邦共同探索我国企业全球化发展的广阔未来，以及在养老地产、健康社区、地产金融等领域的全方位合作。紧随其后，安邦回应称，安邦看好万科发展前景，会积极支持万科发展，希望万科管理层、经营风格保持稳定，继续为所有股东创造更大的价值。安邦虽然公开表示不是宝能的一致行为人,并与万科结盟,但是安邦一系列的行动耐人推敲。在举牌万科之前,安邦已经通过多种手段,分别成为房地产行业另外三家标杆企业——远洋地产的第一大股东以及金地集团和金融街控股的第二大股东。而在这些同样股权高度分散的企业当中,安邦的角色一直游走于投资套利者与觊觎权力的"野蛮人"之间。所以,虽然安邦并不像其他集团旗下拥有房地产行业的公司,但是面对作为一个优质房地产标的的万科,安邦很难舍弃除资产投资之外控制万科的野心。同时,从安邦不断涉足房地产行业的投资与经营行为也可以看出,安邦已经抓住房地产行业许多企业的企业价值与股权结构存在严重缺陷这一弱点,并且急于分享房地产行业的企业控制权可以带来的高额利润分成。但是,随着万科股权之争不断升级,安邦也面临与宝能、华润同样的收购成本不断上升、收购难度不断加大的难题。虽然安邦方面之前一直强调作为财务投资者希望在万科董事会获得董事席位,但是现实并未如其所愿。因此,一直处于观望态度的安邦,未来将在万科的发展中扮演怎样的角色,还要拭目以待。

4. "白衣骑士"——深铁

2016年3月,万科就与深铁签署的合作备忘录发布公告,首次披露了重大资产重组的对象。万科拟以发行股份的方式购买深铁持有的前海国际100%的股权,初步交易价格为456.13亿元。深铁是承担深圳市城市轨道交通投融资、建设、运营和国有资产保值增值的独立法人实体,是深圳市国有资产监督管理委员会授权经营的国有大型独立企业。深铁被认为是现阶段股权之争中万科最合适的战略股东,一是因为深铁整体实力强、规模大,拥有大量优质的土地资源且具有持续性;二是因为深铁背靠的是深圳市政府。据悉,这次合作将通过政府注入配套融资资源(土地),深铁经融资解决地铁建设资金的问题,再通过土地资源开发收益偿还借款。深铁与万科的合作,不仅可以缓解万科目前与宝能进行公司控制权之争的压力,为万科方面提供相应支持,而且可以凭借深铁的自身优势,弥补万科在核心城市拿地困难的问题,进一步提升万科在房地产行业的核心竞争力,从而巩固万科在房地产行业的龙头地位。此外,深铁若能如愿成为万科的第一大股东或者实际控股人,那么集团将借助万科强大的盈利能力帮助深铁摆脱连年亏损的窘境。

实际上,万科与深铁的合作可谓一波三折。首先,万科最早推行的与深铁的重大资产重组进行得并不顺利。这一行为不仅激怒了宝能,使其要求罢免现任董事会,而且触及了华润的利益,遭到华润的强烈反对,进而导致形成了华润代表的中央企业、宝能代表的民营资本和深铁代表的地方国有企业三足鼎立直指万科控制权的局面,使得万科股权之争的形势更加复杂。2016年12月17日,万科公开表示与深铁的资产重组方案破产。就在外界为万科的股权之争的下一步进展感到忧虑时,万科发布公告,正式宣布深铁将接手华润,成为公司的第二大股东,这似乎是一件意料之外而又情理之中的事。意料之外是因为公众还没有从华润反对万科与深铁的资产重组计划的事件中反应过来,情理之中是作为中央企业的华润与作为国有企业的深铁,它们共同接受国资委的监管。国资委的监管不单纯是基于合法性的角度,更重要的职责是维护资本市场的稳定,特别是对国民经济稳定性具有重大影响的房地产市场。万科是房地产市场的领头企业,并且对地方经济发展起到了重要的拉动作用,一旦万科这样的地方名牌企业的经营管理出现问题,就会对地方经济产生致命的打击。因此,华润与深铁之间转让交易的形成,国资委所代表的政府意志起到了关键作用。

5. 识时务的"同盟者"——中国恒大

中国恒大出现在万科股权之争中,让许多资本市场投资者大吃一惊。虽然中国恒大之前多元化的经营方式赚足了公众的眼球,但是除房地产外能给企业带来实质性利润增长点的行业基本没有。因此,中国恒大及时调整经营战略,优化结构,聚力于房地产市场的开发。2016年10月,中国恒大在香港联合交易所发布公告称,与深深房订立协议,后者以发行A股或者现金方式购买中国恒大境内附属公司广州市凯隆置业有限公司持有的恒大地产100%的股权。中国恒大将通过此次交易以借壳的方式完成恒大地产的A股上市——首先将恒大地产100%的股权注入上市公司;其次,广州市凯隆置业有限公司也将取代深圳市投资控股有限公司成为深深房的控股股东,其下属企业恒大地产注册地将迁往深圳。而万科的注册地就在深圳,同时从主营业务上来看,中国恒大与万科应属于同行业竞争者。万科一直是房地产行业的标杆,无论是从规模、公司架构、治理水平还是从财务健康度与利润质量上来看,都居于行业前列。与此同时,中国恒大对于自己要做房地产领域规模上的绝对第一也是毫不讳言。从规模上来看,2016年全年,万科累计实现销售额3 648亿元,同期中国恒大旗下恒大地产的销售额为3 733.7

亿元,恒大地产在规模上已经超过万科,但是恒大地产在合约销售的回款质量和利润质量、对财务健康状况的把握上,依旧不如万科。恒大地产下一步的发展目标就是回归内地 A 股市场,而这个目标的实现与深圳地方政府有着密切的关系。所以,中国恒大实现从"野蛮人"到"战略同盟"姿态的转化,背后反映了其基于自身未来发展的战略意图。从这一点来说,中国恒大是个"识时务"的投资者。

(四)财务控制下看"野蛮人"的野心

通过上述对万科治理结构的分析可以得出,万科因其在房地产行业所处的龙头地位、长期被低估的公司价值、高度分散的股权结构等导致公司成为近年来资本市场竞相追逐的"黄金猎物"。股权之争中利益各方对万科的野心绝对不仅仅在于掌握它的股权数额,而是直指其股权背后的实际控制权。一方面,利益各方希望通过控制万科,整合万科在房地产市场的资源,实现自身在房地产市场经营规模的拓展和壮大;另一方面,利益各方也有基于财务方面的考虑,希望通过控制万科来达到将其纳入合并报表范围的目的,利用万科良好的财务业绩,改善整个集团的财务状况、经营成果与现金流量。

截至 2017 年 6 月 30 日,万科四大主要股东的持股比例如表 8-1 所示。从表中数据可以看出,当前万科超过 60% 的股权掌握在宝能、深铁和安邦这三大外部股东手中,这与 2015 年股权之争爆发之前万科的股权结构有了明显不同,特别是被公认为万科未来控股股东的深铁距绝对控股线仅差一步之遥。根据万科公司章程第五十七条的规定,只要一方单独或者与他人一致行动时,持有公司发行在外的 30% 以上(含 30%)的股份,即成为控股股东,即拥有公司的控制权。一旦万科控制权旁落,一方面,万科的控制权将发生实质上的转移;另一方面,股东针对万科的此项权益性投资的会计处理方法将会出现实质性变化。

表8-1 截至2017年6月30日万科主要股东持股比例 单位:%

主要股东	股权比例
深铁	29.38
宝能	25.40
万科管理层	8.41
安邦	6.18

资料来源:根据万科公告等相关资料整理。

1. 宝能——退而求其次的战略投资者

2015年，短短的一年间，宝能持有的万科股份由0迅速上升到24.26%，一跃成为万科的第一大股东，从2015年7月起的一系列股权交易行为背后是宝能步步为营，直指万科的控制权，但是2018年4月，距离宝能第一次举牌万科33个月后，宝能开启了其撤离万科的第一步，其旗下钜盛华欲清盘万科九大资管计划，这意味着宝能在沉寂多时之后选择在股权之争中退出。搅动资本市场长达三年多的万科股权之争将告一段落。从目前的形势看，宝能已无意争夺控制权。

未来，宝能在万科的治理结构中将发挥怎样的作用，一切还有待时间的考证。尽管宝能未能在万科新一届董事会中取得董事席位，但是作为第二大股东的宝能在万科股东大会中仍然发挥着举足轻重的作用，同时还扮演着制衡深铁与万科管理层方面力量的监督者的角色，其实际权位不容小觑。

2. 中国恒大——识时务的投资者

2016年8月，中国恒大突然加入万科的股权乱战令众人大呼意外，就在中国恒大不断加持万科股权、似乎不断彰显"野蛮人"的野心之时，监管部门表示关注中国恒大增持万科的事件，并出手处罚了恒大人寿。在这之后，有媒体消息称，中国恒大于2016年12月向深圳市委、市政府方面递交书面报告，宣称从大局出发，做出不再增持万科、不做万科控股股东、坚决听从市委及市政府统一部署、全力支持万科重组计划等表态。随着2017年1月华润将手中股权全部转让于深铁，万科的股权归属问题似乎逐渐明朗，中国恒大更是进一步明确了自身的投资定位，于2017年1月发布公告称，无意进一步收购万科股份，对万科的投资将过账列为可供出售金融资产。中国恒大在公告中还称，万科作为我国最大的房地产开发商之一，表现强劲；鉴于万科强劲的财务表现，公司相信万科将为公司提供一个良好的投资机会，并有助于集团为股东创造可持续及可观的回报。就公告的内容来说，现阶段中国恒大与之前安邦的立场极为一致，均是基于战略投资角度。同时，结合我国企业会计准则对金融工具投资的界定，中国恒大将所持有的万科股权列为可供出售金融资产，也间接地表明中国恒大未来对万科不存在明显的控制、共同控制或是重大影响方面的意图。随着2017年6月9日中国恒大以约292亿元的总对价将所持有的共15.53亿股万科A股股票出售给深铁，中国恒大正式从万科股权之争中全身而退。

3. 华润——万科成长路上的同伴者

虽然自 2017 年 1 月华润正式退出万科股权之争,出让其所持有的万科全部股份,但是不可否认的是在成为万科战略性大股东的 17 年间,华润为万科的转型与发展提供了诸多支持与帮助,华润是万科成长路上重要的股东。因此,分析华润之前对万科的会计处理方法,有利于深入理解两者的战略同盟关系。

在股权转让之前,华润持有万科的股份数最多达到 15.31%,虽然并未达到 20% 的实现重要影响的理论线,但是华润在万科董事会中占据三个董事席位,同时没有证据表明华润与其他股东形成对万科的共同控制,因此按照重大影响的判断标准,华润在万科的董事会中派出代表,通过在万科财务和经营决策制定过程中的发言权对万科施加重大影响,即使华润的持股比例并未达到 20%。所以,在华润的个别财务报表上华润对万科的投资应计入"长期股权投资"项目,采用权益法[1]进行核算。因此,在持有对万科的长期股权投资后,华润在集团的个别财务报表上按照应享有或应分担万科实现净利润或者发生净亏损的份额,调整长期股权投资的账面价值,并确认当期投资收益。以万科 2015 年年度报告披露的数据为例,万科在 2015 年度实现归属于上市公司股东的净利润 181.2 亿元;截至 2015 年 12 月 31 日,华润的持股比例为 15.23%。如果不考虑万科各项资产、负债的账面价值与公允价值存在差异以及需要对万科实现净利润进行调整的相关事项,那么华润在 2015 年 12 月 31 日集团资产负债表上将增加 27.60 亿元的长期股权投资的账面价值,在 2015 年度集团利润表上增加 27.60 亿元的投资收益,进而华润 2015 年 12 月 31 日的资产相应增加 27.60 亿元,2015 年度的利润额相应增加 27.60 亿元,从而实现自身财务数量与质量的双重提升。[2]

4. 深铁——万科未来的"实权者"

2017 年 1 月,华润将持有的万科全部 15.31% 的股权转让给深铁,这场长达两年的股权之争终于出现实质性的转折。之后,中国恒大宣布与深铁达成战略合作关系,并将下属企业所持有的万科 14.07% 的股份表决权不可撤销地委托给深铁行使,期限为一年。这意味着,在深铁获得中国恒大股份表决权授权的一年内,深铁可行使共计 29.38% 的表决权、提案权及参加股东大会的权利,目前深铁

---

[1] 权益法是指投资以初始成本计量后,在投资持有期间,根据被投资单位所有者权益的变动,投资企业按应享有(或应分担)被投资单位所有者权益的份额调整其投资账面价值。

[2] 资料来源:万科 2015 年年度报告。

是拥有公司表决权比例最高的股东。但是，根据万科公司章程规定，要成为公司非独立董事候选人，或者由上届董事会提名，或者由以连续180个交易日单独或合计持有公司有表决权股份总数3%以上的股东提出。由于深铁获得万科股份在2017年3月万科董事会期满之时无法满足"连续180个交易日单独或合计持有"的条件，无法获得董事、监事提名权，因此万科董事会改选推延与万科管理层为深铁争取提名资格有很大关系。就在万科董事会超期服役2个多月后，中国恒大宣布将持有的全部万科14.07%的股份出售给深铁，至此深铁的持股比例达到29.38%，直逼30%的绝对控股线。深铁方面也表示，未来不排除会继续增持万科股票的可能，由此看来，深铁持有的股份超过30%指日可待。一旦持股比例达到甚至超过30%，深铁就会成为万科的控股股东，进而掌握万科的实质控制权。

若未来深铁可以对万科形成"控制"，深铁就可以根据现行企业会计准则，编制购买日的合并资产负债表，以及在未来持有万科控制权的每一个会计期末编制将其纳入合并范围的合并财务报表，包括合并资产负债表、合并利润表和合并现金流量表。以2016年万科的财务数据为例，万科在2016年12月31日的资产总额为830 674 213 924.14元，2016年度的利润总额为39 253 611 726.28元，2016年度的经营活动产生的净现金流量为39 566 129 021.69元。虽然在编制合并财务报表时需要对万科的一些财务报表项目进行调整，并且需要编制相关的抵销分录，但是能够将如此庞大且高质量的万科的财务数据纳入深铁的合并财务报表范围，可以在很大程度上改善深铁所披露的集团整体的财务状况、经营成果和现金流量，大幅提升集团整体财务数据的数量与质量。

（五）后股权之争

伴随万科董事会改选完成、王石正式卸任，这场历经两年之久的股权之争似乎已经走向终点，但是社会各界对万科发展的关心并没有随之减弱。这不仅是因为万科是我国房地产行业的标杆企业，更重要的是万科代表了一大批因高度分散股权结构而面临收购风险的优秀实体企业。这场股权之争带给我国实体经济与资本市场的冲击还远远没有消散。

1. 万科将走向何方？

从2015年7月万科股权之争开始，万科就一直处于内忧外患之中。从房地产行业形势来看，全国商品住宅销售规模创历史新高，大型房地产公司的市场份额进一步提升。而繁荣背后有隐忧,热点城市地价大幅上涨,"面粉贵过面包"屡见不鲜,这些都在透支行业的长期增长潜力。另外,中央重申要综合运用金融、土地、财税、投资、立法等手段,加强房地产长效机制建设,让住房回归居住功能,各地调控政策密集出台,热点城市楼市开始降温,对整个行业的发展影响深远。从公司自身来看,始于2015年7月的股权之争使得曾经牢牢掌握在管理层手中的控制权发生重大变动,随时可能转移至外部股东手中,进而令万科的经营管理活动一时间面临前所未有的不确定性。特别是宝能提议罢免全体董事、非职工代表监事,公司股价大幅波动,部分客户、供应商、合作伙伴、金融机构以及广大投资者也产生了诸多疑惑。

但是,面对内外部环境的挑战,万科管理团队顶住了压力,坚持"稳定队伍,控制风险,实现可持续发展"的原则,充分发挥事业合伙人的中流砥柱作用,努力推动各项业务稳定发展。2016年万科实现销售金额3 647.7亿元,同比增长39.5%,销售回款位居行业首位;实现归属于上市公司股东的净利润210.2亿元,同比增长16.0%;年底净负债率25.9%,持有现金870.3亿元;万科2014年以来围绕"城市配套服务商"定位而拓展的商业、物流地产、滑雪度假、长租公寓、教育、养老等新业务布局也初现雏形。2016年7月,万科首次入选《财富》世界500强,名列第356位。同年,万科发行股份购买资产预案虽因股东层面未能形成共识而宣告终止,但公司并未放弃探索"轨道+物业"这一极具发展潜力的发展模式。作为万科"白衣骑士"的深铁,未来不仅将会成为万科的战略投资者,更有可能凭借自身的资源优势,为万科提供多方面的支持与帮助,这将为公司践行"轨道+物业"的发展模式奠定良好的基础。

股权之争除了给万科的经营管理活动带来了巨大的压力,也让公司的董事会发生了翻天覆地的变化。以创始人王石为首的万科第十七届董事会任期到2017年3月27日为止,在这届董事会超期服役近三个月后,董事会换届议案才被提出,并在股东大会上通过。值得注意的是,这次董事会改选议案由深铁方面提出,从名单来看,除了4名独立董事,万科管理层、深铁分别占3席,赛格集团的孙盛典为外部董事,整体结构与华润是第一大股东时期的构成相似。但是,令人意外的是,掌握万科25.40%股权的宝能与掌握万科6.18%股权的安邦方面的人员均未出现在这次的董事会名单上,这也让外界对这份董事会名单的公平性与合理性产生了质疑。

表8-2列示了改选前后万科两届董事会人员的具体名单。从表8-2中可以看出,万科创始人王石卸任,万科总经理郁亮正式接棒王石成为公司的董事长,而深铁也取代华润成为万科最重要的股东。一直以来作为万科灵魂人物的王石,凭借着传奇而又充满争议的人生,帮助万科打开了品牌的知名度,所以未来没有了王石的万科将会怎样发展成为股权之争结束后人们最为关注的问题之一。但是,王石似乎对这一点很有自信。从他近年来丰富的个人经历来看,王石深知企业家的生命无法匹及企业的生命,"放手"是他早晚要面临的选择。所以,早在他放弃万科CEO时就曾表示,作为一名企业家,他为万科选择了一个行业,并且建立了以规范、透明、团队为核心的制度。万科正是得益于良好的品牌形象、职业而高效的管理团队才能发展成为我国房地产行业的领军人物。接班人郁亮已经在万科工作27年,其管理生命已经紧紧地与万科联系在一起,同时他也是王石一直在扶持的接班人,其管理能力与财务方面的专长在万科多年的发展中得到了高度认可。但是,郁亮接任万科董事长还是受到了诸多质疑,这些质疑不在于他的管理能力,而是在于郁亮领导下的万科是否能够保持王石时代的特色从而不断创造商业奇迹、再创辉煌的历史。这一切,依旧只有时间能解答。可以肯定的是,未来万科面对的内忧外患相较于从前有增无减,前路遍布荆棘。

表8-2 改选前后万科两届董事会人员名单对比

新一届董事会			第十七届董事会	
非独立董事	万科管理层	郁亮	王石	万科管理层
		王文金	郁亮	
		张旭	王文金	
	深铁	林茂德	乔世波	华润
		肖民	魏斌	
		陈贤军	陈鹰	
外部董事		孙盛典	孙建一	外部董事
独立董事		康典	孙利平	独立董事
		刘姝威	华生	
		吴嘉宁	罗君美	
		李强	海闻	

资料来源:万科官网。

另外,新一届董事会名单最大的争议点在于万科管理层与深铁超额委派董事的问题。万科新一届董事会由 11 名董事组成,除了 4 名独立董事和 1 名外部董事,其余 6 名为内部董事。其中,持股比例达到 29.38% 的深铁委派了 3 名董事,万科管理层委派了 3 名董事,分别占全部内部董事的 50%。虽然这样的董事会构成与华润作为第一大股东时的董事会构成类似,但是现在万科的股权结构已经不再处于高度分散的状态,在第二大股东宝能、第三大股东安邦分别持股 25.40%、6.18% 的情况下,宝能与安邦方面均未能委派董事,也未派人出席股东大会。从理论上来说,这种议案是不合理的。但不难看出,现任的董事会结构是股权之争利益相关方多次博弈的结果。一方面,以郁亮为中心的万科现有管理层凭借深铁的帮助获得了股权之争的主动权,稳住了自己管理者的地位;另一方面,深铁通过超额委派董事这一举措增强了自身对万科重大决策的影响力。虽然这样的超额委派行为未来可能存在大股东与管理层合谋进而损害外部其他股东的风险,但是这无疑让处于争议状态下的万科控制权牢牢锁在万科战略同盟的范围内,有利于稳住万科当前的经营现状与管理规模。而其他大股东均通过"书面发函"表示认同此项董事会改选议案,由此可以看出,宝能与安邦方面已经领会政府精神,意识到股权之争的结局已经偏向万科与深铁。所以,基于这种现实情况,宝能与安邦未来可能不打算长期持有万科如此庞大的股权,而选择合适的时机及时抽身。

除了上述争议,外界也对董事会中独立董事的独立性提出了质疑,其中争议性最大的当属中央财经大学财经研究所的研究员刘姝威。当年凭借轰动全国的"蓝田事件"[1] 一战成名的刘姝威在万科股权之争期间发表了多篇评论文章,严厉谴责宝能等方的"野蛮人"行为,并且观点明显偏向万科管理层一方。因此,在当选万科独立董事的同时,她的独立性也成为万科事件的另一个争论焦点。根据证监会《关于在上市公司建立独立董事制度的指导意见》(证监发〔2001〕102号)的规定,上市公司独立董事是指不在公司担任除董事外的其他职务,并与其所受聘的上市公司及其主要股东不存在可能妨碍其进行独立客观判断的关系的董事。从职能上来说,以信息更加对称的独立董事为主的董事会在管理层和"野蛮人"的控制权纷争中将扮演重要的中间人、调解者的角色,但是令人失望的是,在万科股权之争中,万科上一届独立董事好像仅仅扮演好了万科管理层朋友圈的角色,在调解管理层与外部大股东之间矛盾方面并没有发挥实质性的作用。而明显

---

1 蓝田事件是中国证券市场一系列欺诈案之一,被称为"老牌绩优"的蓝田巨大泡沫的破碎,成为 2002 年中国经济界的一个重大事件。

站队万科管理层的刘姝威的当选也让外界开始担心,如果第二大股东宝能与第一大股东深铁或万科管理层围绕控制权产生新的纠纷,则独立董事是否具有充分的独立性来充当利益中性的居中调停者?如果独立董事连第二大股东的利益都无法维护,则未来又如何维护外部小股东的利益?因此,万科方面如何提高独立董事的独立性和市场价值是公司未来完善治理结构必须解决的问题。

2. 监管部门上线,"野蛮人"不再"野蛮"

针对从2015年7月开始的愈演愈烈的万科股权之争,证监会于2015年12月18日首次发言表示市场主体之间收购、被收购的行为属于市场化行为,只要符合相关法律法规的要求,监管部门不会干涉。但随着对宝能投资资金来源的质疑不断出现,证监会做出回应称一直高度关注宝能举牌万科一事,并强调了上市公司、收购人等信息披露义务人在上市公司收购中应当依法履行信息披露义务以及上市公司董事会对收购所做出的决策及采取的措施应当有利于维护公司及其股东的利益。证监会积极同银监会、保监会(银监会与保监会于2018年4月8日正式合并为"银保监会")对此事进行核实研判,以更好地维护公开、公平、公正的市场秩序,更好地维护市场参与各方特别是广大中小投资者的合法权益。2016年7月22日,就博弈已一年之久的万科股权之争,证监会斥责万科相关股东与管理层未成为建设市场、维护市场、尊重市场的积极力量,相反通过各种方式激化矛盾,置公司广大中小股东利益于不顾,严重影响了公司的市场形象及正常的生产经营,违背了公司治理的义务。证监会希望各方在法律法规范围内,拿出切实行动,协商解决问题,促进公司健康发展。证监会也重申,对监管中发现的任何违法违规行为,都将依法严肃查处。

同样作为监管机构的保监会,于2015年12月23日在其网站上突然发布《保险公司资金运用信息披露准则第3号:举牌上市公司股票》,对保险机构披露举牌信息进行了重点规范,并称此举是"为规范保险资金举牌上市公司股票的信息披露行为,增加市场信息透明度,推动保险公司加强资产负债管理,防范投资运作风险"。除了证监会与保监会,深圳证券交易所也对万科股权之争的发展给予了高度关注。2016年7月21日,深圳证券交易所分别向万科、钜盛华发出监管函。深圳证券交易所称,万科于7月19日向非指定媒体透露了未公开重大信息,钜盛华经交易所多次督促,仍未按要求上交股份权益变动书。同日万科公告,深圳证监局向万科下发监管关注函称,收到了万科提交的要求查处钜盛华及相关资管计划的报告,已展开核查;万科举报事项信息发布和决策程序不规范,需完善信息披露内部管理制度。

从作为资本市场交易的监管机构的证监会、保监会与深圳证券交易所的表态来看,万科的股权之争已经不单单是万科与宝能、华润、安邦、中国恒大几家公司的事件,而是与整个股票交易市场的交易秩序有关,还涉及资本市场交易的信息披露问题。2016年12月3日,保监会副主席陈文辉表示:保险公司不能把公司能否盈利寄希望于资产管理能力,不能指望保险公司的资产管理能力比专业机构强,不能通过各种金融产品绕开对资本和偿付能力的监管。他甚至认为,这种套利行为可能构成"犯罪"。同日,证监会同样发出了不能"挑战刑法"的警告。证监会和保监会步骤开始一致,可能也是中央政策明朗化的表现。12月5日,保监会暂停前海人寿万能险新业务;6日,保监会派检查组入驻之前在资本市场风头正劲的前海人寿和恒大人寿;9日,保监会暂停恒大人寿的委托股票投资业务。2017年2月,保监会更是对前海人寿开出了最大的罚单。根据保监会行政处罚决定书,前海人寿存在增资实际情况与自有资金陈述不符、违规运用保险资金等问题。据此,保监会对相关7名相关责任人分别做出警告、罚款、撤职等处罚措施,其中作为宝能实际控制人的姚振华被予以撤销任职资格并禁入保险业十年的处罚。这一系列的事件均标志着证券资产管理领域的监管大方向已然改变。

3. 万科管理层的反收购之举

(1) 诉诸法律保护。

2016年7月,万科与宝能的矛盾升级,就在这时万科工会向深圳罗湖区人民法院就深圳市钜盛华股份有限公司、前海人寿保险股份有限公司、南方资本管理有限公司、泰信基金管理有限公司、西部利得基金管理有限公司损害股东利益一事提起诉讼,就宝能在增持过程中存在的信息披露问题提请法律援助。这一诉讼确实帮助万科在股权之争中获得了更多的法律与舆论方面的关注,为万科赢得了进一步阻止宝能入侵万科的时间与机会。随着证监会与保监会对宝能方面的监管趋严,宝能旗下的前海人寿因为行政处罚受损严重,宝能方面渐渐失去了初始时咄咄逼人的"野蛮人"的气势,股权之争的天平逐渐偏向万科一方。

(2) 发行新股。

万科在2016年曾期望借助发行新股为其争取股权之争的主动权,但是最终还是失败了。原因是当时宝能持股25.40%,华润持股15.40%,增发股票的提案如果提交股东大会决议,则受到影响最大的两大股东必然联合反对,因此增发方案就不可能通过,也就无法实施。

(3) 股份回购。

2015年7月在A股市场大幅震荡的背景下,万科提出了百亿元回购计划,拟以自有资金进行不超过100亿元的公司股票回购,然而,截至2015年12月31日,虽然其间大部分时间万科A股股价都符合回购的价格,但是万科回购计划进展缓慢,这或许也是基于宝能连续增持达20%以上情况万科管理层有意而为之。

(4) 寻找"白衣骑士"。

从2015年12月开始,万科董事长王石接连前往瑞士信贷、驻香港某外贸机构与君安进行拜票,目的就是寻找"白衣骑士",但是最终万科并没有得到这几家企业的帮助。2016年3月,万科宣布与深铁就重大资产重组项目达成合作意向,深铁成为万科"白衣骑士"的人选,但是无奈该项资产重组项目受到了宝能以及华润的坚决反对,资产重组方案的发布一再推迟,最后被迫流产。最后还是在政府意志的协助下,深铁与华润、中国恒大达成转让协议,受让两方所持有的全部万科A股股权,进而成为万科新的战略同盟。

4. 宝能将何去何从?

在2017年1月深铁受让华润手中的万科股权从而成为万科第二大股东时,宝能首次表明了财务投资者的身份,称看好万科,支持万科的稳定健康发展,这与2016年6月提出要罢免当时董事会全部董事时气势汹汹的宝能形成了显著的反差。不仅如此,2017年6月,万科现任董事会改选完成,而宝能方未能委派董事,对此宝能也表示了认同,这一点不禁让人怀疑,未来宝能是否有抛售万科股份、退出万科的打算。其实,从中国恒大财务投资者的表态到中国恒大转让万科股权的事件可以看出,财务投资者持股的目的是退出。一旦持股25.40%的第二大股东退出,将会给万科股价走势带来不容小觑的影响。这也是大中小股东及股票市场对宝能下一步的走向极为关心的重要原因。

可是,宝能想要减持万科股份并不是一件容易的事情。虽然华润与中国恒大均将自己所持有的万科股权一次性地转让给深铁,但是这对于宝能来说是不可行的。一方面,因为深铁目前持有的万科股份达到29.38%,接近30%的要约控制线,一旦接受宝能的股份,就构成了要约收购;另一方面,深铁当前可能无法承受如此巨额的收购资金,因为之前的收购,深铁方面已经开始向银行贷款。因此,宝能现在需要与深圳市政府或者深铁以及万科管理层合作,找到三方均认同的接盘者,通过协议转让的方式完成减持,总体来说,宝能未来退出万科将会是一个缓慢的过程。

三、问题讨论

万科与宝能围绕企业控制权的争夺不仅代表了我国许多实体企业与资本之间的博弈,更代表了企业所有者与管理者之间围绕企业实际控制权的博弈。从万科股权之争看企业控制权旁落的案例留给了人们太多的思考,本案例请学员们重点思考以下问题:

1. 公司治理结构主要有哪几种模式?不同治理模式对集团公司财务控制模式的选择有何影响?

2. 万科的公司治理结构及其财务控制模式有何特点?

3. 引发万科控制权之争的导火索是什么?其根源在哪里?这是否与万科的发展历程有关?

4. 结合最新企业会计准则,分析判断万科的控制权归属。取得万科的控制权将对外部投资者产生怎样的影响?

5. 此次股权之争给万科带来了哪些影响?你认为分散股权结构下上市公司应该如何形成合理或有效的治理架构?

6. 反收购策略在此次股权之争中发挥了什么作用?监管机构在万科股权之争中是否发挥了作用?

7. 万科此次股权之争带给我们哪些反思或启示?

四、主要参考资料

1.《企业会计准则第20号——企业合并》(2006).

2.《企业会计准则第22号——金融工具确认和计量》(2006、2017).

3.《企业会计准则第2号——长期股权投资》(2014).

4.《企业会计准则第30号——财务报表列报》(2014).

5.《企业会计准则第 33 号——合并财务报表》(2014).

6.《企业会计准则第 40 号——合营安排》(2014).

7.《上市公司收购管理办法》(2014).

8.《中华人民共和国公司法》(2013).

9.《中华人民共和国证券法》(2015).

10. 万科 2014—2017 年年度报告.

11. 新浪财经. 万科缘何被野蛮人盯上:或与股价被严重低估有关 [EB/OL]. http://finance.sina.com.cn/stock/s/2015-12-20(访问时间:209-07-20).

12. 于德江. 钜盛华九资管将清盘万科 宝能浮盈近 500 亿 [N]. 证券时报,2018-04-04.

案例 9
中油资本重组上市——千亿级金控并购收官

教学目标

本案例旨在引导学员关注和了解重组上市的实务。通过本案例,一方面,学员可以学习重组上市的具体步骤,思考上市过程中需要解决的难点,以及我国金融控股公司在上市过程中的具体问题;另一方面,学员可以思考金融控股公司上市的目的和成效。

2017年1月14日,*ST济柴公告称,中石油持有的中油资本100%股权转让至公司的股东变更、工商变更登记手续已办理完成。上述变更登记完成后,*ST济柴成为中油资本的唯一股东,中油资本成为*ST济柴的全资子公司,并已过户至*ST济柴名下。*ST济柴与中石油已签署《标的资产交割确认书》,中石油已履行完毕置入资产的交付义务。至此,史上最大的中央企业金融控股公司注入上市公司交易完成。

一、案例背景介绍

2013年,我国在针对深层次与全方位改革有关问题的决定中明确提到,应当主动推广混合所有制经济,实现国有资产保增值,优化竞争实力,同时推动不同所有制资本之间实现彼此互推共进与优势互补。2015年中央公布的第22号文件《中共中央、国务院关于深化国有企业改革的指导意见》中提到,原则上都要实行公司制股份制改革,积极引入其他国有资本或非国有资本实现股权多样化,大力推动国有企业改制上市,创造条件实现集团公司整体上市。

党的十九大和第五次全国金融工作会议指明了我国金融改革的方向与任务。规范发展金融控股公司有利于顺应金融市场发展趋势,解决金融领域长期存在的深层

---

1 本案例的素材及参考资料均来自可公开获得的资料。

次问题,尤其是有助于促进金融体系内部形成良性循环,实质性地优化金融业结构,促进直接融资发展,更加有效地控制金融风险,提升我国金融业的国际竞争力。

在国有企业所有制改革的大背景下,中石油率先提出要整合金融业务,并将其作为"十三五"改革创新的重要一环,此次重组将金融板块相关资产注入上市公司,构建一体化的金融业务与资本运作平台,与国有企业改制的理念相符,有助于健全金融服务制度,改进国有资产的分配与运作效率。

中央银行提出,由母公司控股、子公司分业经营这种形式,有助于施展综合运营的特点且完成对风险的高效管理和控制,还与当前分业经营和监督管理的实情相符,可成为国内金融领域综合运营试点的关键方式,中石油把金融业务加以综合开设了中油资本,同时投资上市公司,完全符合以上监督管理指引的方向。

二、案例概况

(一)交易主体基本情况介绍

1. 中石油

中国石油天然气集团有限公司(以下简称"中石油")是基于原先的中国石油天然气总公司,通过重新组建形成的大规模石油集团,属于我国授权的投资组织。中石油为全民所有制企业,截至2016年注册资本为3 798.63亿元,由国资委履行出资人职责。

中石油属于一家综合油气投资、石油设施生产与工程建设、新型能源开发以及金融服务等诸多业务在内的国际化能源集团;在我国油气生产、营销市场中有着相当关键的位置,不仅是我国重要的化工品制造与营销商,还是我国规模最大的天然气运输与营销商。该集团的具体业务范围相当广泛,诸如油气的开采与营销、相关衍生产品的生产与营销以及外贸业务等;还涉足金融领域,提供一些金融业务;具体涉及的业务板块有:设施制造、油气与化工品的生产与营销、外贸、工程技术支持等。

在国有企业改制的主流趋势之下,中石油深层次落实国家规划,以优化现代公司制度为中心,促进公司治理系统与管理控制水平朝着现代化升级的整体目标努力,积极地实施一系列重要的改革举措。中石油在"十三五"改革创新的规划中提出,集团金融业务整合已成为重要战略任务。其中,中油资本通过重组上市属于改制的关键环节。

2. 中油资本

中国石油集团资本股份有限公司(以下简称"中油资本")的前身是创办于 1997 年的北京金亚光地产公司,后期通过几次股份转让活动,于 2016 年被中石油掌握全部股权,并在 6 月进行更名。

在本次交易中,中石油整合旗下金融公司,全面地将中油财务 28% 的股权、昆仑银行 60% 的股权、昆仑金融租赁 16.5% 的股权、中油资产的全部股权、专属保险 40% 的股权、中意人寿 50% 的股权、昆仑保险经纪与中意财险两家各 51% 的股权、中债信增 16.50% 股权和中银国际 15.92% 的股权划转至中油资本后,中油资本主要下属企业情况如图 9-1 所示。

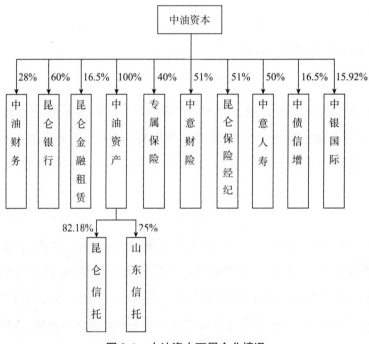

图 9-1 中油资本下属企业情况

资料来源:中油资本重组报告书。

中石油利用中油资本构建形成了一体化的金融业务与资本运作平台,中油资本业务内容涉及银行信贷、信托等诸多金融业务,成为一家提供多样化金融服务的机构。

3. *ST 济柴

济南柴油机股份有限公司属于中石油旗下控股的国有企业。该公司创办于

1920年,历经30多年的运营与发展,1953年更名为济南柴油机厂,并于1964年被划分至石油部胜利油田旗下,1994年变成中石油的直属公司,并于1996年在深圳证券交易所顺利上市,简称"石油济柴"。

公司原生产的主要产品是中高速柴油机,该类产品主要应用于石油石化等方向。近年来受宏观经济不景气及石油、煤炭价格连续下跌的影响,石油行业需求低迷,石油济柴原有资产盈利能力较弱,公司生产经营受到冲击,内燃机业务不景气导致公司2014年和2015年分别亏损1.15亿元和0.76亿元。结合深圳证券交易所相关要求,公司股票在2016年3月底进行停牌,并在4月1日正式复牌以后被给予"退市风险警示",简称"*ST济柴"。倘若公司在2016年通过审计以后收益净值依然是负值,则公司股票会从2016年的年报公布日开始被停止上市交易。

截至2016年4月19日,中国石油集团济柴动力总厂持有*ST济柴172 523 520股股份,持股比例为60%,属于公司的控股股东;而中石油掌握中国石油集团济柴动力总厂全部的股权,属于公司的实际控制人(见图9-2)。

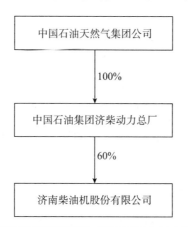

图9-2 石油济柴股权结构(截至2016年4月19日)

资料来源:石油济柴2016年年度报告。

(二)重组上市的多重目的

1. 剥离亏损资产,注入优质资产

受全球经济持续走低,石油、煤炭价格连续下跌的影响,石油行业需求低迷,对石油济柴的生产经营造成较大冲击,内燃机业务连年亏损,不利于公司长远发展。由于2014—2015年出现持续亏损,公司被给予退市警示。

表9-1为石油济柴2014—2016年的主要财务数据,从表中可以看出,石油济

柴的营业收入逐年走低,利润总额连续三年均为负,毛利率也从 2014 年年底的 11.3% 转为 -14.66%,盈利能力堪忧。

表 9-1 石油济柴 2014—2016 年主要财务数据

项目	2014年12月31日	2015年12月31日	2016年5月31日
资产总额(万元)	220 483.45	221 506.40	199 036.73
负债总额(万元)	160 583.90	168 798.55	161 157.75
净资产(万元)	59 899.55	52 707.85	37 878.98
营业收入(万元)	92 951.87	90 178.78	17 092.50
利润总额(万元)	-11 689.51	-7 820.76	-13 066.44
净利润(万元)	-11 518.06	-7 618.11	-14 848.27
毛利率(%)	11.30	12.74	-14.66
基本每股收益(元)	-0.40	-0.26	-0.52
加权平均净资产收益率(%)	-17.60	-13.53	-32.78
资产负债率(%)	72.83	76.20	80.97

资料来源:石油济柴 2016 年半年报。

利用本次交易把获利水平差的资产从石油济柴中分割出来,并且注入行业潜力大、获利水平优的高品质金融资产,构建综合型金融服务机构,完成石油济柴主要运营业务的革新,可优化石油济柴目前的运营情况,提升石油济柴持久获利与风险抵御水平,高效维护其所有股东的利益。

2. 对接资本市场,激活企业机制

金融业是高度市场化、竞争性的行业。中石油旗下金融公司整合上市,有利于激活金融公司的体制机制,提高公司市场应对能力和创效水平,促进人才流动与效益提升,高效解除实业公司运营金融产品的冲突。把中石油金融业务资产引进资本市场,能够推动且完成中石油金融产品和市场之间的有效连接。

中石油通过对金融业务实施综合上市,有助于对上市公司展开科学高效的治理,实行信息公开化,增强上市公司的市场运营能力。在上市以后,中石油要求对上市公司关键事宜实施信息公开责任与合规的内部决策流程,这样可以提升运营决策的约束作用与合理性,提升上市公司运营的公开性,有助于强化上市公司总体运营能力。不仅如此,上市公司在运营上要求独立,也将推动上市公司深层次增强自主应对市场竞争的能力。中油资本上市便于完成制度革新,有助于摸索与构建员工持股计划等激励制度。

3. 打造产融结合、金融协同的资本运作平台

本着"以产促融、以融支产、协同发展"的原则,中石油金融业务上市有利于形成中石油"专业程度高、服务质量优、业务覆盖广、发展能力强"的金融业务新格局,打造国内大型企业集团产融结合的典范。

一是产融结合。中石油旗下金融公司以服务集团主业为主要任务,在满足独立性和风险控制等的监管要求下,大力支持主业发展,提供高水平的金融服务,促进油气产业链整合和协调发展;并且,依靠中石油所具有的产业资源与品牌影响力为金融产品的推广提供有力的支撑,助力金融业务发展,实现金融业务股权多元化,进而助力产业资本增强竞争能力。

二是金融协同。中石油通过业务之间相互补充与资源共享,实行综合经营,构建可共用的金融设施,统一配置金融资源,充分发挥各个行业金融公司之间的金融协同作用,有助于构建统一化的品牌,提供全方位的金融业务与不同类型产品和服务之间的交叉营销,高效开拓业务与削减运营费用,实现金融资源的全方位利用。

(三)重组上市的具体方案

2016年*ST济柴发布公告拟置出所有资产与债务,引进中石油掌握的中油资本100%的股权,让中油资本变成*ST济柴的子公司。置出资产的交易价格为4.62亿元,置入资产的交易价格为755.09亿元,其中差额部分由*ST济柴以60.36亿元的现金以及以9.88元/股的价格向中石油发行69.58亿股进行支付。并且,*ST济柴预计将按照10.81元/股的价格配套融资190亿元。根据方案,中石油将其持有的金融业务资产无偿划转至中油资本,并以中油资本100%的股权为本次重组的置入资产。

具体的重组上市流程如图9-3所示。

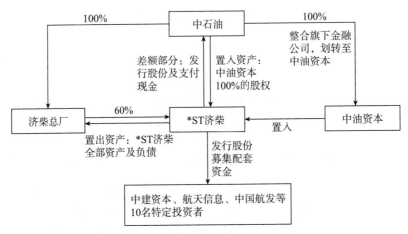

图 9-3 交易结构

交易完成后上市公司和中油资本的股权结构如图 9-4 所示。

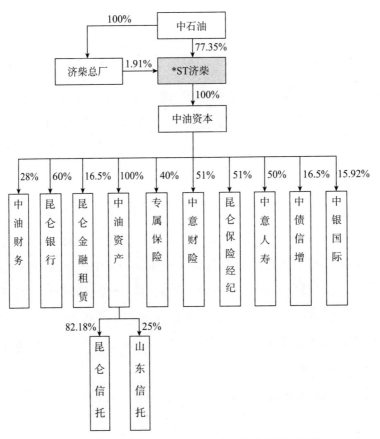

图 9-4 交易完成后上市公司和中油资本的股权结构

资料来源：根据中油资本官网相关资料整理。

(1) 重大资产置换

*ST济柴用截至2016年5月审计与评估确定的所有资产和负债作为置出资产,置出资产交予济柴总厂;置入资产为中石油具有的中油资本100%的股权。在本次资产置换过程中,差额部分由*ST济柴以60.36亿元的现金及向中石油发行股份进行购买。相关数据具体见表9-2。

表9-2 重大资产置换的相关数据

置出资产	*ST济柴所有资产与负债	置入资产	中石油拥有的中油资本100%的股权①
置出资产评估值	46 213.94万元	置入资产评估值	7 550 898.08万元
置出资产评估增值率	22.00%	置入资产评估增值率	48.59%
置出资产承接方	济柴总厂	置入资产承接方	*ST济柴
差额	7 504 684.14万元	*ST济柴支付现金及向中石油发行股份购买	

资料来源:中油资本官网。

注:①包含中油财务28%的股权、昆仑银行60%的股权、昆仑金融租赁16.50%的股权、中油资产100%的股权、专属保险40%的股权、昆仑保险经纪51%的股权、中意财险51%的股权、中意人寿50%的股权、中债信增16.50%的股权和中银国际15.92%的股权。

(2) 支付现金及发行股份购买资产

通过核算发现置入资产与置出资产的差额为7 504 684.14万元。在本次资产置换过程中,这部分差额由*ST济柴向中石油支付现金及发行股份进行购买,其中需要支付的现金是603 617.30万元。

表9-3 发行股份的相关数据

发行对象	中石油集团
认购方式	资产认购
发行价格	9.88元/股
发行股份数量	6 984 885 466股
现金支付	603 617.30万元
锁定期	3年

资料来源:根据中油资本官网相关资料整理。

(3) 募集配套资金

上市公司向中建资本、航天信息、中国航发、北京燃气、国有资本风险投资基金、泰康资产、海峡能源、中海集运、中信证券以及中车金证十家符合条件的特定对象非公开发行 A 股股票募集配套资金,面值为 1.00 元 / 股。募集配套资金发行情况具体如表 9-4 所示。

表 9-4　募集配套资金发行情况

序号	配套资金认购对象	发行数量（股）	募集资金（万元）
1	中建资本	175 763 182	190 000.00
2	航天信息	175 763 182	190 000.00
3	中国航发	175 763 182	190 000.00
4	北京燃气	175 763 182	190 000.00
5	国有资本风险投资基金	175 763 182	190 000.00
6	泰康资产	189 639 222	205 000.00
7	海峡能源	175 763 182	190 000.00
8	中海集运	87 881 591	95 000.00
9	中信证券	351 526 364	380 000.00
10	中车金证	74 005 550	80 000.00
合计		1 757 631 819	1 900 000.00

资料来源:根据中油资本、*ST 济柴官网相关资料整理。

本次交易中募集的配套资金总额不超过 1 900 000 万元,扣除有关中介机构费用后,拟用于支付置入资产对价差额的现金部分,并将对昆仑银行、昆仑金融租赁和昆仑信托进行增资等。具体募集资金用途如表 9-5 所示。

表 9-5　募集配套资金使用情况

序号	项目名称	执行主体	拟使用融资（万元）
1	支付置入资产现金对价	*ST济柴	603 617.30
2	向昆仑银行增资	昆仑银行	584 789.00
3	向昆仑金融租赁增资	昆仑金融租赁	117 674.00
4	向昆仑信托增资	昆仑信托	593 919.70
合计			1 900 000.00

资料来源:根据中油资本、*ST 济柴官网相关资料整理。

中油资本重组上市重大时间如表 9-6 所示。

表 9-6 中油资本重组上市重大事件时间表

阶段	时间	环节	主要内容
重组筹划阶段	2016年1月26日		发布预亏公告
	2016年4月20日	停牌,开始筹划	
	2016年5月12日	更名为中油资本	将北京金亚光房地产经营管理有限公司更名为中国石油集团资本有限责任公司
	2016年5月30日	注入资产(无偿划转)	中石油通知将相关金融企业股权无偿划转至中油资本
	2016年6月9日	召开董事会	披露资产重组的基本情况(收购金融资产),申请继续停牌
	2016年6月27日	保监会批准(原则同意上市)	保监会原则同意中石油金融业务整合上市
	2016年6月29日	召开董事会,发出股东大会通知	召开董事会,通过与中石油的重组框架协议
	2016年7月15日		召开临时股东大会,申请继续停牌
	2016年7月19日		中石油召开董事会,同意资产重组方案
	2016年8月11日		新疆银监局同意昆仑银行的股权划转,重庆银监局同意昆仑金融租赁的股权划转
	2016年8月19日		北京银监局同意中油财务的股权划转
	2016年8月22日		上海证监局同意中银国际的股权划转
	2016年8月23日		披露资产重组的基本情况(中油资本方案)
	2016年9月2日	保监会批复同意	9月2日,保监会批复同意中意人寿的股权划转;9月5日,同意专属保险的股权划转;9月6日,同意中意财险的股权划转

(续表)

阶段	时间	环节	主要内容
重组筹划阶段	2016年9月5日	披露交易预案	召开董事会、监事会，审议通过交易预案，并披露交易预案；与配套资金各方签署《股份认购协议》
内外部审批阶段	2016年9月9日	披露预案后，无须提示	收到深圳证券交易所《问询函》，提出35个问题
	2016年9月10日		发出召开股东大会的通知
	2016年9月13日	召开董事会、监事会	审议通过交易预案
	2016年9月14日	股票复牌	
	2016年9月23日	国资委批复同意	批复并同意重组方案等
	2016年9月26日	股东大会批准	召开临时股东大会，通过了资产重组及配套融资的所有议案
	2016年10月12日	递交证监会，并获受理	收到证监会《行政许可申请受理通知书》
	2016年10月27日		收到证监会第一次反馈通知书，证监会提出27个问题
	2016年11月16日		上海证监局对*ST济柴间接持有中银国际股权无异议
	2016年11月18日		披露对证监会第一次反馈意见的回复和修订的交易方案
	2016年12月8日		证监会通知并购重组委即将开会审核
	2016年12月15日	证监会审核通过	证监会并购重组委（第96次会议）审核通过，23日收到批复文件
交割执行阶段	2016年12月26日	签署交割协议	签署《标的资产交割确认书》，完成资产交割
	2016年12月28日	股权过户	中油资本的股权过户到*ST济柴名下
	2016年12月29日	更名	变更公司名称及证券简称暨公司章程

从中油资本重组上市时间分布来看，整个过程可以划分为三个阶段：第一阶段为重组筹划阶段，主要是选择重组主体、制订重组计划等；第二阶段为内外部审

批阶段,从预案发布至通过审批,内部需通过董事会、股东大会审批,外部需通过国资委备案、监管单位受理和审批以及最终证监会评审同意;第三阶段为交割执行阶段,主要是签署《标的资产交割确认书》,完成资产交割,办理股权过户并变更公司名称及章程等。从整个时间表中可以看出,中油资本重组上市的整体操作步骤环环相扣,节奏非常紧凑,在一年之内完成了重组,赶在年底前成功实施。

(四)中油资本重组上市过程中的操作亮点

1. 选择重组标的,高效通过监管审核

(1)选择重组标的,合理规避借壳。

选择合适的重组标的是通过资产重组借壳上市的必要前提。我国证监会对金融资产的跨界重组持谨慎态度,2008年下半年,证监会暂停了金融机构的借壳上市;2011年,修订颁发了有关公司资产重组管理办法,专门规定了金融机构等实行借壳上市的有关事项,进一步加大了借壳上市的阻碍。在国有企业混合所有制改革中,国有企业处置旗下壳公司的方式之一,就是将同一国资委控制下的产能过剩的亏损资产置出,再置入非上市资产(大部分注入的资产都是金融资产),从而实现转型。在同一国资委或中央企业的控制之下,如果没有出现实际控制人的变更,就不能算成监管层面上的借壳。因此,在本次交易中,中石油挑选了属于同一控制下的上市平台——*ST济柴,以确保实际控制人不出现改变,这样只形成资产重组,而不会被视作借壳上市。同时,利用综合原有分散的金融业务的形式,把原先零散的金融股权完整地注入中油资本,然后通过*ST济柴并购其所有股权,实现上市。这就保证了金控平台下各持牌金融机构的股权结构不变,以避免因股权结构变更而多次到"一行三会"等监管部门进行审批。

(2)股权托管,以满足金融监管需求。

各种金融业务的打包上市,必须符合各个金融业主管单位的监督管理规定,并且可以实现独立运营。本次交易的策略为,中石油在把符合监督管理规定的金融公司股份完全转移到中油资本的过程中,留存了一些金融业务股份。2016年9月,中石油与中油资本签署《股权委托管理协议》,中石油将所持的中油财务40%的股权、专属保险11%的股权委托中油资本经营管理。

留存中油财务40%的股权,这是因为中油财务实际上归属于集团财务机构,其业务运营受到来自银监会相关法律规定的监督管理。我国银监会颁布的有关集团财务机构管理方法规定,凡申请开设财务公司的,应当让母公司的董事会给予书面形式的保证,在财务公司面临支付问题期间,依据化解支付问题的真实需求,适度地提高对应的资本,并在财务公司的规章当中记录清楚。结合以上监督管理规定,中石油属于创建中油财务的母公司,在中油财务面临支付问题的特殊状况之下,应当依据有关保证实施资本扶持。由于中石油拥有负担资本扶持责任的可行性,而对于中油资本来说不一定拥有此种可行性,因此集团应当一直保持中油财务第一大股东的位置。

留存专属保险11%的股权,这是因为我国保监会颁布的有关自保公司监督管理方面的文件当中,明确指出自保公司是通过我国保监会审批,让其母公司独立投资或者同其控股子公司一同投资,并且仅为母公司和其控股子公司提供财产保险、短期健康等方面保险服务的公司。结合以上监督管理规定,中石油留存了专属保险的一些股权。

同时根据相关法律法规,对于财务公司和保险公司的股权托管事项均无明确的审批或备案要求。因此,中石油将所持中油财务40%的股权、专属保险11%的股权委托中油资本经营管理无须经过行业主管部门批准,由此也节约了时间成本。

本次交易利用注入中油资本100%股权的方式来完成中石油旗下金融业务资产全部打包上市,上市公司变成业务范畴涉及银行、财务以及信托等诸多领域的综合型金融机构。在上述交易背景下,中石油将中油财务40%的股权、专属保险11%的股权委托中油资本管理,更好地体现了中石油对资本金融业务统一管理平台的战略定位,更好地突出了中油资本及交易完成后上市公司的金融主业。上述委托管理安排有利于提高中油财务和专属保险的管理效率,降低管理成本,扩大业务规模,提升企业整体竞争力;有利于中油资本发挥金融资产集中管理和金融协同的优势,通过业务互补和资源共享实现一体化管理,通过建设共用的金融基础设施等多种方式提升整体竞争力,实现金融资源价值最大化。

2. 符合规章,量身定制交易方案

在本次交易方案中,对价不是通过直接全部发行股份支付,而是用一部分现金和一部分募集配套资金进行支付,构思巧妙。这是因为结合深圳证券交易所有关上市要求可知,因股权分布改变而使公司失去上市资质,实际上表示大众持股占比低于公司总股份的 1/4;在公司总股本高于 4 亿元的情况下,大众持股占比低于公司总股份的 1/10。在交易之前,由于置入资产的估值达到了 755 亿元,而 *ST 济柴总股本仅为 2.87 亿元,总市值仅为 37.1 亿元,不到置入资产的 1/20,而且当中六成的持股占比同此次引进的中油资本同属于相同的控制人,仅有四成属于大众持股。如果直接全部发行股份支付对价,那么中石油的持股比例将极高,超过 95%,所剩余的社会公众股占比不足 5%,从而触碰退市红线。

为了在发行股份支付对价的同时,满足社会公众股占比不低于 10% 的规定,交易中安排了小量的资产置换和 8% 的现金支付,但这些只是杯水车薪,解决这个问题的关键是 190 亿元的配套融资。利用配套融资的核心环节,引进其他股东,可以有效地避免触碰退市红线。在本次交易中,通过引进配套融资的十名特定对象,*ST 济柴的总股本由 2.88 亿股大幅上涨到 90.30 亿股,除了海峡能源,其余认购方诸如泰康资产、中海集运、中信证券和中车金证等将合计持有上市公司 158 186.86 万股股份,而上述股份均属于社会公众股且持股比例加总合计达到 17.51%,高于 10% 的退市红线,符合要求。总结而言,金融控股公司若想通过重组途径上市,则需要全面考虑各方利益需求,慎重挑选适宜的价值评估与价格制定方式,以及股票与配套融资的结构,确保重组计划符合相关规定。本次交易前后 *ST 济柴股权结构具体如表 9-7 所示。

表 9-7 本次交易前后 *ST 济柴股权结构

股东	本次交易前 持股数量（亿股）	本次交易前 占比（%）	本次交易后 持股数量（亿股）	本次交易后 占比（%）
中石油	—	—	69.85	77.35
济柴总厂	1.72	60	1.72	1.91
募集配套资金认购方	—	—	17.57	19.46
中建资本	—	—	1.75	1.95
航天信息	—	—	1.75	1.95
中国航发	—	—	1.75	1.95
北京燃气	—	—	1.75	1.95
国有资本风险投资基金	—	—	1.75	1.95
泰康资产	—	—	1.89	2.10
海峡能源	—	—	1.75	1.95

（续表）

股东	本次交易前		本次交易后	
	持股数量（亿股）	占比（%）	持股数量（亿股）	占比（%）
中海集运	—	—	0.88	0.97
中信证券	—	—	3.52	3.89
中车金证	—	—	0.74	0.82
其他股东	1.15	40	1.15	1.27
总股本	2.87	100	90.3	100

资料来源：中石油2016年年度报告。

3.优化结构，增强抗风险能力

（1）引入机构投资者，助力混合所有制改革。

在国有企业市场化革新的大环境下，大部分国有企业迅速展开对改制的摸索与尝试活动。在改制方面，*ST济柴试图引入机构投资者，通过配套融资引入十名特定对象；完成股权变更后，总股本由2.88亿股大幅上涨到90.30亿股，十大机构投资者共持股19.46%，募集配套资金190亿元。*ST济柴通过引进经验丰富的机构投资者，优化了公司的股权结构，为公司的顺利上市做好准备。*ST济柴大举引入机构投资者的尝试，为当前国有企业混合所有制改革提供了借鉴。

（2）搭建三级股权架构，隔离金融业务风险。

针对注资金融业务的实业公司，中央银行政策支持在集团内部设立下属专门负责公司财务管理与金融业务的机构，实现实业和金融业的风险隔离。中石油将旗下所有的金融业务整合并置入上市公司后，将改变中石油原有的直接持有各金融公司股权的情况，符合实业与金融业风险隔离的要求，可以提升中石油、中油资本和金融子公司的抗风险能力。

上市公司通过下属全资子公司集中持有、管理各项金融公司股权，实现金融业务资产集中管理的集约化以及金融业务风险与上市公司母公司的隔离化，是本次交易的选择。

在本次交易中，中石油将其持有的金融业务资产（包含中油财务28%的股权、昆仑银行77.10%的股权等）无偿划转至中油资本，并以中油资本100%的股权为此次重组的置入资产。

经过上述两个环节,构建起三级股权结构。让上市公司借助完全控股的中油资本,实现间接控制或掌握拥有金融牌照公司特定比例的股份。在针对多牌照金融业务资产实行总体证券化的过程中,完成母公司同金融业务的风险隔离。

在本次交易完成后,上市公司将通过全资子公司中油资本间接持有各类金融牌照公司股权或股份,诸如财务公司、银行、保险、保险经纪、证券、租赁、信托、信用增进等,有效提升上市公司的抗风险能力。

三、问题讨论

从中油资本的设立,到中油资本的上市,中石油及中油资本本次成功的重组上市带给人们太多的启示,引发人们太多的思考。本案例请学员们重点思考以下问题:

1. 什么是金融控股公司?如何对金融控股公司进行分类?
2. 金融控股公司有哪些上市方式?各种方式有何优缺点?
3. 我国金融控股公司上市有什么特征?目前存在哪些障碍?
4. 中油资本为什么选择重组上市的方式?有何亮点?
5. 如何判断和评价中油资本上市后的成效?
6. 中油资本的重组上市方案带来哪些启示?

四、主要参考资料

1. *ST 济柴:关于重大资产置换并发行股份及支付现金购买资产并募集配套资金有关事项获得国务院国资委批复的公告. ST 济柴官网,2016-09-24.
2. 刘倍良. 中油资本组建上市的动因与风险研究[D]. 山东大学,2018.
3. 史爱苹. 中油资本:央企资本运营的标杆[J]. 现代国企研究,2018(23):78-80.
4. 吴昊. 中油资本荣获"中国上市公司资本运作标杆奖"[J]. 国外测井技术,2018,39(04):43.
5. 中油资本、*ST 济柴 2016—2017 年半年度、年度报告及相关公告.
6. 周嘉懿. 中油资本重组上市案例研究[D]. 中国财政科学研究院,2018.
7. 朱志. 央企金融控股公司如何整体上市[J]. 清华金融评论,2017(3):77-80.

案例 10
海航集团——债务"钢丝"上的大象

教学目标

本案例通过探讨和评价海航集团的发展历程、大型并购案例、当前营运情况，帮助学员了解和思考如下知识点和问题：(1) 并购的定义；(2) 并购所带来的主要财务风险；(3) 大规模的海外投资兼并与业务扩展可能给公司带来的风险；(4) "圈地 + 金控"的融资模式是否具有可持续性；(5) 企业应如何有效应对债务危机。

2003 年，作为一家地方性的航空公司，海航集团遭遇了史上最大危机，年亏损近 15 亿元，几乎站在倒闭的边缘；经过 10 年发展，2013 年，海航集团的资产规模已达 2 660 亿元；2016 年，海航集团实现营业收入 295.6 亿美元，位列《财富》世界 500 强第 353 位，资产规模达 1 761.2 亿美元（约合人民币 1.2 万亿元）。而在 2015 年，海航集团第一次进入《财富》世界 500 强榜单时，仅位列第 464 位。

伴随资产直升机式上升的是各种海外并购，在不到 30 个月的时间里，海航集团完成了价值超过 500 亿美元的交易，超过很多国家的 GDP；投资对象包括希尔顿集团、IT 分销商英迈、德意志银行、货运服务商瑞士空港、飞机租赁商 Avolon 和 CIT 飞机租赁部门等，这使得海航集团在世界 500 强的榜单中得到大幅提升，同时也导致公司高额的债务以及信用评级的逐步下降。尽管国内评级机构上海新世纪资信评估投资服务有限公司对公司的信用评级仍然维持在 AAA，但是标普（标准普尔，S&P）于 2017 年 11 月 30 日下调海航集团的信用状况至 B，并在 2018 年 2 月 14 日，进一步将海航集团的信用状况下调为 CCC+，这意味着海航集团信用水平深陷"垃圾"区间。一时间国内外众说纷纭，那么海航集团的海外扩张到底是"树大招风"，还是真的陷入债务危机了，无人敢过早地下定论。

一、案例背景介绍

(一)公司简介

海航集团有限公司(以下简称"海航集团")是在我国改革开放的时代背景下快速成长起来的大型跨国企业集团。自1993年创业至今,海航集团已历经20余年的发展。20多年来,伴随着我国改革开放的时代大潮,海航集团逐渐发展壮大,从单一的地方航空运输企业发展成为囊括航空、酒店、旅游、地产、商品零售、金融、物流、船舶制造、生态科技等多业态的大型企业集团,业务版图从南海明珠初步发展到全球布局,总资产逾万亿元,2016年实现营业收入逾6 000亿元,为社会提供就业岗位逾41万个。2015年7月,海航集团更首次登榜《财富》世界500强,以营业收入256.464亿美元名列第464位;2016年7月,海航集团再度荣膺2016年《财富》世界500强,以营业收入295.6亿美元名列第353位,排名较2015年上升111位;2017年7月,海航集团以营业收入530.353亿美元登上《财富》世界500强榜单第170位,这是海航集团连续第3年登上榜单,排名也较2016年的353位大幅跃升183位。

近年来,我国企业海外并购持续升温,普华永道的数据显示,从2011年开始,在我国企业海外并购交易的投资者中,民营企业数量就已经高于国有企业;2016年,民营企业主导海外并购市场,交易数量达609宗,是2015年的3倍,金额更是第一次超过国有企业。根据普华永道的数据,在2016年前十大海外并购交易中,"海航系"占据了3席,分别是渤海金控投资股份有限公司以99.95亿美元收购CIT飞机租赁业务(简称"C2"),海航旅游集团有限公司以64.97亿美元收购希尔顿25%的股权,以及海航集团以60.67亿美元收购英迈。这一系列大手笔的海外并购,引发了外界对海航集团资金链的质疑,有媒体爆出银监会要求各银行排查几家海外并购活跃企业的资金和风险情况,海航集团成为被"点名"的五家企业之一。

(二)海外并购历程:"直升机"式扩张

大象想要起舞,无非是两种舞步:其一,通过对自己所掌握的核心技术加以运用,以及对自身所采用的独一无二的管理模式进行拓展,在原基础上进行多元化,主要是相关多元化,从而裂变为一个更庞大的企业;其二,通过利用银行授信等方式,扩大负债规模,进而向外大范围购买,最终实现企业"小象"变"大象"。海航集团,无疑是踏着第二种舞步,扩张至如今的万亿帝国的。

1993年,海航集团这只"小象"诞生。最初,海航集团专做航空业务,业务范围主要集中在海南一带,是无法和当时国内几家大型航空公司相提并论的。2003年"非典"暴发是海航集团发展的一个重大转折点。当年疫情全国蔓延,人心惶惶,对整个航空业的经营都造成了重创,海航集团也不例外。航空业作为资产密集型行业,周期性明显,而这次险些导致破产的危机使得公司管理层深刻意识到单一的航空业难以确保公司的永续发展。沧海桑田,历史告诉我们,世界上唯一不变的就是不停地改变,自此,为了应对航空业的周期性,海航集团决定不再把鸡蛋放在同一个篮子里,开始开展多元化并购投资,围绕航空业上下游关联产业进行更庞大也更复杂的产业布局。

让我们来看看海航集团这只"小象"是如何通过并购扩张至如今的"大象"的。2000年1月,海航集团有限责任公司成立,并且一年之内,海航集团成功并购重组了新华航空、长安航空与山西航空,规模略有扩张。但是海航集团并没有就此停下脚步,其又控股了海口美兰国际机场有限责任公司(花费7.8亿元),并在2002年6月受托对海南机场股份有限公司以及三亚凤凰国际机场有限责任公司进行运营管理。如此一来,踩着并购的步伐,海航集团迅速成长为航空业"大象",跻身我国四大民用航空公司之列。

按理说,海航集团的扩张已经足够令人咂舌,但是正如上文所述,2003年的危机使得海航集团的目标不再局限于航空业这单一业务领域,其并购征途是星辰大海。2005年,金融巨擘索罗斯旗下的量子基金斥资2 500万美元对海航集团进行投资。2006年,海航集团对香港中富航空公司(现更名为香港航空)和香港快运航空公司进行资产重组。而这仅仅是海航集团国际化征途的开端,真正的大步迈进是从2010年1月其成功收购澳大利亚Allco公司航空租赁业务开始的。从那时起,"大象"开始在世界起舞,跳着境外并购的舞步,实现了业务规模的迅猛增长。如今,海航集团官网的数据显示,"大象"的足迹遍布六大洲,境外资产超过3 300亿元。

针对海航集团的海外并购,仔细研究后就会发现"大象"的舞步并非杂乱无章,而是有据可言。众所周知,海航集团有三大支柱产业,分别是航空旅游、现代物流、现代金融服务,而其一系列海外并购整合都是围绕这三大产业展开的。比如，通过对全球最大机场地面服务商 Swissport、航空配餐公司 Gategroup 等的收购，完善海航集团在航空配套产业链的布局。对爱尔兰飞机租赁公司 Avolon、美国飞机租赁公司 CIT 的收购，使海航集团拥有全球第三大飞机租赁公司，并与现有航空业务互为补充，最终在全球范围内拓展和完善产业链。对于海航集团而言，除去在航空业这一个"篮子"里面放鸡蛋，在其他"篮子"里面放入其他产业"皇冠上的明珠"，将各个产业中的知名企业收入囊中，毫无疑问是一条迅速在全球布局产业链的捷径。通过这一系列的并购，海航集团不仅从这些"明珠"企业中学习到该行业内先进的管理经验和优势资源，还使得海航集团的国际地位有质的飞跃。

二十多年来，海航集团发展不息、并购不止，早已成为一家"大象"般的跨国企业。这只"大象"结构复杂、分支众多，仅从目前披露的信息，很难将"海航系"盘根错节的关系梳理清楚。其中，仅慈航基金会通过海航集团所控制的核心一级企业就有八家，包括海航商业控股有限公司、海航物流集团有限公司、海航实业集团有限公司、海航航空集团有限公司、海航旅游集团有限公司、海航资本集团有限公司、海航现代物流有限责任公司、海航集团（国际）有限公司。在每个一级企业之下，还有数家子公司，如仅海航资本集团有限公司下辖各类子公司就达 30 余家，总资产超过 3 400 亿元，收入高达 300 亿元，业务遍布全球 100 多个城市和地区。在收购主体上，有时是集团，有时是旗下分公司，但具体境外投资事宜通常由境外分支机构实施，甚至会因收购而直接设立境外机构（如北京喜乐航科技股份有限公司收购美国 GEE）或在境外物色合作机构（如海航投资集团股份有限公司收购新加坡 REIT）。

此外，在开展海外并购时，海航集团也高度重视第三方专业团队的力量，每个项目都经过国际知名投行、会计师事务所、资产评估师和法律事务所充分调查论证，确保投资项目风险可控、投资收益可期，全方位维护海航集团在海内外的投资声誉。

总的来看，"海航系"的并购路径主要是实业投资并购与金融产业并购双拓展，实业投资方面从航空业逐步拓展，沿着产业链发展旅游、酒店、物流、船舶制造、零售等行业，主要进行纵向并购；而金融产业方面与实业业务匹配发展，进行产融结合。

海航集团并购情况具体如表 10-1 所示。

表 10-1　海外并购情况一览表

时间	金额	被投资方
2010 年 1 月	1.5 亿美元	澳大利亚 Allco 公司航空租赁业务
2010 年 10 月	3 000 万美元	土耳其飞机维修公司 myTECHNI 60% 的股权
2011 年 10 月	2 500 万美元	土耳其 myCARGO 航空公司
2011 年 12 月	10.5 亿美元	英国 GESeaCo 集装箱租赁公司
2012 年 9 月	不详	加纳非洲世界航空公司 AWA
2012 年 10 月	4 000 万美元	法国蓝鹰航空 48% 的股权
2013 年 2 月	2.34 亿欧元	西班牙 NH 酒店集团 20% 的股权
2013 年 5 月	不详	澳大利亚 Arena 航校 80% 的股权
2013 年 7 月	不详	欧洲 TIP 拖车租赁公司 100% 的股权
2015 年 5 月	1.6 亿南非兰特	南非商务航空集团 6.2% 的股份
2015 年 6 月	2 150 万美元	美国红狮酒店 12.6% 的股权
2015 年 7 月	27 亿瑞郎（约 175 亿元人民币）	瑞士国际空港服务 Swissport 100% 的股权
2015 年 7 月	26.21 亿元	爱尔兰飞机租赁公司 Avolon 100% 的股权
2015 年 8 月	不详	英国路透社总部大楼
2016 年 4 月	14 亿瑞郎（约 94.11 亿元人民币）	瑞士航空配餐公司 Gategroup
2016 年 8 月	4.5 亿美元	巴西蓝色航空 23.7% 的股权
2016 年 10 月	6.75 亿美元	美国黑石集团在华资产文思海辉 Pactera
2016 年 12 月	60 亿美元	英迈国际
2017 年 4 月	104 亿美元	美国飞机租赁公司 CIT
2017 年 6 月	约 2.71 亿—3.3 亿新币	投资参设一个新加坡房地产信托基金管理平台

资料来源：根据海航集团官网等相关资料整理。

二、树大而招风，风至而叶落

（一）在"钢丝"上舞蹈——疯狂的债务，危险的平衡

"乱花渐欲迷人眼"，海航集团的业务纷繁复杂，资金链紧张也并非新鲜事儿，甚至可以说，海航集团由小变大的一步步成长，资金链紧张的问题一直如形随形。众所周知，海航集团创建初期，创始人陈峰的启动资金只有区区 1 000 万元，但是他以还没有买到手的飞机做担保，说服银行给海南航空贷款。就这样，海南

航空向银行贷款买飞机,再把飞机抵押给银行购买第二架飞机,如此这般,巧妙地利用资产杠杆,不断再抵押购买更多的飞机,从而获得令人瞠目结舌的快速发展。由此看来,在债务"钢丝"上跳舞,海航集团从一开始就是只"灵活"的大象。

如今,海航集团征服全球的步子越来越大,"直升机"式的扩张伴随而来的是对巨额资金越来越热切的需求。通过对海航集团资金来源的细究,可以看到银行授信、外部资本支持以及公司债为其主要"供血"渠道。

首先,为了实现其全球并购的战略,海航集团合作的金融机构超过300家。其中,海航集团获得了国内8家银行的支持,包括国家开发银行、中国进出口银行、中国银行、农业银行、工商银行、建设银行、交通银行和浦发银行。这8家银行对海航集团的授信额度高达8 000亿元。海航集团之所以能够从银行借出钱,其实和早期买飞机的手法并无本质区别,还是通过借钱购买资产,然后通过资产评估抵押,再去借钱。当资产不断上涨或者评估价格上升时,就可以不断地扩张;而当资产下跌、杠杆收紧时,所借的钱就成为债务。为了还债,海航集团以更高的利息融资,或者变卖其中一部分资产,以解决短期资金难题。在从外部筹资的过程中,股权质押是海航集团获取资金流的一大"利器",截至2017年7月28日,"海航系"8家A股上市公司的股权均有层层质押的情况。其中,海航投资质押121笔,质押比例为21.67%;海航控股质押287笔,质押比例为35.47%;海航基础质押49笔,质押比例为48.93%;海航创新质押44笔,质押比例为29.02%;渤海金控质押126笔,质押比例为59.64%;凯撒旅游质押88笔,质押比例为58.24%;供销大集质押90笔,质押比例为60.81%;天海投资质押144笔,质押比例为30.25%。除了上市公司,非上市公司也可以进行股权质押,由工商部门登记,但由于下属关联公司众多,难以进行精确统计。

其次,海航集团的海外收购也得到了国际资本的支持。在GESeaCo、Swissport、英迈、Pactera等项目的布局整合过程中,海航集团与高盛等投行,德意志银行、摩根大通、黑石基金等国际金融机构,安永、德勤等四大国际会计师事务所合作,境外社会及金融机构资金占比逾五成。

最后,大量发行公司债也是海航集团资金的重要来源。海航集团披露的信息显示,海航集团分别于2009年、2013年和2015年发行公司债,发行额度分别为人民币13亿元、11.5亿元和30亿元。这种模式能够使公司资产规模飞速扩张,但有较大的杠杆风险。

除去外部供血,海航集团这只大象的"自采血"能力也很强劲。据不完全统计,"海航系"旗下至少通过设立子公司、投资入股等方式布局了前海航交所、易生小贷、微金所、立马理财、金牛座、惠人贷、宜泉资本、聚宝汇等8家互联网金融平台或者开展互联网金融业务的公司,而"海航系"关联公司通过聚宝汇等旗下的互联网金融平台从民间获得了大量资金。

总体而言,海航集团利用债务扩张已经到了登峰造极的地步。2017年上半年,海航集团的利息支出达到创纪录的156亿元,同比增长超过1倍;短期债务达到1 852亿元,超过其现金储备;长期债务达到3 828亿元;净债务达到税息折旧及摊销前利润(EBITDA)的6.5倍。半年之后,《华尔街日报》在2017年11月报道称,海航集团债务总量达1 000亿美元左右,其中1/4是短期借款。这意味着海航集团1.2万亿美元的资产中,有近一半都是借来的,而且近1/4在一年内到期,大量的短期债务为海航集团的债务问题爆发埋下了地雷,在如此沉重的债务压力下前行,无异于在"钢丝"上跳舞,容不得一点闪失。

(二) 点土成金——狂飙突进背后的秘密

利用海量融资进行激进扩张,负债率高企是不可避免的结果。而对于海航集团这头大象,其董事局主席陈峰认为市场常规的降低负债率的方式中,"扩大资产是最愚蠢的方法","减少融资"则是"第二愚蠢的办法",而"最聪明的办法"是"通过资本通道来解决这个问题"。对于海航集团而言,通过"土地资产证券化",点土成金,"圈地+金控"的模式可能是"大象"不顾一切,狂飙突进背后"不能说的秘密"。这一导火索是海航集团宣布加快资产处置之际,媒体曝出其正谋求出售包括海口大英山CBD(中央商务区)在内的部分土地资源以回笼资金。尽管海航集团内部人士向媒体称并非出售土地,而是"与实力企业合作开发",但是这一消息本身让海航集团旗下最大的"资产包"——巨额土地储备浮出水面。

公开资料显示,大英山CBD位于海口市中心区,总用地面积为8 440亩,核心用地面积约3 000亩,区域内共有16个房地产开发项目,包括海航中心、海航首府、海航豪庭等,是海口城市中心"唯一周边配套成熟的大规模地块集中区"。早在1999年海口大英山机场搬迁后,机场跑道两侧的3 000亩土地便由海航集团控股企业海口美兰机场有限责任公司获得开发权。2012年9月海南省政府批复,明确由海航集团牵头,在海口大英山片区设立和启动海南国际旅游岛中央商务区项目建设。

根据《南方周末》2011年12月8日的报道《海圈钱，海花钱，海航戏法》所说明的那样，海航集团早期曾依托这一土地资源融资发债，完成自身增资40亿元及向海航集团子公司海南航空控股股份有限公司定向增发28亿元，在摆脱了大新华航空（海航集团旗下控股品牌）上市失败引发的财务危机的同时，实现了集团对上市公司"实质性控制"的一系列资本运作。在此后五年间，相关土地价格急剧上涨，再度成为海航集团展开一系列大手笔收购的"资本之源"。这一土地储备的市场价值可以从海航集团旗下上市公司海航基础2016年重组前后的资产规模变化中看出端倪：2016年，海航基础完成资产重组，注入地产、机场及商业等资产。在重组前三年内，公司总资产规模仅为28亿—37亿元，而在重组完成后公司总资产规模大幅提升至970亿元，净资产规模从重组前的8亿—12亿元大幅提升至437亿元。正是在这一实打实的"优质抵押物"面前，包括国家开发银行在内的"超级金主"们，才会慷慨地向海航集团敞开"钱包"；这些大型商业银行的巨额授信，无形中又为海航集团在全球资本和金融市场中提升了"信用等级"，使其一举成为国际并购市场内的"顶级玩家"。

正是在实现这一巨额土地储备"资产证券化"的"通道转换"之后，海航集团得以为其一系列"超级并购"建立起规模空前的融资平台，进而点土成金，狂飙突进。这背后的资本运作逻辑值得关注：海航集团将土地注入上市公司形成巨额净资产，并将资产规模剧增的上市公司股权向银行质押贷款；同时，土地上的相关房地产开发项目，又可以开发贷款的方式再向银行获得融资；此后还可以再将融资所得资金注入旗下其他上市公司，迅速扩大公司资本规模与实际出资额，再以此展开新一轮并购，并质押股权获得新的融资。这一系列融资，借助于海航集团数年间所参股和控制的21家金融机构，形成了外界无法透视的"黑箱式定价体系"，其资产估值与真实市场价值之间的差距无人能够"看懂"。

据《新财富》调查统计，截至2016年年底，"海航系"已成为仅次于"明天系"的国内第二大民营金控集团，其持股的21家金融机构几乎囊括了从信托期货到银行保险的所有金融领域。借助这一"无所不包"的金融布局，海航集团打通了从传统信贷到互联网金融在内的数十种融资模式，其融资工具之复杂、融资领域之广泛，堪称当代"杠杆融资百科全书"。作为这一"超级融资平台"的价值基础，海航集团的土地储备规模还不仅于此。据媒体调查统计，截至2017年年底，海航地产控股(集团)有限公司拥有房地产项目逾百个,其中持有型项目近60个,可运营面积约220万平方米;在建项目40余个,总建筑面积近450万平方米,大部分位于海南省。

一路点土成金,一路狂飙突进,如今,土仍在,金还会来吗?

(三)山雨欲来风满楼——千亿美元债务风险一触即发

2016年,据外媒报道称,海航集团旗下互金平台聚宝汇在兑付员工和个人投资者的资金上出现逾期,所购买投资产品的兑付将被推迟,而这是该平台第二次推迟兑付,基本宣告违约。对于买遍全球、年收入高达6 000亿元、总资产超万亿元的海航集团来说,这样的违约事件已经足够让人大跌眼镜,然而这其实只是海航集团债务危机的冰山一角。据彭博新闻社2017年12月报道:海航集团旗下公司在一些中资银行存在贷款本金或利息逾期未及时偿付的情况,导致三家银行冻结了部分尚未使用的授信。据网络报道,截至2018年1月4日,有四家中资银行仍未收到应于2017年年底偿付的本金或利息。中信银行表示,海航集团一家子公司承兑的商业承兑汇票在该行遇到兑付困难,海航集团的债务问题让人心惊。知情人士说,一些美国银行已经减少与海航集团的往来,理由是后者所有权结构复杂。

2017年12月6日,国际评级机构标普下调了海航集团的信用状况,将海航集团的信用状况下调一档至B,比投资级低五档,理由是在未来几年有大量债务到期,且其融资成本提高。评级机构下调海航集团的评级,将这家依靠债务滚动发展的公司再次推上了债务危机的边缘。

2017年11月以来,海航集团的借款成本大幅上升。同月,集团一家子公司以8.875%的利率发行了3亿美元期限不到一年的债券,利率远高于内地一家垃圾级房地产公司最近所发同期限债券5.5%的利率。12月4日,海航集团旗下云南祥鹏航空有限责任公司发行了270天期人民币债券,发行利率高达8.2%,创下该公司发债史上的最高纪录。海航集团旗下天津航空有限责任公司也在11月发行了一支相似期限的债券,发行利率创出五年高位。海航集团旗下三亚凤凰国际机场有限责任公司11月也以7.5%的票面利率发行了270天期债券。根据为其推销承兑汇票的中介人透露,海航集团愿意为一年期融资支付11%—12%的利息,甚至比P2P(个人对个人)贷款还高,要知道中国人民银行一年期贷款基准利率为

4.35%，而评级为 AA-（相当于中国在岸市场的垃圾级）的一年期商业票据基准收益率也仅仅为 6.33%。高成本的负债让海航集团借新还旧的债务模式无法持续，不计成本的发债让海航集团的债务问题更是雪上加霜。当年 50 岁的海航集团 CEO（首席执行官）谭向东在全球各地奔走，劝说银行和企业继续与海航集团合作，然而锦上添花多，雪中送炭少，海航集团似乎走到了凶险的十字路口。

2018 年 1 月 22 日，海航基础股价异常跌停，市值蒸发 30 亿元。当晚海航基础紧急发布公告称，因筹划重大事项停牌。至此，在"海航系"旗下 10 家 A 股上市公司中，已有 6 家处于停牌状态。在未有明显利空，甚至公司还在频发利好的情况下，"海航系"旗下上市公司股价为何集体下挫？尽管海航集团方面并未披露更多信息，但是相关公司的股权质押值得关注，而这意味着股权质押这柄资金"利器"可能已经锋芒渐消。

2017 年 6 月，银监会要求各家银行排查数家巨头企业的授信及风险，且排查对象多是近年来海外投资比较凶猛、在银行业敞口较大的民营企业集团，除了万达集团，一贯凶猛的海航集团赫然在列。2017 年 11 月 3 日，监管部门再度收紧对外投资规定，对投资主体直接或间接通过其控制的境外企业开展敏感类项目实行核准管理，而海航集团和其他大型企业集团经常通过这类境外实体开展交易。监管部门可谓是刀刀见血，招招毕命。民营企业"债务内置，资产外置"的撤退模式就此终结，海航集团的海外并购就此被冻结。一些在海外大举并购的我国企业因债务问题而面临监管部门的审查，安邦保险集团股份有限公司（以下简称"安邦"）就是其中之一，安邦在全球展开了一系列激进的并购行动，最终却迫于监管部门的压力放缓了扩张步伐。曾收购美国连锁影院 AMC 娱乐控股公司（AMC Entertainment Holding Inc.，AMC）的万达集团也通过打包出售海外资产偿还债务，并且放弃了收购 Dick Clark Productions Inc. 的计划。在我国监管机构出台限制某些类别海外交易和防止资金外流的新规之后，海航集团自 2016 年 11 月起开始放慢投资步伐。海航集团未来的海外交易将响应国家政策，这是一条红线。

"溪云初起日沉阁，山雨欲来风满楼"，从 2016 年下半年开始，唱衰海航集团的声音不绝于耳，而种种迹象也表明这并非无稽之谈：互金平台聚宝汇的违约，部分合作银行冻结的授信，标普下调的评级，高企的融资成本，以及多家上市子公司的异常停牌。大象在钢丝上跳舞，面对市场信任的大幅下降以及银监会的金融强监管，海航集团的资本寒潮已然来袭，而至于这头资产逾万亿元的大象能否挺得过这个寒冬,继续在钢丝上跳舞,尚未有确切定论。

(四)壮士断腕,背水一战——海航集团能否绝地求生?

互金平台聚宝汇的违约,监管部门风险的警示,宣告海航集团依靠境内贷款和境外并购扩张模式的终结。在银行和监管部门的双重压力下,还债降杠杆是海航集团避免再次触礁的必然选择。海航集团显然也意识到了其高额债务,据《中国经营报》记者不完全统计,截至2018年上半年,海航集团的利息支出达到创纪录的156亿元,同比增长超过1倍;短期债务达到1 852亿元,超过其现金储备。由于资金紧缺,海航集团先后爆出拖欠航油、机场管理费、民航发展基金等费用,以及海航集团大规模裁员等消息。

解决海航集团资金紧缺的最直接办法是出售旗下资产,据《长江商报》记者依据公开信息的不完全统计,从2017年开始,海航集团甩卖的资产达到26项,合计交易价格接近600亿元。

公开信息显示,这场甩卖始于2017年7月。当月,"海航系"拟以46.9亿元出售控股仅5个月的天津航空部分股权。并以此为开端,2017年下半年的每个月几乎都有资产出售。2017年8月,以1.8亿元出售海冷租赁75%的股权;9月,以0.16亿元出售莱织华印务10.27%的股权;11月,出售一卡通100%的股权和诺翰酒店集团1.14%的股份,交易价格分别为10亿元、1.6亿元;12月,以2.3亿元出售海洋花园95%的股权。上述交易价格合计为62.76亿元。

2018年,海航集团甩卖资产的步伐明显加快,其中地产和酒店成为首先出售的资产。最先爆出的是2018年3月9日,海航集团以223亿港元出售香港的三个地块,其中一个地块位于老的香港启德机场附近。除了香港的地块,境外的房产项目与海南岛的一些土地和地产也成为海航集团首先出售的目标,这其中包括悉尼的写字楼项目、纽约曼哈顿的大楼以及海南大英山板块的土地,此外,位于北京、上海、苏州等地的物业也都在出售的名单中。

此后,海航集团又开始出售境外酒店资产,除了剥离之前收购的诺翰酒店集团、卡尔森酒店项目,海航集团已聘请摩根大通为其持有的29.5%西班牙诺翰酒店集团股权寻找买家,估值6.32亿欧元(约合人民币49亿元)。而更吸引人眼球的则是希尔顿集团股权的出售计划。2016年10月24日,海航集团曾豪掷65亿美元收购黑石集团持有的希尔顿集团约25%的股权。2017年1月4日,希尔顿集团完成了房地产投资信托和分时度假业务的分拆,成为希尔顿国际控股(Hilton Worldwide Holdings)和分时度假公司(Hilton Grand Vacations Inc.)。其中,希尔顿国际控股成为住宿房地产投资信托(Park Hotels & Resorts,REIT)和分时度假公司的附属公司,三家公司独立上市。海航集团目前出售的是住宿房地产投资信托公司25%的股权,价值大约14亿美元,也就是房地产信托基金中包含希尔顿集团的若干酒店资产的股权。总体而言,酒店是流动性比较好的资产,相对容易变现,对于急需资金的海航集团,出售酒店项目是首要选择。然而住宿房地产投资信托股权出售计划在短期内提供不了帮助。资料显示,这部分股权系海航集团通过希尔顿集团间接持有,在2019年之前都无法解决解禁问题。

除了地产、酒店这些海航集团外围的产业,2018年年初,海航集团也开始考虑出售其核心业务——航空公司。海航集团旗下拥有海南航空、大新华航空、天津航空、首都航空、山西航空、福州航空、西部航空、祥鹏航空、长安航空、金鹏航空等众多子公司,而首都航空在这次债务危机中成为国航觊觎的对象。据悉,海航集团持有首都航空82.96%的股权,北京市政府仅持有17.04%的股权。首都航空作为北京航空业的一颗战略棋子,国航早就希望把首都航空收入囊中,而这次海航集团债务危机则是其拿下首都航空的最佳时机。

粗略估计,截至2018年3月,海航集团相继出售了悉尼写字楼、嘉丰矿业67%的股权及债权、淄博石油陶粒100%的股权、香港九龙启德区地块、纽约曼哈顿第六大道写字楼、41架附带租约的飞机等,减持德意志银行和皖江金租35.87%的股权,合计508亿元。可以看到,上述出售的资产大部分为不动产且多在境外,合计452.86亿元,占2018年甩卖资产的89.15%。另外值得一提的是,上述出售或拟出售的资产,不少是海航集团不久前收购的资产,如香港九龙启德区地块部分2017年3月才获取。尽管海航集团断腕如此决绝,但是其出售资产的收益与海航集团156亿元的利息支出和1852亿元的短期债务相比,依然是杯水车薪。因此,未来几个月,海航集团出售旗下资产的新闻还将成为媒体关注的热点。公开信息也显示,海航集团资产出售计划远没有完成,甚至有报道称,其2018年将出售千亿元资产。

在疯狂"卖卖卖"的同时,海航集团并没有停止对优质资产的"买买买"。2018年3月底,海航集团中标保加利亚普罗夫迪夫机场扩建及运营项目,将投资约6.11

亿元进行改造和扩建，获得后者36年的经营权。此外，集团牵手京东，与京东集团签署战略合作协议。据悉，未来双方将在物流地产、航空货运、冷链物流、航空旅游服务等领域开展合作，全面推动电商物流全球化战略，合力打造海航集团全球领先的航空物流生态链与现代物流生态体系。此外，2018年4月11日晚间，海航集团旗下上市公司天海投资披露收购当当网及关联公司细节，公司拟以75亿元的交易价格获得后者100%的股权。其中，34.4亿元以现金方式支付，剩余40.6亿元将以发行股份方式支付。重回狩猎场的海航集团，能继续不断并购成一只"巨象"吗？

"债"来如山倒，去"债"如抽丝。曾经大刀阔斧兼并全球，如今非主业"瘦身"的海航集团是否能经得起考验？违约风险是否能成为击垮"大象"的债务导火线？面对汹涌而至的债务，我们能够看到海航集团有壮士断腕的决绝，也有背水一战的勇气，然而山重水复之处，到底能否柳暗花明，重拾万亿光景，我们拭目以待。

三、问题讨论

海航集团作为一家地方性航空公司，在过去二十多年里实现了疯狂加速，在2012年其资产规模甚至超过国内三大航空公司（中国国际航空股份有限公司、中国东方航空股份有限公司、中国南方航空股份有限公司），发展成为走出中国、走向世界的综合性产业集团。然而，随着海航集团不断地融资扩张，债务危机也随之而来。本案例请学员们重点思考以下问题：

1. 什么是并购？并购会导致哪些财务风险？
2. 海航集团的海外投资兼并有哪些主要特点？
3. 海航集团的"圈地+金控"的模式是否具有可持续性？有何风险点？与集团陷入债务危机是否有关联？
4. 海航集团陷入债务危机表现在哪些方面？
5. 对于海航集团面临的债务问题，你有何良策？
6. 假设你是其他企业的高管，那么你从海航集团海外并购实例中学到了什么？

四、主要参考资料

1. 刁新玉. 中国企业海外并购战略分析——以海航集团为例[J]. 财经界(学术版),2017(02):130+273.

2. 海航集团2014—2016年年度报告.

3. 黄河. 海航隐患重重记者深度调查全文披露[N]. 联合财经,2018-02-09.

4. 李明昊. 海航千亿美元债务危机发酵?旗下互金产品被曝逾期[N]. 明天财讯综合,2018-01-05.

5. 刘东. 海圈钱,海花钱,海航戏法[N]. 南方周末,2014-08-12.

6. 王洪秋. 海航狂甩600亿资产:多为不动产成"去杠杆"样本[N]. 中国日报网,2018-04-09.

7. 吴婷. 企业并购财务风险防范研究[D]. 哈尔滨商业大学,2017.

8. 赵正. 海航债务危机迷局:出售项目资产依然是杯水车薪[N]. 新浪财经,2018-04-08.

9. 2016年第二期海航集团有限公司可续期公司债券募集说明书.

10. 2016年第一期及第二期海航集团有限公司可续期公司债券跟踪评级报告.

案例 11
首旅集团 EVA 业绩评价及其影响

教学目标

本案例旨在通过首旅集团对 EVA（经济增加值）业绩评价机制的应用及其给企业带来的改变，引导学员们思考 EVA 业绩评价机制相较于传统业绩评价机制的不同之处、实行 EVA 业绩评价机制应注意的问题，以及 EVA 业绩评价机制实行后可能为企业带来的潜在影响。

随着市场环境的不断变化，旅游行业的壁垒也越来越低，越来越多的企业看中旅游市场的发展潜力大量涌入，相互之间的竞争也日益激烈。为了提高企业的服务水平和硬件水平，更好地进行风险管理和内部控制，择优不同旅游项目进行发展打造，以及增强企业竞争力，旅游企业对企业内部业绩评价机制改革的需求越来越强烈，实施一种能够全方位对企业业绩进行考核，且更为准确、客观的业绩评价机制成为当下企业最为迫切的需求。

自 2010 年国资委积极推进 EVA 业绩评价体系以来，EVA 业绩评价机制已在一百多家中央企业实施，取缔了当初使用的传统业绩评价机制，例如 ROA（资产收益率）业绩评价机制。国资委将 EVA 评估视为一种协调投资者和管理者利益的业绩评价方法，并且对 EVA 业绩评价机制给予了高度的认可和评价：通过对 EVA 的评估，中央企业应通过优化资源配置、优化结构、科技进步和管理创新，关注主业，增强企业活力和竞争力；EVA 还承担着创造股东价值的使命。

随着旅游行业的发展越来越强大，旅游行业逐步成为我国经济发展道路上不可或缺的前驱力量之一，随之而来的是怎样增强经济体活力、怎样提高市场占有率等不可避免的话题。EVA 业绩评价机制的引进正好可以应对此类问题，为旅游企业的发展助一臂之力。

一、案例背景介绍

(一)首旅集团

北京首旅酒店(集团)股份有限公司(以下简称"首旅集团")拥有首旅建国酒店管理有限公司(以下简称"首旅建国")、北京首旅京伦酒店管理有限公司(以下简称"首旅京伦")和北京欣燕都酒店连锁有限公司(以下简称"欣燕都")三家酒店管理公司,管理着自五星级到经济型的各类酒店一百余家,形成了高档、中档、经济型酒店品牌运营管理体系和覆盖全国的酒店经营网络。此外,首旅集团还拥有北京神舟国际旅行社集团有限公司(以下简称"神舟国旅")和海南南山5A级景区等企业。

2018年首旅集团以"坚定中改变,创新中不忘"为理念,抓住市场机遇,强化竞争意识,持续提升公司的经营效率和效益;抓住酒店业的结构变化,重点发展中端,发展特许,进一步夯实公司的规模和市场地位;抓住体验式、社交化的消费趋势,改造优化产品,不断满足新兴消费群体以及主流的消费需求;抓住业务本质,坚持中国服务,重点关注对客户服务形式以及内容的优化和重建;抓住技术进步与工具创新,逐步打造"住宿"的产业链和生态圈。

首旅酒店原名北京首都旅游股份有限公司,在股权构架中,控股股东首旅集团直接持有首旅酒店35.92%的股份(见图11-1),而首旅集团由北京市国资委直接控制,所以首旅酒店具有国有企业性质。首旅集团主营业务包括酒店运营和管理业务、景区运营业务、展览广告业务以及旅行社业务。2012年,首旅集团置出北展展览分公司,不再经营展览广告业务,置入首旅建国(75%)、首旅京伦(100%)、欣燕都(100%),业务中心开始向酒店运营和管理业务偏移。2014年,首旅集团出售神舟国旅51%的股权给华龙旅游,不再经营旅行社业务,通过集团全资子公司欣燕都收购石家庄雅客怡家快捷酒店管理有限公司(以下简称"雅客怡家")65%的股权,业务进一步向酒店集中。2015年,首旅集团向宁波南苑集团股份有限公司(以下简称"南苑集团")收购宁波南苑集团股份有限公司(以下简称"南苑股份")70%的股权,并通过两次增资后最终持有南苑股份95.5%的股权,借南苑集团在江浙地区高端酒店市场的优势,完善企业在高端酒店市场的布局。

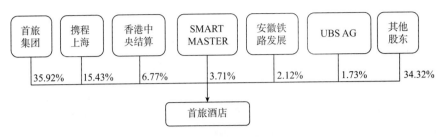

图 11-1 首旅酒店股权结构

资料来源：首旅酒店年报。

1. 偿债能力

短期偿债能力方面。从表 11-1 中可以看出，首旅集团的流动比率和速动比率有基本相同的变化趋势，因为并购如家酒店导致支付现金的能力下降，2015 年企业流动比率和速动比率显著下降，随后逐渐回升，2017 年的上升幅度明显大于 2016 年的上升幅度。流动比率和速动比率的提升说明并购后企业的偿债能力有所增强，但是数值还是比较低，企业短期偿债能力偏低，仍存在偿债风险。

长期偿债能力方面。由于首旅集团为了并购向工商银行借了大笔资金，导致资产负债率和产权比率在 2015 年大幅上升，在 2016 年以及 2017 年呈下降趋势，偿债能力有明显好转。这是因为企业并购后，资产的增长幅度大于负债的增长幅度，导致所有者权益也大幅增长，进而导致资产负债率和产权比率下降，虽然相较于 2015 年企业的偿债能力有所提升，但是提升的幅度并不大，相比并购之前的资产负债率和产权比率的数值还有很大的差距。这说明 2016 年以来首旅集团的偿债能力在逐步复苏。

表 11-1 首旅集团 2014—2017 年偿债能力指标

年份	流动比率	速动比率	资产负债率（%）	产权比率（%）
2014	0.96	0.93	39.74	77
2015	0.22	0.21	64.50	215
2016	0.24	0.23	59.50	153
2017	0.52	0.50	54.73	126

资料来源：Wind 数据库。

2. 盈利能力

盈利能力是指企业获取利润的能力。企业的盈利能力越强，则其能够给予投资者的回报越高，企业价值就越大；同时，盈利能力越强，资金转换速度越快，企业的偿债能力会得到加强。

首旅集团在 2016 年总资产报酬率和基本每股收益都有所提升,特别是基本每股收益的提升幅度很大,尽管净资产收益率在 2016 年仍然呈下降趋势,但是下降幅度不大,而且 2017 年上升幅度达到 13.62%,其数值甚至超过 2015 年的数值(见表 11-2)。从整体来看,2016 年后首旅集团的盈利能力逐步提升。

表 11-2 首旅集团 2014—2017 年盈利能力指标

年份	总资产报酬率(%)	净资产收益率(%)	基本每股收益(元)
2014	7.73	10.13	0.49
2015	4.74	8.20	0.43
2016	4.97	7.93	0.72
2017	5.87	9.01	0.77

资料来源:Wind 数据库。

3. 发展能力

企业的发展能力,也称企业的成长性,指企业通过自身的生产经营活动,不断扩大积累而形成的发展潜能。企业能否健康发展取决于多种因素,其中包括外部经营环境、企业内在素质及资源条件等。对所有合作者或者竞争者来说,发展能力越强的企业,其财务管理也越有力。

首旅集团在 2016 年总资产增长率提升得极快,获得了较大的规模效益,而在 2017 年出现下降,甚至为负数,说明企业获得的规模效益也相对下降。首旅集团的资本积累率呈现出与总资产增长率同样的变化趋势,在 2016 年得到较大提升,在 2017 年大幅度下降(见表 11-3)。资本积累率越高,说明企业应付风险和持续发展的能力越强。首旅集团 2016 年的资本积累率超过 20%,表明企业所有者权益得到的保障程度较大,企业可以长期使用的资金充裕,抗风险和连续发展的能力较强。

表 11-3 首旅集团 2014—2017 年发展能力指标　　　　单位:%

年份	总资产增长率	资本积累率
2014	2.64	3.85
2015	77.69	4.69
2016	336.59	398.01
2017	-2.58	8.91

资料来源:Wind 数据库。

传统的利润指标业绩评价机制已经无法满足首旅集团的长期发展需求,过去对利润的过度重视导致首旅集团忽略了许多非财务信息给企业决策带来的影响,客户体验感、商品差异化等方面也是企业发展所必须重视的内容。首旅集团的管理层意识到,必须寻找一个能够通过对企业整体进行考评来分析企业问题的业绩评价方法,将财务数据和非财务数据更好地结合,使企业能够更加准确地找到未来的发展方向,从而提升企业价值,创造企业财富。

首旅集团从 2012 年开始着手企业并购,为未来发展方向进行布局,在当年的股东大会上通过了酒店资产重组提案:首旅集团置入首旅建国 75% 的股权、首旅京伦 100% 的股权和欣燕都 100% 的股权,置出北展展览分公司的全部资产及负债。EVA 业绩评价机制的引入,使得企业能够对旗下酒店进行更加准确的价值评价。

此后的两年,首旅集团对企业的治理结构进行了改革。从其发布的公告中可以看到,首旅集团在引入 EVA 业绩评价机制之后,重新修订了公司章程、经营者的绩效考核和薪酬管理办法、内部控制体系等各项内容,从而使企业更好地发展。

首旅集团收购的雅克怡家、南苑股份先后在 2014 年 7 月、2015 年纳入合并报表范围。2015 年年报显示,企业通过收购南苑股份和雅客怡家股权,逐步实施酒店资产与品牌的并购和规模扩张,同时置出神舟国旅股权,通过剥离旅行社业务进一步增强酒店资产经营与管理的核心经营思路,促进企业集中资源做大做强酒店主业。

多次并购带来的客户整合问题,是首旅集团首先面临的问题之一。酒店的核心竞争力在很大程度体现在客户资源上,不过首旅集团却呈现出各品牌档次不一、细分客户资源难以共享的局面。目前,首旅集团旗下拥有"建国""欣燕都""京伦"等系列品牌,以及如家旗下的"如家""莫泰""和颐"和"如家精选"等多个品牌,分别涵盖了高端、中端和经济型市场。除此客户资源,首旅集团还要进行地区整合和品牌整合,避免同一地区同样档次、风格的酒店自相残杀,同时把基层酒店整合为最合适的品牌系列。南苑和建国在酒店的类型和档次上有些雷同,接下来会将这两个品牌进行整合,但是类别有所不同,品牌特色和标签有所区分。

首旅集团的强大是因为核心竞争力的连锁化,而品牌是连锁化的产物。通常品牌的建设包括三个方面:一是品牌设计,二是品牌落实,三是品牌推广。品牌设计是指酒店品牌的因素设计以及升级延续设计;品牌落实负责把设计要素落实到旗舰店,同时反馈落实效果和改进意见;品牌推广就是品牌的发展,涉及签约管理和特许经营等。通常品牌发展不力是国有企业的通病,导致企业盲目做大后却无法形成核心竞争力。为了保证企业品牌的良好发展,引入能够全面分析企业经营业绩的评价机制势在必行。

(二)EVA业绩评价方法在首旅集团业绩评价中的应用

1.税后净营业利润

税后净营业利润是指将企业不包括利息收支的营业利润扣除实付所得税之后的数额,再加上折旧、减值准备等非现金支出,这一指标能够反映出企业更加真实的盈利水平。根据旅游企业的行业特点及首旅集团自身的特点,首旅集团在进行 EVA 业绩评价时,对某些会计项目进行了筛选。根据公式计算出了首旅集团2013—2017 年的税后净营业利润,重要步骤产生数据如表 11-4 所示。

表 11-4 税后净营业利润计算表　　　单位:万元

项目	2013年	2014年	2015年	2016年	2017年
净利润	13 660.89	13 359.21	11 272.01	33 331.08	65 921.74
加:资产减值准备	29.57	112.76	−86.53	6 544.92	6 026.04
利息支出	3 413.99	3 102.09	11 751.63	40 496.39	22 251.55
固定资产折旧	7 450.16	6 431.86	12 573.83	28 220.51	30 380.1
无形资产摊销	1 270.73	1 277.42	3 075.54	6 906.92	10 350.59
递延所得税资产减少	−7.39	−28.19	−78.43	−5 215.26	4 843.92
递延所得税负债增加	—	—	−717.37	−1 534.56	−3 533.92
调整后税后净营业利润	25 817.95	24 255.15	26 518.67	108 750.00	136 240.02

资料来源:首旅集团 2013—2017 年年度报告。

2.调整后的资本费用

资本费用其实就是债务资本成本和股权资本成本的加总,由于竣工前的在建工程和作为现金剩余的货币资金不能为企业的经营做出贡献,实质上不能算入企业的投入资本,因此在进行 EVA 业绩评价时,企业将在建工程和货币资金予以扣除。

(1)计算税后债务资本成本。

在计算税后债务资本成本时,为了能够精简计算步骤,同时也便于报告使用者观察与分析,本案例选用了国家一年期银行贷款利率作为流动负债的利率,三年期银行贷款利率作为非流动负债的利率。利率来自中国人民银行官网,计算结果如表 11-5 所示。

表 11-5　税后债务资本成本计算表　　　　　　　　　　　　单位:万元

项目	2013年	2014年	2015年	2016年	2017年
一年期银行贷款利率(%)	5.80	5.77	4.91	4.35	4.35
短期负债(万元)	28 900	36 049	135 449	528 073	153 106
三年期银行贷款利率(%)	6.37	6.31	5.36	4.80	4.75
长期负债(万元)	20 500	31 300	61 800	29 000	309 300
债务资本(万元)	87 828	88 591	255 469	1 028 993	922 002
所得税税率(%)	25	25	25	25	25
税后债务资本成本(万元)	2.55	3.43	2.92	1.62	1.73

资料来源:中国人民银行官网;首旅集团 2013—2017 年年度报告。

(2)计算股权资本总额。

EVA 业绩评价机制所需股权资本总额并不等于所有者权益,还需要加上各类减值准备余额、递延所得税负债余额。计算结果如表 11-6 所示。

表 11-6　EVA 股权资本总额计算表　　　　　　　　　　　　单位:万元

项目	2013年	2014年	2015年	2016年	2017年
所有者权益	129 346	134 323	140 627	700 336	762 717
递延所得税资产	-126	-83	-162	-77 151	-72 307
递延所得税负债	1 426	2 333	22 144	110 156	106 687
长期负债	20 500	31 300	61 800	29 000	309 300
短期负债	28 900	36 000	131 900	492 000	84 000
一年内到期的非流动负债	—	49	3 549	36 073	69 106
在建工程	-661	-1 421	-7 464	-15 915	-20 274
应付账款	-11 551	-4 749	-8 270	-10 984	-13 361

(续表)

项目	2013年	2014年	2015年	2016年	2017年
预收款项	−11 324	−1 646	−8 339	−14 784	−22 329
应付职工薪酬	−1 748	−2 003	−2 691	−29 952	−36 146
应交税费	−1 620	−1 487	−2 729	−13 420	−10 775
应付利息	−86	−95	−260	−1 004	−568
应付股利	−428	−480	−262	—	−8
其他应付款	−10 098	−8 395	−13 338	−185 244	−145 467
EVA股权资本总额	142 530	18 3647	316 506	1 019 111	1 010 574

资料来源：首旅集团2013—2017年年度报告。

(3) 计算加权平均资本成本。

税后债务资本成本已经计算，而股权资本成本选用资本资产定价模型来计算，公式为：

$$E(r_i)=r_f+\beta_{im}[E(r_m)-r_f]$$

其中，无风险利率 r_f 和首旅集团的风险系数 β 可以从国泰安数据库中获取，市场风险溢价 $[E(r_m)-r_f]$ 选用GDP增长率进行计算。计算结果如表11-7所示。

表11-7 股权资本成本计算表

项目	2013年	2014年	2015年	2016年	2017年
无风险利率（%）	3.00	2.75	1.50	1.50	1.50
β系数	0.45	0.40	0.56	0.89	1.21
市场风险溢价（%）	7.80	7.30	6.90	6.70	6.90
股权资本成本（%）	6.51	5.67	5.36	7.46	9.85

资料来源：国泰安数据库。

之后，对首旅集团的股权资本成本和债务资本成本进行加权计算，最终获得加权平均资本成本，计算结果如表11-8所示。

表11-8 加权平均资本成本计算表

项目	2013年	2014年	2015年	2016年	2017年
股权市场价值（万元）	87 828	88 590	255 469	1 028 992	922 002

（续表）

项目	2013年	2014年	2015年	2016年	2017年
债务市场价值（万元）	129 345	134 323	140 627	700 335	762 717
股权比例（%）	40.44	39.74	64.50	59.50	54.73
债务比例（%）	59.56	60.26	35.50	40.50	45.27
股权资本成本（%）	6.51	5.67	5.36	7.46	9.85
税后债务资本成本（%）	2.55	3.43	2.92	1.62	1.73
加权平均资本成本（%）	4.15	4.32	4.49	5.09	6.17

3. 计算首旅集团 EVA

EVA 计算结果如表 11-9 所示。

表 11-9　EVA 计算表

项目	2013年	2014年	2015年	2016年	2017年
税后净营业利润（万元）	25 817.95	24 255.15	26 518.67	108 750.00	136 240.02
EVA 股权资本总额（万元）	142 530.00	183 647.00	316 506.00	1 019 111.00	1 010 574.00
加权平均资本成本（%）	4.15	4.32	4.49	5.09	6.17
EVA（万元）	19 900.84	16 321.20	23 567.79	56 826.87	73 848.59

从表 11-9 中我们不难看出，首旅集团的 EVA 在 2014 年出现了小幅下跌，在 2016 年出现了大幅上涨，在 2015 年和 2017 年出现了小幅上涨。

首旅集团 2014 年税后净营业利润增长率为 -6.05%，2015 年为 55.80%，2016 年为 187.77%，2017 年为 25.28%；2014 年资本成本增长率为 34.08%，2015 年为 79.27%，2016 年为 265.07%，2017 年为 20.16%；2014—2016 年资本成本增长率均高于税后净营业利润增长率，表明资本成本的增加对 EVA 造成的负向影响较大，而 2017 年资本成本增长率降低。

从 EVA 数值来看，首旅集团 2014 年 EVA 增长率为 -17.99%，2015 年为 44.40%，2016 年为 141.12%，2017 年为 29.95%。由此可以看出，税后净营业利润的变化在 2014—2016 年对 EVA 的贡献强于资本成本对 EVA 造成的影响，并且在 2014 年，税后净营业利润增长率为负，与资本成本增加双重影响了 EVA 的数值，导致其下跌明显；而 2016 年税后净营业利润增长近 2 倍，与此同时由于资本成本 2.5 倍以上的增长，最终 EVA 增长率为 150% 左右。这些变化显然无法仅从净利润的变化中衡量出来。

2014—2015年国家出台多项政策促进旅游市场的发展,同时2015—2017年"一带一路"倡议、京津冀、长江经济带等新经济增长点的培育,给酒店行业带来了新的发展契机。政府简政放权、主动为酒店行业减税减负也间接带动了酒店行业的发展,加上以连锁化、"互联网+"为代表的行业现代化程度不断提升,推动了酒店企业转型升级,酒店行业出现了复苏的迹象。

2016年正是首旅集团收购如家酒店的那一年,从上述数据中不难发现,首旅集团在2016年的资本投入额倍增,资本成本也随之增加,但总体趋势仍是积极向上的。首旅集团成功完成对如家酒店的并购活动后,酒店总量位列全国前三,跻身国内连锁酒店寡头之一。同时,首旅集团股权结构出现较大变动,在成功引入携程作为第二大股东后,首旅集团充分利用携程的品牌效应,增强线上销售渠道,拓展酒店行业的潜在市场。在本次并购完成后,首旅集团聘任了如家酒店原管理层团队来经营企业,进一步加强了企业管理模式的市场化。正是由于EVA业绩评价方法所展现出的数据,企业管理者才能够清晰、明确地意识到企业价值提升的实质,及时地调整企业战略方向,才能够在并购时期获取最大的财富价值。

二、EVA业绩评价带来的改变

(一)基于EVA创建最优激励计划

一套完整的施行方案是EVA业绩评价方法成功实施所必需的。EVA业绩评价方法在首旅集团实施之后,首旅集团应运而生了一种以EVA业绩评价方法为依托的新型薪酬激励制度,鼓励管理者和员工更好地为企业服务,为企业创造价值。首旅集团减少了业绩评价中会计利润因素所占的权重,加大了经济利润因素所占的比重,调整后经济利润成为除基础薪酬外奖金中占比最大的部分。同时,为了更好地鼓励员工和管理者站在股东的角度为企业创造价值,首旅集团使用当年的EVA数值作为年终奖金的考评依据:当EVA为正时,增加10%的经济利润奖金;当EVA为负时,减少10%的经济利润奖金。企业按照一定的比例,在正负10%范围内进行分配计算。

过去,首旅集团的管理测试方法由国家资产监督管理部门制定;现在,除了国家制定,企业根据自身特点制定了一套科学的激励机制,并且目前的管理模式对企业业务产生了积极影响。尤其需要说明的是,目前企业对相关业绩考核的范围已覆盖较广。首旅集团根据自身实际情况,将一些考核指标与员工薪酬相连的激励机制,相当于十分直接地对高层管理人员实施 EVA 指标考核激励计划,从而加强管理层的管理意识。例如,将业绩评价结果与管理层的年薪、职位等相挂钩。

首旅集团在实施 EVA 业绩评价的过程中会定期通过企业员工了解、掌握和认同 EVA 概念的程度等指标来修整与完善企业 EVA 业绩评价机制,然后根据关键因素的影响,周期性地向企业员工进行检查和考核,与此同时,制定与评价结果相关联的激励体系,并确保该体系的顺利、有效施行。

2018 年,为了更好地激励企业高层管理人员,首旅集团再次实行新一轮限制性股票激励计划,此次计划涉及的激励对象不超过 266 人,包括公司董事、高级管理人员及公司董事会认为应当激励的中层管理人员、核心骨干。以上激励对象中,董事、高级管理人员必须经股东大会选举或公司董事会聘任。此次计划涉及的激励对象不包括外部董事(含独立董事)、监事及单独或合计持有公司 5% 以上股份的股东或者实际控制人及其配偶、父母、子女。所有激励对象必须在此次计划的业绩考核期内于公司或公司子公司任职并已与任职单位签署劳动合同或聘用合同。业绩考核条件如表 11-10 所示。

表 11-10　业绩考核条件

解除限售期	业绩考核条件
第一个解除限售期	以2017年度净利润为基数,2019年度净利润增长率不低于20%,2019年度每股收益不低于0.729 5元,且上述指标都不低于对标企业四分之三分位值或同行业平均水平;2019年度中高端酒店营业收入占酒店营业收入不低于34%
第二个解除限售期	以2017年度净利润为基数,2020年度净利润增长率不低于30%,2020年度每股收益不低于0.790 3元,且上述指标都不低于对标企业四分之三分位值或同行业平均水平;2020年度中高端酒店营业收入占酒店营业收入不低于36%
第三个解除限售期	以2017年度净利润为基数,2021年度净利润增长率不低于40%,2021年度每股收益不低于0.851 1元,且上述指标都不低于对标企业四分之三分位值或同行业平均水平;2021年度中高端酒店营业收入占酒店营业收入不低于38%

资料来源:首旅集团《2018 年限制性股票激励计划(草案)》。

首旅集团通过推出限制性股票激励计划,进一步绑定管理层利益。根据首旅集团 2018 年 11 月 26 日发布的《2018 年限制性股票激励计划(草案)》,拟授予高管、中层和核心骨干不超过 9 711 095 股限制性股票,授予价格 8.63 元/股;限售期解除条件为2019—2021年净利润增长相对2017年分别不低于20%、30%、40%，中高端酒店营业收入占比分别不低于34%、36%、38%。与2017年推出的市场化薪酬激励方案相比，本次方案覆盖范围扩大（7名高管扩至266名）、注重长效激励（从现金到股权）、目标更明确（从开店与营业收入到净利润增长与中高端酒店营业收入占比），有望进一步绑定管理层利益，提升经营效率。

首旅集团净利润增长和中高端酒店营业收入占比目标实现的可能性较大，激励费用对企业业绩影响较小。酒店行业长期提升空间广阔，中期来看每间可供租出客房产生的平均实际营业收入（RevPAR）增速将持续放缓。根据盈蝶咨询和STR（英国信达集团）数据，对标美国酒店行业，我国人均连锁酒店客房拥有量还有1倍提升空间；国内酒店在连锁化率、中端酒店营业收入占比和市场集中度方面与美国仍有较大差距，未来提升空间广阔。

通过实施EVA业绩评价，企业管理效率优化，有望继续发力品牌输出、产品升级，维持"增持"。企业《2018年限制性股票激励计划（草案）》基于2016年收购如家酒店、2017年推出市场化薪酬激励制度的改革和突破，有望进一步绑定高层管理人员与核心员工利益，提升经营效率；有望凭借加盟扩张、发力中端，实现业绩持续增长。可以预计，2019—2020年首旅集团RevPAR增速继续放缓，维持2018年并下调2019—2020年企业盈利预测，2018—2020年EPS（每股盈余）分别为0.90元、0.99元、1.07元。

日前，薪酬激励制度的建立使首旅集团的离职率有所下降，企业员工和管理者更好地感受到企业发展与自身职业发展紧密相连，自主性大幅提升。当企业员工将自己的身份定位为股东时，他们将会更倾向于注重EVA的增长。

EVA指标考核激励计划的股权激励效果主要借助红利激励等方式实现，可以减少股权激励中不确定因素的影响；通过会计科目的调整，可以促使职业经理人以股东利益为中心实施企业薪酬管理，对企业长远发展有着积极的促进作用，有利于企业净利润目标的实现。

这种基于EVA业绩评价方法的薪酬制度，能够使企业员工和管理者的利益与企业股东的利益紧密结合，使他们的目标趋向一致，从而达到双赢的结局。EVA业绩评价机制的功劳非同小可。在企业薪酬激励制度中引入EVA指标，可以确保股东、经营管理者等利益参与方的经济利益，拉近利益参与方之间的关系，有利于利益参与方的有效协作、互动,促使经营管理者切实维护股东利益而展开内部管理;此外,在确保经营管理者经济利益的同时,实现股东利益最大化,并实现股东对经管理营者行为的管控。EVA 指标考核激励计划的实践,促使股东与经营管理者的思想、利益一致,双方关系协调,有效规避委托代理风险,降低代理成本,提高管理水平。

(二)优化企业资本结构,提高资本运营效率

企业的发展与企业管理者的培养密不可分,管理者能够充分地发挥其领导才能,为企业的发展做出贡献,并且为企业和股东创造财富,但如何留住优秀的管理者又成为企业面临的一大难题。首旅集团为了能够更加稳定地发展,建立了项目合伙人机制,使企业的高层管理者能够在参与项目的同时对其进行投资,真正做到管理者成为项目的"股东"。这样一来,管理者不仅能够在完成项目时充分地站在股东的角度为企业创造价值,还能够在管理各自酒店的过程中更加深入地体会 EVA 的实质和意义,体会愈发深入,便能够带来愈发深刻的理解,从而影响管理者的未来决策。

在人才管理方面,首旅集团不再将管理者视为受雇者,而是将他们视作企业的主人,让他们能够更加灵活、积极地运用企业资源创造财富;管理者转换身份之后,其利益能够更好地与股东利益相互捆绑,从而激发他们更高的潜能。人才管理转变的同时,首旅集团也在进行着制度的转变。

为提高企业短期闲置资金的使用效益,增加现金资产收益,在投资风险可控的前提下,首旅集团对于短期闲置资金通过购买商业银行发行的理财产品的方式,在确保安全性、流动性的基础上实现资金的保值增值;为进一步提高企业短期闲置资金的效益,首旅集团董事会同意在之后的 12 个月中,授权总经理决定单笔或累计不超过企业最近一期经审计净资产的 15%,且金额不超过 11 亿元的企业委托银行理财事项。

2017 年 3 月 28 日,在进行九个月的深度整合后,首旅集团宣布合并后的酒店集团更名为北京首旅如家酒店(集团)股份有限公司(以下简称"首旅如家酒店集团")。同时,首旅集团还正式对外揭晓首旅如家酒店集团新成立的三个事业部,包括高端酒店事业部、中高端酒店事业部、经济型商旅酒店事业部(见图 11-2)。如此,首旅集团的未来战略版图也更为清晰。至此,首旅集团的阶段性整合正式宣告完成。

案例 11　首旅集团 EVA 业绩评价及其影响

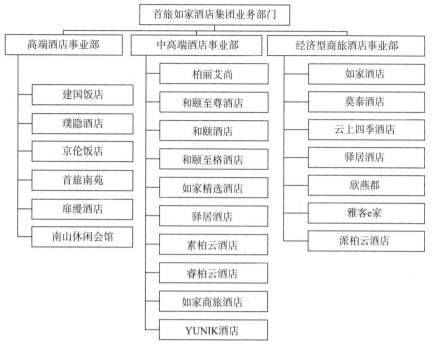

图 11-2　首旅如家酒店集团业务部门结构

除了更名和设立三大事业部,首旅集团还发布了全新的企业形象、全新的会员体系和全新的吉祥物。对于目前整合的效果,首旅集团方面表示,通过双方的整合,新首旅如家酒店集团旗下所有酒店已经完成全新的销售平台、会员平台以及行销平台的整合与打通。其中,在会员平台方面,原首旅集团和如家酒店集团的会员系统实现全流通,凡持有家宾会会员卡的消费者,将享有首旅如家酒店集团所有酒店通住、积分通积通兑的红利;此外,会员等级也得到提升,衍生了钻石会员级别,可享受酒店入住折扣。

另外,首旅集团对酒店品牌进行了梳理整合,目前覆盖高端、中高端、商旅型、休闲度假、长租公寓、联盟酒店等全系列的酒店业务。首旅集团的总经理孙坚曾表示过,截至 2017 年 3 月底,首旅集团旗下中高端酒店已经超过 520 家,在 2018 年新开的酒店中,中高端酒店占比也达到 42%;他还表示,中高端酒店是首旅集团未来几年的重点发展方向,计划到 2020 年中高端酒店收入的占比提升至 32%。

此外,首旅集团分别与首汽、康辉、东来顺、全聚德签署战略协议,在拓展中高端酒店市场的同时用更多的外延服务来吸引消费者,构建顾客价值"生态圈"。在这样的生态圈之下,消费者可以在酒店前台办理入住并通过首汽租车,在酒店的餐厅可以享用首旅集团旗下全聚德和东来顺提供的美食,同时可以在如家优选购物平台进行网购,获得环球影城或景区的优惠福利等。

对外合作不断的同时,首旅集团也在进行内部管理结构的改变。过去,各地酒店分别进行业务结算,在应用 EVA 业绩评价机制后,首旅集团将业务结算的权利收回,总部建立相应的管理部门,收集各地分公司的数据进行集中处理,其目的便是增强总部对分公司资金使用率的管控,防止分公司擅自调动资金或浪费资金资源。所有分公司的资金信息、银行账户都必须在总部提前报备;分公司在调动资金时,需要向总部请示,获得相关部门负责人的审核通过后,才能够进行支付或者投资;各个分公司需要每月进行预算计划,向总部汇报资金使用情况以及预计下个月想要结算的业务。制度转变在提高资金使用率的同时,能够让总部对分公司的监管更加全面、及时,实时监督其资本利用情况,致力于为企业创造价值。

(三)集中资本到优质子公司,摒弃业绩较差的股权投资

首旅集团通过并购多家大中小酒店企业,逐步在旅游行业横向发展,试图占据更多的市场份额,这就代表首旅集团将投资目标明确锁定在同行业之中,努力贯彻国资委指示的关注主业的目标。目的性明确的投资能够更好地塑造企业的形象,使企业在投标时占据优势地位,并且同类企业的并购更能够培养企业的管理能力,运用以往的管理经验,降低投资风险,增加投资收益。

在不断并购的同时,首旅集团也在不断出售旗下公司股份。除酒店业务外,企业通过出售北京燕京饭店有限责任公司(以下简称"燕京饭店")股权、北京首汽(集团)股份有限公司(以下简称"首汽股份")股权、上海碧邦酒店管理有限公司股权以及收到政府补助和关店拆迁补偿款等,非经常性损益比 2017 年同期增加 1.7 亿元。

2018 年 7 月 17 日,首旅集团发布公告称,企业把所持有的燕京饭店 20% 的股权以 1.486 6 亿元的价格转让给了海航酒店控股集团有限公司,交易完成后,首旅集团将获得 1.26 亿元的投资收益。这是首旅集团自 2017 年以来处置的第三笔资产。2017 年 8 月,首旅集团接连把所持有的首汽股份 10% 的股权及北京首旅寒舍文化旅游发展股份有限公司 35% 的股权,以共计约 2.12 亿元的价格出售。

相比如家酒店等资产,燕京饭店陷入亏损泥潭。2017 年燕京饭店亏损 3 374.25 万元,净利润率为 -24.87%,资产负债率为 101.64%;而 2018 年公司依然没有摆脱亏损,净利润率扩大至-55.79%,资产负债率略微提高至106.34%。北京天健兴业资产评估有限公司出示的数据显示,以2017年6月30日为评估基准日,燕京饭店的账面总资产不抵总负债,账面净资产亏损2.26亿元。企业工商资料显示,在燕京饭店原股权结构中,海航酒店(集团)有限公司持股45%,中国新华航空集团有限公司持股35%,二者均属海航集团,而首旅集团只持股20%。本次转让后,燕京饭店股权将全部归海航集团持有。

首旅集团出售上述资产,其实是在剥离亏损资产,摒弃业绩较低的子公司,而将资本集中到业绩优异的子公司。在筛选出售金融资产时,EVA业绩评价机制起到了十分重要的指导性作用。

(四)采用EVA业绩评价方法对首旅集团的积极影响

EVA指标是度量企业价值创造的重要指标,企业根据自身情况与特点,以EVA指标的基本原理为基础进行业绩评价,对于促进企业注重持续盈利及价值创造进而实现可持续发展具有重要意义。首旅集团推进以EVA为核心的管理激励制度,在业绩评价、管理体系、激励制度、理念体系等方面实现了突破,从根本上提高了企业的价值创造能力和决策管理水平。

1. 业绩评价——提高客户服务能力

第一,将客户稳固程度纳入业绩考核范围,夯实客户基础。首旅集团将争夺新客户与培养存量客户相结合,力图扩大中低端酒店客户规模;对于高端目标客户,选择紧紧围绕客户的需求进行服务,在保证服务人员数量的同时保证服务质量。通过加强对各地酒店的管理,因地制宜,区域规划跟踪,保证客户利益,并将客户稳固程度纳入业绩考核范围,首旅集团切实提高了客户的忠诚度。

第二,充分考虑新客户的拓展度,加快与同业企业合作共赢。首旅集团依托网络渠道、电子渠道与外部机构,与差异化、专业化的旅游同业企业合作,稳定了客户来源,建立起客户差异化拓展模式,推动了旅游产业链统筹发展。为进一步加强与外部机构的联系与合作,首旅集团还通过各种渠道不断激励员工搜集与整合客户信息资源,开展集中化、标准化和规范化的市场营销,加强市场调研,挖掘客户需求,分析营销机会,从而实现客户的批量拓展,占据更大的市场份额。同时,新客户的拓展度也被纳入业绩考核范围。

第三,明确客户等级层次,建立客户培育提升通道。首旅集团明确了各级客户具体的量化标准,并进一步完善了客户培育机制,提高了员工培育客户的积极性,并将其纳入业绩考核范围。首旅集团始终坚持创新发展,对目标客户进行深入研究,准确围绕目标客户的旅游需求与消费习惯制定有针对性的营销策略和服务策略,提高了客户忠诚度和满意度,也为综合价值的创造奠定了基础。具体来说,首旅集团试图通过客户培育机制转变员工的服务意识,从"等客上门"转变为主动服务,深入挖掘客户需求,"以客户为中心",实现"客户需要什么产品,就提供什么样的产品,没有的产品就努力开发"。此外,为稳固客户忠诚度,首旅集团还进一步整合内部资源和渠道,加强与当地景点、餐饮类企业之间的合作,为客户提供立体化、多维度的增值服务。

2. 管理体系——转变企业管理模式

2013年左右,酒店行业整体业绩有所下降,市场竞争加剧。在此背景下,首旅集团的业绩增长也趋于平缓,涨幅降低。EVA业绩评价机制的应用,使企业能够更好地意识到目前所面临的问题,在资本成本与日俱增的情况下,企业很难只通过扩大市场份额等手段增长业绩。在EVA理论的指引下,首旅集团为了降低成本,提高资本运营效率,在总部推行了各类资金管控程序,旨在优化企业资本结构,降低企业投融资风险,以最低的资本成本获取最大的利益。

第一,加强管理模式创新,将自身整体发展和价值提升作为目标。长期以来,首旅集团的组织机构设置主要是站在有利于酒店经营的角度,强调规范化管理与专业化分工。在推行EVA业绩评价机制后,首旅集团在推进品牌运营时,更多地站在客户角度进行组织机构设置,要求企业员工注重沟通、追求效率、增强灵活性,以便提供有针对性的产品与服务。为了防止企业组织分工过度细化,首旅集团不再急功近利,克服了原有组织结构层次多、信息传递慢、工作效率低等缺陷,通过将原有组织结构改造为扁平的网络型组织结构,使分工向职能化、综合化方向发展,促进各部门更加协调、有效地沟通与工作,从而实现了一站式高性能服务。

第二,将业务结算由分公司重新调整回总部。此项调整使总部更及时地监控分公司的业务业绩,更敏捷地对其资本进行配置,更全面地指导分公司的资本结构调整;使企业管理者更好地根据企业资本运营效率的高低对未来的决策进行反馈,不断修正发展方向,在提高资本运营效率的同时提升企业价值。

第三,提供差异化和高品位的产品与服务。首旅集团依托自身资源优势,开发具有差异化的特色酒店产品与服务项目,增加吸引市场的卖点与亮点,给客户带来全新的消费体验,不断塑造品牌的比较竞争优势;同时,努力打造个性化、高品位的产品与服务,在服务质量的控制上坚持标准化与个性化的统一,并注意在各员工心中牢固树立差异化的服务理念,提高定制化服务水平,增强品牌承诺兑现能力。

3. 激励制度——优化薪酬激励制度

EVA业绩评价机制带来的最优激励计划能够突出员工的自主性。完善的薪酬激励制度能够在EVA业绩评价的基础上激励企业管理者的行为,实现与股东的双赢。首旅集团通过EVA业绩评价机制修改了原有的员工激励制度。新的激励制度需考虑的首要因素是动员能为企业带来价值提升的每一个员工,对所有能够提升企业价值的员工都予以实质性的奖励,激励他们更好地为实现公司价值提升贡献力量。而且,员工的奖金有机会作为集体资金统一投资,进而提升员工的主人意识,降低高薪员工跳槽的概率。通过全新的激励制度,企业可以达到更高的预期目标,企业股东和管理者的利益能够更好地结合并将目标统一锁定于企业价值提升方面,并减少企业管理层对利润的追求和股东对价值的追求之间的矛盾。

4. 理念体系——塑造企业文化

企业的战略方向并非一成不变的,管理层需要根据企业发展状况不断修正战略方向以适应外部环境和内部需求的变化。首旅集团正是秉承"业绩为先、创新为源、团队为上、以人为本"的企业文化理念,不断发展壮大。

业绩为先,是指要依据业绩成果对企业的决策进行修正,首旅集团始终坚持以业绩发展为中心,围绕业绩考核建立薪酬激励制度,促使员工努力提升自身业绩,实现共赢。

创新为源,是指作为我国大型上市旅游业国有企业之一,首旅集团始终以低风险、多元化的战略进行投资,实现稳中有升;其管理制度改革带来了资金管理能力的提高和资本利用率的提升,在不断拓展新业务的同时也不断促进管理能力和运行能力的稳步提高。

团队为上,是指通过对员工进行EVA业绩评价的培训,在首旅集团内部逐步建立起高效的企业组织结构,更有效地实现分工协作、顺畅运营,并通过严格的团队纪律,规范企业经营、财务、安全等各个方面。

以人为本,是指首旅集团注重加强企业管理人员的专业知识培训,使他们能够适应知识经济发展的潮流,统一企业整体从业人员素质发展目标与品牌目标。在初期选拔人才时,首旅集团便加大对人力资源的投资,使企业人力资源得到保值甚至升值,并以适当的比例把物质资本投资转向人力资本投资。根据企业各种人力资源的竞争力属性,首旅集团将其分为核心人力资源、优势人力资源、基础人力资源和劣势人力资源。其中,核心人力资源通常是指具有综合决策能力和策略控制能力的高级管理人员,他们了解酒店品牌文化、理念、价值,熟悉酒店软硬件环境,往往是品牌竞争优势的重要组成部分;优势人力资源是指具有丰富酒店工作经验和较强管理能力的部门经理、主管人员等,他们可以为酒店品牌提供一定的竞争力。将人才进行划分,是为了能够更好地向他们灌输企业文化,分层培养人才。首旅集团正是凭借核心和优势人力资源,得以为客户提供高质量、差异化的品牌产品与服务,而只有加大对该部分从业人员的培养与投入力度,才能更好地维持品牌优势。

三、问题讨论

EVA业绩评价方法具有许多优越性,但在实际操作中,企业仍然需要结合其他业绩评价方法,以更加全面地分析并为企业的下一步发展战略指明方向。本案例请学员们重点思考以下问题:

1. EVA业绩评价机制有何特点?与传统业绩评价机制有何区别?它的优势有哪些?

2. 首旅集团应用EVA业绩评价机制后有何变化?

3. EVA业绩评价机制是如何助推首旅集团进行结构整合的?

4. 如果你是首旅集团高管,你将如何应用EVA业绩评价机制为企业提升价值?

四、主要参考资料

1. 常金平,许鹏辉,王映均,焦兰,郭洪峰. 中航工业成飞以EVA为导向的全价值链成本管理体系的构建与实施[J]. 财务会计,2015(11):12-18.

2. 陈潇. 论企业价值管理——基于EVA应用研究[J]. 新会计,2014(05):12-13.

3. 冯志英,王玉红. EVA绩效评价方法在我国房地产企业的应用——以万科公司为例[J]. 财务与会计(理财版),2013(01):17-20.

4. 付洪垒,徐莹. EVA在房地产业业绩评价中的应用研究综述[J]. 合作经济与科技,2016(23):90-91.

5. 郭蕾. EVA 评价体系在房地产开发企业实际运用中的问题与对策 [J]. 财经界(学术版), 2014(16): 135.

6. 姜鑫, 金鸿雁. 对企业实施 EVA 考核的若干思考 [J]. 财务与会计(理财版), 2010(09): 58.

7. 李凤英. EVA 在企业绩效评价中的应用 [J]. 北方经济, 2010(16): 55-56.

8. 梁洁. 基于 EVA 的创业板上市公司业绩评价与市场价值相关性研究 [J]. 企业研究, 2013(14): 8-9.

9. 刘安琪. 首旅酒店 EVA 业绩评价案例研究 [D]. 中国财政科学研究院, 2019.

10. 刘梅霞. 房地产行业 EVA 考核存在的问题和对策 [J]. 当代经济, 2013(10): 52-53.

11. 刘莺. 经济增加值与上市公司绩效评估实证分析 [J]. 现代商贸工业, 2011(18): 23.

12. 欧阳春花. EVA 会计调整研究 [J]. 财会通讯, 2014(22): 109-112.

13. 裴燕. 基于 EVA 的企业绩效评价 [J]. 全国商情(经济理论研究), 2014(17): 33-34.

14. 王明丽. 基于 EVA 的中国联通绩效评价研究 [J]. 科技创业月刊, 2015(17): 61-63.

15. 王文燕. EVA 率与其驱动因素的关系研究——以我国建筑业上市公司为例 [J]. 甘肃科技, 2014(17): 115-117.

16. 王毅. 基于 EVA 模式的企业价值管理研究 [J]. 财会通讯, 2013(05): 59-60.

17. 谢守红, 陈法朋. 基于 EVA 的房地产业上市公司价值评估 [J]. 商, 2015(05): 245-247.

18. 徐红梅. 中国 EVA 研究现状之评价 [J]. 中外企业家, 2015(10): 98-99.

19. 杨帆. 浅析 EVA 在我国上市公司业绩评价中的运用 [J]. 时代金融, 2013(03): 193-194.

20. 张海霞. 基于 EVA 的房地产上市公司业绩评价——以保利地产为例 [J]. 财会月刊, 2015(09): 56-59.

21. 周建利. EVA 在房地产企业中的运用 [J]. 行政事业资产与财务, 2013(06): 100-101.

案例 12
从青岛海尔收购通用家电看跨国企业并购

教学目标

本案例旨在通过青岛海尔收购通用家电的介绍，使学员对跨国并购有全面的认识，了解跨国并购的方式；同时，使学员通过青岛海尔收购通用家电前后的绩效分析充分认识跨国并购带来的风险和效益，识别跨国并购的关键因素，启发学员对跨国并购的深入思考。

2016年1月14日，青岛海尔和通用电气（GE）签订了《股权与资产购买协议》，根据上述协议并在当日召开公司会议，青岛海尔通过了《青岛海尔股份有限公司关于公司重大资产购买方案》等议案。2016年1月15日，青岛海尔发布了与通用电气达成的收购协议，并且披露了《青岛海尔股份有限公司第八届董事会第二十九次会议决议公告》《青岛海尔股份有限公司重大资产购买预案》及其摘要等与本次收购相关的交易文件。2016年1月25日，青岛海尔收到了上海证券交易所出具的《关于对青岛海尔股份有限公司重大资产购买预案信息披露的问询函》（上证公函〔2016〕0106号）。2016年1月30日，青岛海尔公布了《青岛海尔股份有限公司关于对上海证券交易所问询函回复的公告》。2016年3月12日，青岛海尔发布了美国反垄断法对本次收购审核的相关决议公告，公告表明，青岛海尔收到了美国联邦贸易委员会竞争局并购前申报办公室出具的函件，证明青岛海尔并购通用家电已通过审核。2016年3月15日，青岛海尔公布了《青岛海尔股份有限公司重大资产购买报告书（草案）》等相关文件，详细地披露了青岛海尔、通用电气2013—2015年的业绩以及交易完成后的整合计划。2016年5月21日，墨西哥联邦经济竞争委员会通过了青岛海尔的购入重大资产不违反反垄断法的决议。

2016年6月6日,青岛海尔向通用电气及相关主体支付完毕,青岛海尔与通用电气完成对通用电气家电业务的交割,标志着通用家电正式加入海尔大家庭。通过本次收购,青岛海尔获得了通用家电相关资产、负债和权益,包括其工厂、设备、研发中心、专利技术、品牌、子公司或其他企业的股权以及相关负债等。

一、案例背景介绍

伴随着全球经济一体化进程的不断加快和我国作为世界第二大经济体在全球经济舞台上所发挥的日益重要作用,国内企业与国外企业的资本力量对比发生了重大变化,国内竞争国际化和国际竞争国内化的趋势促使越来越多的企业通过跨国并购走向国际市场。跨国并购是指跨国兼并和跨国收购的总称,是并购企业为了达到某种目标,通过一定的渠道和支付手段,将另一国企业的所有资产或足以行使运营活动的股份收买下来,从而对另一国企业的经营管理实施实际的或完全的控制行为。2015年我国企业进行了大规模的跨国并购,根据国家统计局官方数据,跨国并购事件高达近580起,涉及62个国家和地区,实际交易金额达544.4亿美元,并购领域涉及制造业、信息技术服务业等18个行业大类。2016年我国企业跨境投资总金额高达1 701亿美元,较之2015年有较大的涨幅,涨幅高达44.1%,这些数据具体体现在《中华人民共和国2016年国民经济和社会发展统计公报》中。由此可见,近年来通过跨国并购进行对外投资已经成为我国企业走向国际化的重要途径。如今家电行业的发展已形成了较为成熟的市场竞争环境,拥有众多实力相当的参与者,因此竞争也较为激烈。目前,全球主要大型家电企业包括惠而浦、通用家电、伊莱克斯、青岛海尔、LG、三星、美的、松下等,各大品牌凭借其自身对产品和销售区域的不同定位从而在不同的细分市场中占有一定的竞争优势与领先地位,在这种市场形势下,上述主要市场参与者很难通过内生式增长抢占其他竞争对手的市场份额、实现规模扩张,并购便逐渐成为获取市场资源的有力手段。

欧睿国际统计显示,2015年全球大型家电市场规模合计达2 118亿美元,其中亚太地区和北美地区占比分别高达37.87%和27.81%。此外,根据预测,2015—2020年全球大型家电市场仍将保持较为强劲的增长势头,年复合增长率将达5.9%。亚太地区作为新兴市场的集中地区,家电行业发展迅猛,预计2015—2020年年复合增长率将达6.3%。

目前,我国家电市场在全球家电市场中的占比不足 1/3,而美国家电市场规模位列全球第二。2015 年美国大型家电市场规模为 589 亿美元,预计 2016—2020 年,美国大型家电市场仍将保持稳步攀升态势,年复合增长率可达 3.25%。青岛海尔通过在美国家电市场选择并购标的,获取美国家电市场份额,能够提升其在全球家电市场的竞争实力。通用家电在美国家电市场的占有率近 20%,是美国第二大家电品牌,也是美国第二大被用户认可的家电品牌,通用家电约 90% 的业务收入来自美国市场。通用家电基于美国会计准则未经审计的 2013 年、2014 年、2015 年 1—9 月的息税前利润分别为 1.76 亿美元、2.00 亿美元、2.23 亿美元,同期家电市场规模增长 4% 左右,相比之下通用家电表现更优秀。

二、公司基本情况

(一)青岛海尔

海尔集团作为全球大型家电品牌,创立于 1984 年,借着改革开放的东风,凭借差异化的质量在市场上迅速占据优势地位,1993 年 11 月 19 日在上海证券交易所上市(股票代码:600690),是国内家电行业中上市最早的一批企业。随着我国经济的迅速发展,30 多年来,海尔集团借助国家鼓励兼并重组、我国加入 WTO 等契机,成功从亏损 147 万元的小厂成长为世界级大型集团企业。

青岛海尔股份有限公司(以下简称"青岛海尔")是海尔集团旗下的上市公司,主要经营空调、冰箱、厨房电器等的研发、生产和销售,同时还提供物流服务。截至 2015 年,海尔集团直接持有青岛海尔 17.52% 的股份,为青岛海尔的实际控制人,并通过青岛海尔创业投资咨询有限公司、青岛海尔厨房设施有限公司、海尔电器国际股份有限公司持有青岛海尔 2.62%、0.19%、20.56% 的股份。目前,青岛海尔已成为全球最大的白色家电制造企业之一,并且已从传统制造家电产品的企业转型为面向全社会孵化创客的平台。为适应互联网时代的发展,青岛海尔颠覆了传统企业自成体系的封闭系统,致力于成为网络互联中的节点,互联互通各种资源,打造共创共赢新平台,实现攸关各方的共赢增值。

青岛海尔曾多次收购海外资产,2014 年,青岛海尔引入战略投资者——私募股权投资机构 KKR 进行一系列的战略合作,这对促进青岛海尔海外家电资产及国际化的发展具有很大的帮助。2015 年,青岛海尔完成收购海尔集团的白电业务,并受托管理斐雪派克相关资产,青岛海尔业绩的大幅提升大大提高了其在海外市场的业务能力。并购前青岛海尔主要的财务数据如表12-1至表12-3所示。

表12-1 青岛海尔2012—2015年资产负债表简表   单位:亿元

项目	2012年	2013年	2014年	2015年
资产总计	496.88	610.93	823.49	759.61
负债合计	342.62	410.62	504.26	435.19
所有者权益合计	154.26	200.31	319.23	324.42
归属于母公司股东的所有者权益	111.29	144.94	246.08	227.33

资料来源:青岛海尔2012—2015年年度报告。

表12-2 青岛海尔2012—2015年利润表简表   单位:亿元

项目	2012年	2013年	2014年	2015年
营业收入	798.57	866.06	969.30	897.97
营业利润	52.70	61.76	83.00	64.58
利润总额	54.28	67.24	85.76	69.81
净利润	43.61	55.60	70.49	59.25
归属于母公司股东的净利润	32.69	41.74	53.38	43.04

资料来源:青岛海尔2012—2015年年度报告。

表12-3 青岛海尔现金流量表简表   单位:亿元

项目	2012年	2013年	2014年	2015年
经营活动现金流量净额	55.19	65.11	67.69	55.80
投资活动现金流量净额	(11.81)	(13.82)	(36.39)	(102.73)
筹资活动现金流量净额	(4.69)	(9.25)	71.54	(18.96)
本期现金净增加额	38.60	41.78	101.46	(64.37)
期末现金及现金等价物余额	204.05	162.22	311.20	246.83

资料来源:青岛海尔2012—2015年年度报告。

由青岛海尔三大报表的相关信息可以得出以下结论:在2014—2015年,青岛海尔的业绩虽然有小幅下降,但是仍然比2013年有所提升,可见对三洋白电和斐雪派克并购整合的协同效应正在不断地释放。

(二)通用电气

通用电气即美国通用电气公司(General Electric Company,GE),创立于1892

年,是美国一家多元化的服务公司,也是世界上最大的提供技术和服务业务的跨国公司,目前公司业务遍及100多个国家,拥有员工315 000人。自1878年托马斯·爱迪生(Thomas Edison)创建通用电气公司以来,通用电气不断引领家电行业的潮流,不仅创造了世界上第一盏白炽灯泡,还在1905年发明了第一台电烤箱D-12,在1910年发明了第一台热感应电炉Hotpoint,将厨房生活带入新时代;从1917开始生产适用于普通家庭的全封闭式电冰箱,在1930年发明了世界上第一台电动洗衣机。根据公司的发展战略和产业链布局,通用电气目前集中投入的是一些周期较长、资金较密集、技术壁垒较高的产业。家电是通用电气最早的业务之一,从一定程度上来说,家电业务是通用电气的支柱产业,意义重大。通用电气家电虽然是通用电气的老牌业务,但是其技术壁垒较低,与通用电气的产业链布局有些格格不入,与通用电气在能源、燃油及航空航天等领域无法形成上下游一体化,难以达到上下游协同。21世纪以来,随着全球家电行业的不断发展,通用电气的家电业务在市场占有率和市场增长率方面都在不断下滑。一方面是由于原料价格的不断上涨,另一方面是由于次贷危机以及房地产市场的不断萎缩,家电行业越来越不景气。这就导致了通用电气的老牌业务——家电业务——贡献的收入占比较低。由此可见,出售家电部门的决定也符合通用电气的战略部署。

通用电气的生产研发能力毋庸置疑,截至2015年三季度,通用家电已经拥有超过一万名员工,2015年1—9月实现营业收入46.58亿美元,其中约90%来自美国市场,并在全美五大洲设有9个配套设施完善、生产技术先进、管理模式领先的生产基地。并购前,通用电气已经形成一支多达600人的业界资深研发团队,平均从业年龄超过20年,并在全球拥有4个研发中心,分别位于美国、中国、韩国和印度。此外,通用电气已经获得上千项专利,并有1 000多项专利正在申请中,覆盖厨具、烤箱、微波炉、冰箱、洗碗机、洗衣机等家电产品。

2016年6月,《2016年BrandZ全球最具价值品牌百强榜》公布,通用电气排名第10位。2017年6月7日,2017年《财富》美国500强排行榜公布,通用电气排名第13位。2017年6月,《2017年BrandZ全球最具价值品牌百强榜》公布,通用电气排名第19位。通用电气作为全球最大的家用电器制造商之一,已有100多年的历史,通用家电具有丰富的行业经验,其管理模式也领先于同行业其他企业,技术上传承于大发明家爱迪生,其业务主要涉及制冷产品、家庭护理产品、厨电产品、洗碗机、洗衣产品等。2015年数据统计显示,通用家电在美国家电市场占有率近20%,是美国第二大家电品牌,也是美国第二大被用户认可的家电品牌,通用家电约90%的业务收入来自美国市场。通用家电已经构建一个覆盖全美、辐射全球的销售网络,长期与Sears、Lowe's、The Home Depot和Best Buy全美四大连锁家电零售商保持良好且密切的战略合作关系。

在消费者认可度方面,根据全球领先的市场调研机构The Stevenson Company的统计,在针对年收入100 000美元以上的高收入家庭的品牌知名度评比中,通用家电以领先第二名两倍的高知名度夺得第一名,让通用家电成为美国高收入家庭身份的象征。当消费者考虑购买一件家电产品时,其中28.2%的消费者会考虑购买通用电气的家电产品。目前,通用家电旗下拥有Hotpoint、GE Artistry、GE、GE Profile、GE Café和Monogram六大品牌体系,从优质实用到高端奢侈,全方位覆盖高中低端各个细分市场,全面满足不同类型消费者的喜好和需求。

通用家电基于美国会计准则未经审计的2013年、2014年、2015年1—9月的息税前利润分别为1.76亿美元、2.00亿美元、2.23亿美元,同期家电市场规模增长4%左右,相比之下通用家电表现更优秀。2015年,通用家电厨电产品的市场占有率近25%,位居美国第一,制冷产品和洗碗机的市场占有率分别为16%和15.5%,位居美国第二。2015年1—9月通用家电主要产品的收入分布如表12-4所示。

表12-4 2015年1—9月通用家电收入分布情况

项目	金额(百万美元)	占比(%)
厨电产品	1 386	34.15
制冷产品	1 166	28.73
洗衣产品	783	19.29
洗碗机	383	9.44
家庭护理产品	341	8.40
合计	4 058	100.00

资料来源:通用电气2015年年度报告。

并购前通用电气主要的财务数据如表12-5至表12-7所示。

表 12-5　通用电气资产负债表简表　　　　　　　单位：百万美元

项目	2013年	2014年	2015年
资产总计	656 560	646 977	492 692
负债合计	519 777	510 164	389 582
所有者权益合计	136 783	136 833	103 110

资料来源：通用电气2013—2015年年度报告。

表 12-6　通用电气利润表简表　　　　　　　单位：百万美元

项目	2013年	2014年	2015年
营业总收入	113 245	117 184	117 386
总成本费用	104 145	106 921	109 200
经常性经营活动税前利润	9 100	10 263	8 186
净利润	13 355	15 345	(5 795)
归属于母公司股东的净利润	13 057	15 233	(6 145)

资料来源：通用电气2013—2015年年度报告。

表 12-7　通用电气现金流量表简表　　　　　　　单位：百万美金

项目	2013年	2014年	2015年
经营活动产生的现金流量	28 510	27 709	19 891
投资活动产生的现金流量	29 117	(5 034)	59 488
筹资活动产生的现金流量	(45 575)	(16 956)	(76 054)
现金及现金等价物净增加额	11 258	2 224	(138)

资料来源：通用电气2013—2015年年度报告。

三、合并过程

通用电气在发展过程中曾多次拟出售其家电业务模块。2008年，通用家电业务的售价预计在50亿—80亿美元，首次曝光出售家电业务的消息时，青岛海尔参与了竞标，但是突如其来的金融危机使得通用电气中止了这项计划；2014年，瑞典公司伊莱克斯拟以33亿美元收购通用电气家电业务，但最终未通过美国反垄断审查。通用电气一直很重视中国市场，2014年通过与北京大学光华管理学院合作，对其高层进行培训，希望使其深入了解中国市场，由于青岛海尔与通用电气都与光华管理学院有着密切的联系，当伊莱克斯收购失败之后，通用电气通过光华管理学院找到了青岛海尔。

案例 12 从青岛海尔收购通用家电看跨国企业并购

2015年通用电气再次出售其家电业务。在此期间,青岛海尔收购海尔新加坡投资控股有限公司,整合了海尔集团海外白电资产,完成了其白电产业的全球布局。2016年1月14日,青岛海尔与通用电气签订《股权与资产购买协议》。2016年1月16日,青岛海尔公告《青岛海尔股份有限公司重大资产购买预案》及其摘要等交易相关文件。2016年1月26日,青岛海尔发布《青岛海尔股份有限公司关于收到上海证券交易所问询函的公告》,根据该公告,青岛海尔于2016年1月25日收到上海证券交易所针对《青岛海尔股份有限公司重大资产购买预案》下发的《关于对青岛海尔股份有限公司重大资产购买预案信息披露的问询函》。2016年1月30日,青岛海尔发布《青岛海尔股份有限公司关于对上海证券交易所问询函回复的公告》,同时对上海证券交易所下发的《关于对青岛海尔股份有限公司重大资产购买预案信息披露的问询函》中涉及的问题进行答复并公告《青岛海尔股份有限公司重大资产购买预案(摘要)(修订稿)》及其摘要。2016年3月15日,青岛海尔在上海证券交易所公告《青岛海尔股份有限公司重大资产购买报告书(草案)》。2016年6月7日,青岛海尔进行通用电气家电业务相关资产购买交割,签署相关文件,履行相关程序,这一天成为通用电气家电业务正式加入青岛海尔的开端。2016年6月30日、7月29日、8月30日、9月30日、10月29日、11月30日、12月30日青岛海尔发布《青岛海尔股份有限公司关于公司重大资产购买实施阶段的进展公告》。

2017年1月10日,交易双方及相关各方签署《补充协议》并根据《股权与资产购买协议》约定的价格调整机制将本次交易的最终交易对价确定为5 611 601 583美元。根据上述协议,具体合并数据如表12-8所示。

表12-8 并购交易明细

交易价格	初步作价为54亿美元
估值水平	EV/EBITDA(企业价值)倍数为9.78倍,P/B(市净率)倍数为2.59倍
最终交易价格	56.12亿美元,约合人民币387.92亿元
支付方式	现金支付
融资安排	自筹资金、并购贷款;其中33亿美元的并购贷款系由青岛海尔全资子公司Haier US Application Solutions. Inv.向国家开发银行股份有限公司申请,该贷款由青岛海尔及海尔集团提供全额担保,折合人民币为218.55亿元

(续表)

交易标的	非股权资产、股权资产和相关负债。其中,非股权资产主要包括不动产、主要生产设备、办公设备、存货、与经营相关的应收应付款项、相关知识产权、其他与业务有关的资产等,其业务范围涵盖厨电产品、制冷产品、洗衣产品及主要产品线;股权部分包括10家全资子公司股权、3家合资公司股权以及3家公司的少数股权

资料来源:青岛海尔公告。

(一)关于估值

1. 溢价收购产生的商誉抵减应税收入

本次交易标的资产90%以上业务来自美国。根据公司聘请的美国税务专家的说明,针对美国标的资产的交易,交易对价和资产税基的差异及税务效益体现在两个方面:(1)被收购资产的税基将会被重置至市场公允价值("提高的税基")。根据美国相关税法规定,资产收购方将可以在未来年度根据资产类型以提高的税基进行税务折旧,以抵减应税收入。(2)剩余部分的差异金额将被确认为商誉。就并购交易而产生的商誉而言,将可以按照15年进行税务摊销,以抵减应税收入。

根据青岛海尔税务顾问普华永道的初步测算,基于收购价格为54亿美元及美国净资产税基为8.17亿美元(截至2015年3月31日,由通用电气管理层提供),假设美国联邦所得税及州所得税的综合税率为40%,商誉的摊销年限为15年,本次交易标的资产绝大部分业务来自美国并且目标公司能够产生足够的应纳税所得额以充分享受税务抵减,在现金折现率为8%的情形下,这将带来约近10亿美元的节税收益折现。

2. 并购利息抵减应税收入

青岛海尔本次收购贷款的金额为32.4亿美元,贷款期限为5年,提供贷款的金融机构为国家开发银行。按照目前的市场利率行情及未来市场利率合理的浮动情况,预计因该贷款产生的年度利息支出应在0.76亿—1.13亿美元。取利息中间值0.95亿美元核算抵减应税收入,按照美国综合所得税税率40%估算,5年内公司可以获得1.9亿美元的抵减,冲抵部分利息,每年偿还银行借款利息降至0.57亿美元。

3. 市场可比分析

综合考虑通用家电业务的领先地位、业务属性、产品范围及市场地位等因素,全球家电市场中通用家电的可比公司主要有惠而浦、AO史密斯、阿塞利克、林内、大金工业、美的集团、格力电器、伊莱克斯等。但伊莱克斯由于与通用家电交易失败支付分手费后股价大幅下滑,并未反映其业务内在价值,因此在计算可比公司倍数时将其剔除。格力电器因期末现金余额较大,使EV/EBITDA的计算结果较为异常,在计算时予以剔除。

常用的估值指标中,EV/EBITDA和P/B是适合标的公司的估值指标。由于本次估值过程中不对标的公司进行任何财务预测,因此选择历史指标较为合适。根据相关分析计算,可比公司的EV/EBITDA和P/B如表12-9所示。

表12-9 可比公司EV/EBITDA和P/B数据　　　　　　　　单位:倍

可比公司	EV/EBITDA	P/B
惠而浦	7.33	2.10
AO史密斯	11.19	3.84
阿塞利克	8.34	2.15
林内	11.76	2.25
大金工业	10.34	2.31
美的集团	8.76	2.59
格力电器	3.35	2.58
中值	9.55	2.31
平均值	9.62	2.55

资料来源:Wind数据库。

通过市场可比分析能够看出,本次收购估值在市场平均水平,合理且公允。

(二)关于现金收购方式

青岛海尔此次采用现金收购方式有以下三个原因:

第一,对于青岛海尔股东来说,保持对股权的控制权与每股收益的增加才是他们关注的主要内容。如果选择股权支付,则一定会对公司原有的股权结构产生影响,并且如果青岛海尔收购通用家电后业绩并未上升,则也将稀释每股收益。分散的股权会使上市公司有被并购的威胁,大股东同样不希望其利益被分化。因此,即便现金收购在短期内对公司现金流会产生不利影响,但青岛海尔仍旧愿意选择现金收购。

第二,被并购方也会左右支付方式的选择。被并购方股东出于利益的驱动肯定会选择对自己更有利的支付方式,青岛海尔以现金支付交易金额能够使通用电气一次性获得巨额现金流。而且通用电气也在对企业的战略方向进行调整和重新定位,其产业调整的第一步就是清理旗下的非核心业务(其中就包括家电业务),转而专注于高增长、高盈利的石油天然气、电力等重点领域。产业结构的调整、升级非常需要充足的资金支持,因此青岛海尔选择现金支付完全满足了通用电气的需求。

第三,青岛海尔能够筹集到充足的并购资金。青岛海尔拥有充足的自有资金和稳定的现金流。从青岛海尔的内部环境来说,公司处于成熟期,经营的波动性不大且具有坚固的资金链,可以支持本次收购活动;从青岛海尔的外部环境来说,公司良好的经营状况以及妥善的事前准备,使其能够从银行取得33亿美元的巨额贷款。青岛海尔通过兵分两路的方式确保了并购资金可以及时、有效地支付交接,促成了并购交易的达成。

四、并购的经济效应

(一)协同效益

本次收购完成后,青岛海尔和标的资产将通过研发能力的提升和覆盖区域、客户人群的优势互补,在销售、研发、采购、供应链、质量控制等方面充分发挥协同效应,扩大市场份额,提升业务规模。预计未来标的资产将持续良性发展、盈利能力增强,且通过本次收购预期还能实现青岛海尔现有业务与收购业务之间的协同效应,相关协同效应将于整合过程中逐步释放,计提商誉减值的可能性较小。

通用家电在美国市场以销售冰箱、烹饪电器、洗衣机、洗碗机和消费者舒适型电器产品为主。青岛海尔在美国市场的收入主要来自缝隙产品,目前正向美国主流产品转型。本次收购预计不会对青岛海尔原有的海外业务产生冲击,并且会产生显著的协同效应,产品差异性互补,渠道共享增大产品市场销售份额。

由表12-10可知,青岛海尔的全球市场占比在2010年为6.1%,在2011年增加了1.7%,随后逐年增加,2014年已达10.2%;2015年青岛海尔以9.8%的市场占比,第七次蝉联全球第一,并且海尔冰箱、海尔洗衣机、海尔冷柜、海尔酒柜也继续坐拥全球第一的宝座,且大幅度领先第二名;2016年是青岛海尔收购通用家电的第一年,青岛海尔的总收入实现千亿元的突破,以10.3%的市场占比,继续蝉联全球第一,并且海尔冰箱、海尔洗衣机、海尔冷柜、海尔酒柜也继续坐拥全球第一的宝座。综上,青岛海尔在并购前后市场份额一直呈现出上升的趋势,并且连续四年蝉联全球销量最大的家用电器品牌。

表12-10 2010—2016年青岛海尔全球市场占比　　　　　　单位:%

项目	2010年	2011年	2012年	2013年	2014年	2015年	2016年
全球市场占比	6.1	7.8	8.6	9.7	10.2	9.8	10.3

资料来源:根据相关资料整理。

(二)提高业绩

在2016—2020年5年内,基于美国市场环境预测,家电市场规模依然会保持3%—5%的稳定增长。通用家电依靠原有的行业领先地位,叠加并购带来的协同效益,营业收入和净利润会同步增长,增长速度将高于行业平均水平。青岛海尔基于杠杆收购贷款的利息支出,在扣除利息抵减应税收入后平均值大概为每年0.57亿美元,扣除利息后盈余利润将使净资产收益率和每股收益率增加。按照2015年的预测值3.23亿美元的EBIT(息税前利润)每年增长5%核算,2016—2020年青岛海尔EBIT分别为3.39亿美元、3.56亿美元、3.74亿美元、3.926亿美元、4.12亿美元;按照综合所得税税率40%计算,年利息支出0.95亿美元(并购贷款利息),2016—2020年的净利润为1.464亿美元、1.566亿美元、1.674亿美元、1.786亿美元、1.902亿美元。5年累计8.5亿美元收入,5年后不再需要偿还并购贷款利息,按预测的2020年的4.12亿美元EBIT水平,年平均利润2.47亿美元,10年24.7亿美元,加上之前的溢价收购带来的15年总计商誉抵减应税收入10亿美元,青岛海尔15年内可以获取43.2亿美元收入,而且是在考虑了贷款利息按时偿付的情形。这里有两个比较重要的假设,一是EBIT在2016—2020年保持年均5%增长,二是2021年后的10年年均利润不减少。

青岛海尔2014—2017年的盈利能力指标如表12-11所示。

表12-11 盈利能力指标　　　　　　单位:%

年度	营业利润率	总资产收益率	净资产收益率	销售净利率	销售毛利率
2014	8.71	9.84	22.86	7.54	27.61
2015	7.19	7.85	18.95	6.60	27.93
2016	5.98	6.46	19.10	5.62	31.02
2017	6.37	5.16	18.81	5.97	29.90

资料来源:青岛海尔2014—2017年年度报告。

通过表12-11可以看出，2014—2017年青岛海尔总体的盈利能力较为稳定。青岛海尔2014—2016年的毛利率较高，其中2016年的增长尤为明显，比2015年增长了11.06%。主要有如下原因：第一，并购通用家电带来的业务收入增加；第二，青岛海尔2016年自身业绩转好，毛利率有所提升。通过查阅青岛海尔年报，我们可以了解到，公司2016年毛利率为31.02%，同比增长11.06%；如果排除并购带来的影响，2016年原有业务毛利率为29.84%，同比增长6.84%。因此，青岛海尔收购通用家电产生了一定的正面效应，跨国并购所带来的收入协同效应逐渐显现，进而公司盈利能力得到了小幅度增强。

销售净利率与营业利润率在2014年以后有小幅度的下降，但总体较为稳定。值得一提的是，在2016年两者均跌到了近四年的最低点：5.62%与5.98%。公司年报披露显示，相较于2015年，青岛海尔的销售费用由于并购增长了62.14%，虽然2016年青岛海尔收获了千亿元销售收入，但由于并购产生了高额的费用成本，使得利润的增长速度跟不上销售收入与资产的增长速度，最终造成了两个利润率的下降。

净资产收益率和总资产收益率的变化趋势基本相同。这两个利润率与利润贡献程度息息相关，并且与盈利能力成正相关关系。两个利润率的降低意味着净利润的增长速度跟不上青岛海尔资产的增长速度，因此青岛海尔要做的就是加强对资产质量的管理以及控制成本费用以减少利润的损失。

综上所述，在行业整体低迷的大环境下，青岛海尔应该对现有的业务与销售模式进行调整和改造，开辟新市场，创造新的利润增长点。青岛海尔也正是希望借助并购发挥协同效应并且积极开拓双方市场，达到提高利润的目的。

（三）其他并购带来的益处

我国还有巨大的市场潜力待开发，尤其是高端厨电产品，通用家电厨电产品在美国产品细分市场份额第一，具有极强的排位优势。青岛海尔通过收购通用家电，利用国内的销售渠道，扩大通用家电在我国的市场份额，补充完善青岛海尔在国内白电市场的产品布局，扩大青岛海尔在白电市场的份额。

五、尾声

青岛海尔对通用家电的收购至少准备了八年的时间，此次并购使青岛海尔成功将版图扩张至之前一直没得到很好渗透的北美市场,稳坐全球白电行业巨头的位置。

近十年来,我国企业海外并购案例呈现逐年增多的趋势,但是有相当比例的企业并没有取得成功,所以青岛海尔成功收购通用家电非常典型地反映了我国作为新兴市场国家,企业国际化所需要的一种多维(如创新、战略、文化、技术等)复合的成长模式,对我国企业进一步国际化并购、实现跨国发展目标、参与全球价值链重组提供了借鉴和启示。

六、问题讨论

通过青岛海尔跨国并购通用家电的并购背景、并购方式以及并购后偿债能力、盈利能力、成长能力的分析,我们认为总体来说,对于竞争日益激烈的家电行业,青岛海尔收购通用家电取得了不俗的成绩。本案例请学员们重点思考以下问题:

1. 什么是跨国并购?跨国并购与一般的企业并购有何不同?青岛海尔跨国并购通用家电的目的和动机是什么?

2. 跨国并购的方式有哪些?本案例中青岛海尔采用了何种方式?

3. 跨国并购过程中通常存在哪些风险?你认为本案例中可能存在哪些风险,应该如何避免?

4. 跨国并购中应该如何对交易标的进行估值,本案例中青岛海尔对交易标的的估值是否合理?

5. 根据各项绩效指标的分析,青岛海尔跨国并购通用家电是否成功?

6. 本案例对企业跨国并购有何启示和建议?

七、主要参考资料

1. 陈敏. 我国 TMT 行业跨国并购绩效研究 [D]. 浙江大学,2013.

2. 董莉军. 上市公司跨国并购绩效的实证检验 [J]. 财会月刊,2012(2):19-21.

3. 董庆辉. 金融危机背景下我国企业跨国并购动因分析 [J]. 经济论坛,2010(4):165-166.

4. 黄燕. 海尔真的需要 GE 吗?[J]. 中国企业家,2016(03):98-102.

5. 刘荣英. 中国企业跨国并购新特点与战略研究 [J]. 企业活力,2006(11):56-57.

6. 刘文纲. 跨国并购中的无形资源优势转移 [M]. 北京:经济科学出版社,2009.

7. 青岛海尔股份有限公司2012—2017年年度报告.

8. 田海峰,黄祎,孙广生.影响企业跨国并购绩效的制度因素分析——基于2000—2012年中国上市企业数据的研究[J].世界经济研究,2015(6):111-118.

9. 通用电气2013—2015年年度报告.

10. 杨忠,张骁.企业国际化程度与绩效关系研究[J].经济研究,2009(2):32-42.

11. 朱勤,刘垚.我国上市公司跨国并购财务绩效的影响因素分析[J].国际贸易问题,2013(08):151-160+169.

案例 13
中兴通讯财务共享模式下的业财融合

教学目标

本案例旨在从财务共享模式、业财融合以及两者的结合等方面分析中兴通讯在财务共享模式下推进业财融合的效果。通过本案例,一方面能够使学员思考企业推进财务共享的原因及财务共享对推进业财融合的作用,掌握推进业财融合的方法;另一方面能够使学员思考企业在实施业财融合的过程中获得成功的关键因素,深化对实施业财融合的认识。

在经济新常态背景下,我国整体经济增速放缓至中高速,优化企业结构、提升企业质量成为必修课;信息爆炸和大数据冲击下,商业环境变得更为复杂,应对其中的不确定性成为重要课题。企业要想脱颖而出就必须进行改革,就财务领域而言,财务部门不能只是单纯的"账房先生",更要是经营决策的"军师"和"价值创造者"。财务人员如果只局限于单一核算,则只能被动地反映企业以往的财务情况,具有滞后性。这样一来,财务会计向管理会计转型成为大势所趋,业财融合的呼声和话题度日益高涨,其中财务共享模式下的业财融合日益受到关注。

华为总裁任正非曾说:"财务如果不懂业务,则只能提供低价值的会计服务。"这表明了当下企业财务的发展方向,并对财务人员的能力提出了更高的要求——财务人员不能再像以前一样只做简单的核算,而是要与业务结合,做一名懂业务的财务。

中兴通讯就是在这样的形势下率先完成企业财务的转型升级,实现了财务共享模式下的业财融合。财务共享模式下的业财融合对于未来一些大型企业而言是一种发展趋势,它不仅是企业对财务资源的优化整合,更是企业从战略规划层次将财务与业务的融合。中兴通讯推进财务共享模式下的业财融合对于其他企业具有一定的现实借鉴意义。

一、案例背景介绍

(一) 中兴通讯概况

中兴通讯股份有限公司(以下简称"中兴通讯")成立于1985年,是一家在深圳、香港两地上市的综合通信解决方案提供商,在行业内处于全球领先地位。作为我国最大的通信设备上市公司,中兴通讯在全球共拥有28个分、子公司,15个研究所,96个代表处,其产品涵盖无线、核心网、接入、承载、云计算及IT产品、终端产品、能源产品(见表13-1),在国内和国际市场都占据较高的市场份额:就国内而言,中兴通讯各类电信产品均领跑市场,与我国三大主导电信运营商都有长期稳定的合作,荣获"2013年度中国智慧城市标杆企业"奖;就国际而言,中兴通讯已为160多个国家和地区服务,向当地电信运营商和政企客户提供了优质的技术与产品解决方案。

表13-1 中兴通讯的主要业务

无线	核心网	接入	承载	云计算及IT产品	终端产品	能源产品
基站 控制器 网管	5G核心网 分组核心网 IMS&CS核心网	光接入 铜线接入 固网终端 GES	数据通信 光传输	云基础设备 云管理 云桌面	智能手机 智能投影仪 移动热点 智能生活	通信能源 政企能源 ZEGO IDC

资料来源:中兴通讯2017年年度报告。

1995年,中兴通讯第一次走出国门,来到日内瓦电信展。1998年,中兴通讯签订巴基斯坦9 500万美元的程控交换机销售合同,第一次进行了国际化的创新和销售。2004年,中兴通讯在香港联合交易所上市后,进一步推进全面国际化。2015年,中兴通讯销售收入突破1 000亿元。可以这么说,只要有百万以上人口的地方,就有中兴通讯的通信设备为客户提供通信服务。中兴通讯的国际化之路,就是把我国的通信设备推向全球。

中兴通讯在国际市场的销售收入占总销售额的45%左右,也就是说接近一半的销售收入来自我国以外地区。尤其要提到的是,在日本,中兴通讯和日本软银达成5G合作协议,在东京开展5G外场测试,共同探索5G时代的应用价值;在美国,中兴通讯自1998年进入美国市场,靠着过硬的质量和成功的营销策略,如今已经成为美国智能手机市场的第四大品牌,拥有超过3 300万美国用户。中兴通讯在美国的成功,是其全球化战略推进的缩影,也是其全球化发展道路上的优秀范本。

中兴通讯企业走出去的过程可以分为三个阶段：第一个阶段是产品的国际化，产品远销全球各个国家和地区；第二个阶段是销售的国际化，在全球各地设置销售机构，或者在当地建立销售渠道；第三个阶段可以理解为本地化，让企业成为本地运营的企业，包括把我国的管理、文化输出到当地，使我国企业真正成为当地的企业公民。

（二）扁平化的组织结构

成立的三十多年间，随着中兴通讯的蒸蒸日上，其产品种类日益丰富，产业链不断延长，组织规模逐步扩大。为适应公司各阶段的发展要求，公司的组织结构进行了相应的变革，经历了从"直线型"到"事业部型"再到"准事业部制的矩阵型"的两次调整。现今，中兴通讯采取扁平化的矩阵型管理模式（见图 13-1）：依据职能的不同，将公司划分为销售、财务、物流、手机产品、人事行政和产品研发六大部门，各部门均采取项目化运作来进行团队管理。这种结构向各事业部下放了决策权，有利于发挥事业部的积极性和创造性，总部也从特定产品的管理工作中脱身，专注于战略规划和协调管理。中兴通讯的矩阵管理以产品管理为主线，能中和事业部制资源共享难、协调性差的短板，具有极大的灵活性和协作优势。

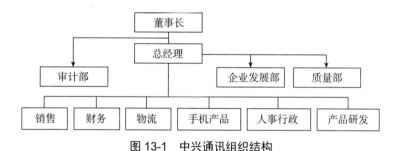

图 13-1　中兴通讯组织结构

资料来源：中兴通讯 2017 年年度报告。

二、案例概况

（一）财务共享模式的前世今生

1. 分散式财务管理模式

推行财务共享之前，中兴通讯实施的是一种分散式财务管理模式（见图 13-2），即所有分、子公司及下属事业部都设立自己的财务部门，分别配备财务经理、会计和出纳等一套财务人员班底，根据各分、子公司和事业部的要求独立进行会计核算，当总部管理层需要整体财务信息或要编制合并财务报表时，就把下属单位的财务报表全部收集起来,由总部财务部门将其核算政策、口径、方法全部调整至总部标准,而后再进行合并抵销并上报。随着公司规模的扩大以及分、子公司的增加,这项调整工作日益烦琐,不仅工作量大,耗费的时间长、精力多,而且时效性差,难以满足公司加强管控的要求,日益显现出其阻碍公司发展的"绊脚石"属性。

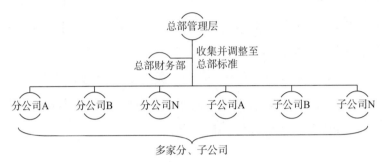

图 13-2　中兴通讯分散式财务管理模式

发展初期,中兴通讯规模小并且业务单一,这种分散式的财务管理模式简单易行,效率又高,发挥了重要作用。但是随着公司规模的扩大和业务的多样化,尤其是公司的海外扩张,原来分散式的财务管理模式显现出越来越严重的弊端:

第一,财务成本居高不下,人力资源严重浪费。当时公司的所有分、子公司,研究所,代表处相加已接近30个,以法人实体和核算实体为基础的财务核算体系有三层,因此核算机构近90个。每个核算机构都要配置财务经理、会计和出纳,即使业务简单的机构精简人员,财务人员总数也要上百。而且这些外派的财务人员必须精通财务工作的全链条,才能够独立完成核算单位的工作。如此一来,对财务人员数量和素质的要求就带来了高昂的人力成本,特别是设立海外机构时。与此同时,三层财务核算体系存在许多彼此重复的工作,并且各地人员不可共用,调动灵活性差,财务系统中的大量人力资源就这样被浪费了。

第二,财务信息质量参差不齐,集团管控力弱。对单一核算实体来说,拥有独立的财务核算体系和信息系统是一件好事,会更为方便、灵活。但是,站在集团角度而言,面对根据不同会计政策、不同核算方法和不同核算口径得来的数十份"五花八门"的会计报表,不仅会带来海量的调整工作,造成结账周期冗长,还会出现千奇百怪的错误,存在数据逻辑混乱等信息质量隐患。离开了及时、准确的集团整体报表,管理层如何能高效地管控公司,如何能对新情况采取及时的应对措施?

第三,局限于会计核算,财务的管理功能被忽略。在分散式的财务管理模式中,各核算机构的财务人员需要负责所有的财务工作,而财务工作中占比最大的是会计基础业务,会计基础业务的处理含金量不高,但非常烦琐,不仅耗费时间,还占据财务人员大量精力,使得财务人员深陷会计基础核算的"泥淖"而无法抽身至其他事务。这使得财务的管理功能被掩埋,财务分析、前景预测等管理会计功效成了海市蜃楼,财务深入业务为业务提供支持和协助公司战略制定及推动也成了一句空话。

第四,公司运营中的管理钝化。分散式的财务管理模式除了政策方面的影响,还有国际化过程中产生的管理钝化。就像远距离传输会出现损耗一样,分散式的财务管理模式让公司的管理在全球化过程中也产生了巨大的损耗。由于时差、语言和距离的隔阂,总部监管非常困难,使得公司很多的管理举措难以落实。同时,财务人员流失严重,如何对海外的财务人员进行管理成为一个棘手的问题。公司向海外派出一个CFO(首席财务官),他不仅需要了解财务会计的账务、税务、资金管理,管理会计的预算、考核、项目财务,还需要了解当地的语言、政策、法律等各方面内容,培养这样的人才需要耗费很长的时间。

综上,中兴通讯实施财务共享模式的驱动因素如图13-3所示。

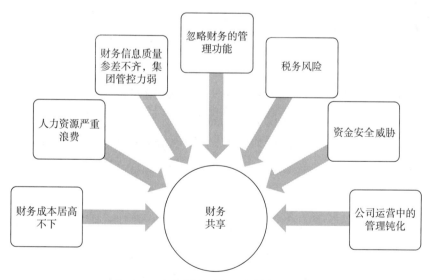

图13-3 中兴通讯财务共享模式驱动因素

2.财务共享模式的萌芽期

基于分散式财务管理模式的低效率与高成本,以及中兴通讯在国外的本土化趋势，对公司财务管理模式的发展提出了新的挑战，原有的模式不能适用于新的公司发展背景下业务发展和财务核算的需要。随着中兴通讯国际化进程的加快，解决上述问题变得更为急迫。基于此，实施财务共享，建立财务共享中心，推动财务从基础核算走向价值创造，从而支持公司业务的进行和全球化战略的推进，成为中兴通讯的必然选择。

中兴通讯在确立实施财务共享之前对公司的会计政策、会计制度实施了统一化措施。2001年，中兴通讯对公司旗下分、子公司进行了会计编码、会计数据、财务制度、财务流程四个方面的统一。与此同时，公司将所有业务按照性质进行了归类，针对每一同质业务，公司详细给出了从上至下的标准流程规范：首先从会计报告层面设计高层次的流程规范，然后再逐层设计子流程，编写具体的操作指南，并且对各流程间的接口关系进行清晰的划分。"四个统一"解决了公司下属核算单位间的数据口径不一问题，有利于公司级数据的采集，为接下来的财务集中和流程再造夯实了基础。

3. 财务共享模式的成长期

中兴通讯的管理层非常重视价值管理的意义，他最常说的一句话是"公司的目的就是价值创造，要始终致力于把公司资源配置到价值最大化的地方去"。对于财务部门，其更是看重财务的管理价值，认为财务不应该只是"账房先生"，而应该是"价值创造者"。正是在公司管理层观念的带动下，财务部门开始从"账房先生"的自我定位中一步步走出来。

在接触财务共享理念后，公司领导深感其对公司价值管理的积极作用，便投入大量的资金、技术、人力和精力建设财务共享中心，在信息系统、流程再造、业务范围、组织结构四个方面全面推进中兴通讯财务共享的发展，将分散的分、子公司基础性业务集中到财务共享中心，初步实现了财务一体化。

4. 财务共享模式的成熟期

作为会计工厂和财务数据中心，为战略财务与业务财务决策提供数据支持是中兴通讯财务共享中心的主要职能和目标（见图13-4）。运营以来，它在提升财务效率、降低财务成本、提高财务信息质量、加强集团管控、释放财务人员潜力、提供财务数据支持、助推公司向管理会计转型等方面发挥了重要作用。从中兴通讯财务共享中心的职能和目标及其取得的发展成果中，我们可以明显地感觉到财务共享对业财融合的奠基作用。

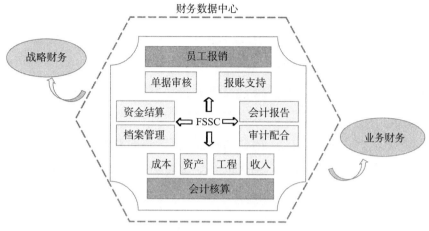

图13-4 财务共享中心的主要职能和目标

作为公司的服务者,财务共享中心在中兴通讯扮演着"基础会计工厂"和"财务信息数据库"两大角色。一方面,财务共享中心将易于标准化、低附加值、非核心业务、业务量大且重复性高、可自动化、容易见效的会计基础核算业务进行整合,通过制定工作标准及对业务流程的拆解和重塑,采用会计工厂的运营模式进行流水线标准作业,以降低公司财务运行成本;另一方面,财务共享中心在运营中会产生大量的沉淀数据,员工报销、会计核算、资金结算、档案管理、会计报告、审计配合,构成了完整的财务数据中心,这些数据借助网络信息平台可实现实时传输与共享,成为公司的财务信息数据库,为战略财务和业务财务提供数据和信息支持。依托财务共享中心的大数据信息,财务人员可以提炼加工并分析业务发生的规律和偏好,进而提出有建设性的管理举措。比如,分析员工入住酒店的位置,可以为公司寻找协议酒店有效定位;分析电话会议的组建时间,可以为专线开辟时间提供依据。数据集中后通过剥离透视分析,公司能够很好地使用这些数据,用于管理改进。

财务共享中心现已全面升级为全球财务共享中心,拥有"5A"职能:Anywhere、Anytime、Anyone、Anything和Anydevice。当任意一位用户(Anyone)需要相关财务信息(Anything)时,他可以在任意时间(Anytime)、任意地点(Anywhere),借助任意设备(Anydevice)获得服务。

5. 中兴通讯财务共享中心发展卓有成效

通过建立财务共享中心,中兴通讯取得了以下成效:

第一,效率提高,财务运行成本降低。财务共享中心通过流程梳理,消除非增值作业及多余或重复的流程节点,实现了业务的标准化、集中化、流程化、信息化。原来需要手工处理的业务大部分都实现了自动化,资金一键式集中支付、报表实时生成、业务端到财务端凭证自动生成就是典型代表。人工工作量变小了,办公效率也提高了,基础财务人员的数量需求减少了近一半,财务运行成本降低;业务流程细化和标准化作业后,财务工作简单了,基础财务人员技能和素质方面的要求也降低了,用人成本进一步压缩。从量化数据上看,基础业务处理量由每日300单增至2 000单,处理能力提升了54%;业务处理用时由6.2天缩减至3天,效率提升了52%;总成本由619万元降至296万元,共节约323万元,单据单位成本由15.35元减为4.34元。

第二,财务质量提升,集团管控能力加强。财务共享使得集团上下统一标准、统一流程、统一操作模式,梳理了全集团的会计基础数据,清理了冗余、无效的数据,保证了财务信息的准确性和可比性,全面提升了财务信息的质量。此外,实行共享服务后,业务流程细化和标准化作业使得单据随机分给各个业务处理人员,业务处理人员不再与固定的财务人员交流,变成了严格封装的财务共享中心,这极大地降低了人员串通舞弊的可能性。对于集团来说,全部的业务处理处于彻底透明的状态,所有的业务都能够在财务共享中心查阅,集团管理层能够实时了解集团整体的财务信息,及时反应和反馈,集团管控能力加强。

第三,释放人才,提供数据支持。财务共享中心通过对简单重复的会计作业进行整合,将所有的核算业务和资金支付业务统一到财务共享中心,利用规模优势,释放财务部门的生产力,使得财务人员可以集中精力,将工作重心放在预算管理、财务分析、决策支持等附加值较高的业务上,推动财务人员向管理会计转型。以前财务人员90%的工作是会计基础核算,现在则不足20%,以海外机构的财务经理为例,其只需用20%的时间在管理核算、资金和税务上,30%的时间用于本地化接口工作,剩余50%的时间用于管理支撑,即优化经营单位的资源配置。

6. 中兴通讯财务共享中心的发展历程

中兴通讯渐进的财务管理改革,即先建立全公司统一的财务制度标准,然后将同类的财务业务进行集中处理,接着经过流程梳理和流程再造,利用现代信息技术搭建整合的财务信息系统,建立财务共享中心(见图13-5),最终实现了业务的标准化、集中化、流程化和信息化。通过财务共享,中兴通讯不仅实现了成本的降低和效率的提高,加强了公司的整体管控,也促进了财会人员向管理会计转型,推动财务由"事后核算"向"事前预测"转变。

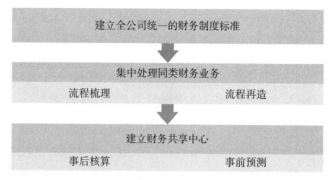

图 13-5 财务共享中心发展历程

(二)财务共享模式的弦外之音——业财融合

业财融合,顾名思义就是业务财务一体化。"业"指的是企业的日常业务,包括生产经营的各个环节;"财"是一个广泛的财务概念,既包括财务会计的具体内容,又包括与此对应的相关管理工作;"融合"指的是打破职能边界,相互嵌合,协同工作。具体来说,业财融合是以信息化技术为手段,以业财信息及时共享为核心,以业务流、资金流、信息流等数据源为依据,财务与业务协同合作、相互支持,在企业价值目标的指导下,一起进行计划、决策、控制和评价等管理活动,两者齐力保航企业价值创造过程的实现。就财务领域而言,它强调发挥财务的积极性和创造性,通过加强财务对企业经营情况和业务活动的理解,使得财务能为企业的各层次决策提供有价值的财务建议,用财务数据和财务信息支持战略和业务决策,使得决策更加有理有据,从而优化企业的资源配置。

对于中兴通讯的业财融合,公司领导给予了强大的支持,其高度重视对业务价值链的梳理,亲自参与和跟进对主营业务价值增值环节的识别,督促业、财人员消除业务链中无价值或价值微小的中间环节。领导层的重视使得财务共享与财务共享基础上的业财融合得以顺利推进,并且在集团层面倡导非业务部门要注意财务思维的培养,他们表示:"财务不单是财务的事,业务部门尤其是业务部门的领导也要有财务思维,这样财务才能更好地与其他部门协调配合,业财融合才能顺利推进并且发挥其价值。"

1. 业财融合的基本运作机制

中兴通讯的业财融合是公司从顶层推进的,其业财融合基本运作机制也由顶层设计,包含组织架构、人员配置、权责划分、绩效管理四个部分。

2. 搭建业财融合沟通平台

信息交流对于一个单位财务管理和实现业财一体化是相当重要的。业务部门的数据统计都有自己的规则,没有统一的规范,业务部门对财务部门提供的结论及数据认可度不高,对财务参与业务工作不了解,"信息孤岛"现象严重。财务已经是业务的最后环节,如果没有有效的信息交流平台,缺乏对前端的审核及控制权,则会给财务核算带来风险。因此,中兴通讯特别重视业财融合沟通平台的搭建与维护,建立了"软""硬"手段相结合的沟通制度:"软"手段是指依靠文化建设、价值传递进行的非强制沟通,"硬"手段是指通过制度建设、规章要求使得员工间不得不进行的强制交流。通过"软"手段与"硬"手段的结合,正式渠道与非正式渠道的搭建,中兴通讯的业财融合沟通平台焕发出勃勃生机。

虽然有充分的沟通机制,但是仍旧难以百分百避免沟通失败导致的冲突,因此中兴通讯还建立了冲突解决制度。当财务与业务发生冲突时,可以到冲突调解与仲裁委员会进行解决,冲突调解与仲裁委员会本着和平协调的宗旨,用智慧充当"灭火器"功能。

3. 围绕价值链开展业财融合工作

上至集团下至各经营单位,中兴通讯业财融合的工作都是围绕价值链展开的。对于集团层来说,他们已经不涉及具体的经营活动,主要负责对下属经营单位的管理工作,包括战略管理、预算管理、成本控制、税务筹划、投融资策略、绩效管理等,也就是说,中兴通讯集团层的价值创造工作就是这些管理工作。对于经营单位层来说,他们通常以产品为核心,其价值链包括产品、研发、采购、生产、销售、售后等几个环节。

作为制造企业,中兴通讯下属经营单位典型的业务流程是:市场—研发—采购—生产—销售—售后,业务财务的运作流程围绕企业价值链设计,据此设置了产品财务、研发项目财务、供应链财务、国家财务、营销项目财务等岗位来切入价值创造的各环节,以便及时发现经营中存在的问题,增强经营单位应变能力,保证经营目标达成,全面提升经营管理水平。企业财务不仅要参与公司价值链的每一个环节,还要在每一个环节始终保持控制。

(三)业财融合效果立竿见影

通过确定业财融合运作机制,搭建业财融合沟通平台,梳理业务流程,围绕价值链开展业财融合活动,中兴通讯财务共享模式下的业财融合取得了积极效果。虽然中兴通讯尚未建立起与业财融合相适配的绩效制度和预算制度,财务管理分析作用也属初步发挥,整体处于业财融合的成长期与成熟期之间,还有较大的进步空间,但是中兴通讯财务共享模式下的业财融合已经在增强集团管控能力、提升风险应对能力、优化资源配置、提高经营决策的科学性、推进价值管理、支撑企业的战略扩张方面发挥了显著的积极作用,通过业务与财务的融合支撑起了企业的国际化战略。因此,中兴通讯财务共享模式下的业财融合综合来看是十分成功的。

1. 集团管控能力增强,提升了风险应对能力

在中兴通讯传统的分散式财务管理模式下,从最高层的公司总部到最底层的分、子公司,成立了专门的财务部门和人员。它们具有相对独立的财务管理和会计业务功能,不仅分布广泛,而且各机构之间的执行标准不一致,财务人员的素质水平也很不一致。由于各子、分公司都有自己的决策权,公司总部的风险难以预测和控制。公司实施财务共享模式后,第一是大部分财务资源集中在公司总部,所有规则、标准和命令将由总部统一实施,在固定的信息系统下,数据和流程被篡改的可能性降低;二是信息流、数据流的快速传递与反馈,为管理层应对风险争取了宝贵的时间;三是财务贯穿公司所有经营环节,成为管理层了解公司和掌控公司的最佳工具,财务部门拥有公司全方位的海量信息,通过整理、加工、组合这些信息,能够对公司的每个生产环节实施封闭、完备、有效、严谨的控制监督,改进风险管理薄弱环节,更好地实施风险防范和监控政策。

2. 资源配置优化,提高了经营决策的科学性

通过战略财务和业务财务配置,中兴通讯在公司层面、业务部门层面、产品层面和项目层面建立了基于统一数据平台的多层次财务分析系统。它可以用来快速识别分层分析中的问题,然后提出管理决策。与此同时,财务人员了解业务后,财务分析和预测便能够获得业务层面的支持,据此提出的解决方案更加可行,能够有效地为业务决策提供强有力的支持。以成本管理为例,业务财务人员了解产品信息,定时将成本控制信息提供给各个管理层。财务部门对成本和收益更为敏感,为业务部门制订计划时,能适当地分辨各类生产要素和成本费用,为相关决策提供详细数据。财务部门与业务部门合作后,可以识别和感知产品生产的增值业

务,从而为成本管理提供更准确的信息。如此一般,财务共享模式的业财融合实施后,公司的成本管理工作不再是财务人员瞎拍脑袋,而是业务部分与财务部分充分沟通后根据产品生产流程的各单步成本进行细致归集的结果。类似这种的决策支持,为公司的决策提供了强大的后援力量。

3. 推进价值管理,支撑企业的战略扩张

从2012年起中兴通讯实施积极的海外扩张战略,在世界各地建设工厂开展业务,拓展事业版图,国际市场份额增加,国际竞争力提高。而这背后有着财务共享模式下业财融合不小的功劳:在推进海外扩张战略时,既需要业务部门积极推进海外业务、建设海外工厂、组建海外销售团队等,又需要财务部门为海外扩张准备资金、编制预算、审核和批准报销费用等。企业战略的执行和落地需要业务与财务的密切配合,公司大大小小的业务都需要财务在背后给予支持,业务与财务的有机融合使得两者衔接顺畅、联系密切,由此保障资金的运转效率,保障生产经营活动的顺利运营,从而提升公司的战略决策执行力,使得战略能够平稳、准确落地。通过完备的沟通机制和明确的运作机制,业财融合使得业务部门与财务部门沟通充分、相互理解,避免业务与财务决策的冲突,业务能及时向财务提出需求,财务提供相应支持给业务,两者沟通协调提升了办事效率。此外,业财融合使得公司的管控更为全面,针对战略分解实施落地各环节出现的偏差,可以及时地发现和修正,企业的战略传递更为准确。

(四) 企业业财融合大势所趋

1. 业财融合效果显著

在中兴通讯业财融合的实践中,有两个显而易见的事实:一方面,对于财务部门来说,业财融合能够改善财务与业务割裂的情况,加深部门间的信息、人员、数据等方面的交流。业财融合有助于财务人员及时地了解公司市场、生产、研发、运输、销售、售后等业务的进行状态,这些高质量的财务与非财务信息在及时性、相关性、可靠性方面都更为优秀。这样能够使财务人员在对业务理解的基础上,生成更为公正、客观的财务报表信息,从而提升经营预测和分析决策的科学性,增强财务部门以及集团整体战略的支撑能力。另一方面,对于业务部门来说,业财融合使得业务部门能够从财务部门快速获取业务活动的预算、成本、收益等信息,从而帮助业务部门及时评估、优化调整业务方向和方式;财务部门反馈的信息和优化方案也有助于业务部门改善业务流程,降低业务活动成本,提升业务活动收益,实现公司利益最大化。如此一来,在基于价值链梳理的业务与财务流程中,财务部门与业务部门互相沟通、协调与配合,在瞬息万变的商业环境中快速地适应环境,给予公司更高的灵活性、更强的生存能力和盈利能力,有助于公司的价值创造和战略落地。在信息爆炸和人工智能科技的冲击下,财务人员必须向更高层次转型,管理会计是未来财务人员的发展方向。而财务人员只有融入业务、了解业务、熟悉业务,才能真正体现财务的业务支持、管理支撑和价值创造能力。因此,无论是对于公司、财务部门,还是对于财务人员来说,业财融合都是大势所趋。

2. 财务共享模式下的业财融合具有天生的优越性

财务共享是业财融合的重要途径和坚实基础,业财融合是财务共享功能的深化和增强,两者相辅相成,具备良好的共生关系。以财务共享为路径的业财融合,由于前期财务共享已完成会计编码、会计数据、财务制度、财务流程的统一,实现了数据流、信息流、组织流的整合,完成了业务流程的初步梳理和流程再造,实现了基础核算层财务人员分工的再细化,扩大了从事管理工作的财务人员比例,因此为业财融合的工作打下了基础。在此基础上实施的业财融合,具有信息化程度高、集团管控能力强、财务分工明确等特点。

在中兴通讯的实践中,一方面,中兴通讯在财务共享的过程中已将财务信息系统与基础信息系统、业务系统、决策支持系统进行了衔接、协同和整合,建设了一套集成式财务信息系统,财务共享中心充当基础会计工厂和财务信息数据库的角色,这样业财融合的实施措施就相对简单,只需要搭建业财融合运作机制、沟通机制,并深入业务价值创造循环进行融合工作即可;另一方面,财务共享的实施也有加强集团管控、识别业务增值环节等作用,因此财务共享模式下的业财融合在这些领域得到了双效强化,效果更好。由于财务共享的规模效应明显,且前期投入较大,大中型企业更适合选择此模式,中小型企业选择成本管理等路径会更合适。

3. 中兴通讯的业财融合方式是否可以复制

就实施业财融合的推进模式而言,顶层设计和底层推进是实践中比较典型的两种。顶层设计是系统论的看法,认为业财融合应该是系统性的集成设计,然后将旧的业、财系统替换为业财融合模式的业、财新系统。在这种观点下，业财融合是非过程性的，是一种跨越式发展，是由 A 变为 B 式的突破，是一场战略管理转型。这种推进模式下更强调科技的力量，支撑财务核算的不再是财务人员，而是计算机软件系统；财务分析更多依靠的是海量的大数据，而非大量人力投入。这种业财融合依靠财务信息软件实现财务核算的合规性、标准性和准确性，依靠对数据信息的透析感知细微的市场动向，在战略层、执行层以及操作层上实现快速反应和精确调整，以领跑行业延续自身的竞争优势。通常情况下，采用这种模式的企业一般是大型跨国企业，通常由企业领导层扮演主力推进者角色，此类企业有强大的经济实力和迫切的财务管理需求，愿意花高额资金聘用专业的咨询管理团队和信息软件提供商，在充分调研的基础上，为业、财部门系统性地建设新的业务流程，在日常工作中循序渐进地培养业财融合文化，打造系统性集成型的业财融合体系。

底层推进是渐进论的看法，这种推进模式认为业财融合不能一蹴而就，是一个渐变的过程，各部门间的相互融合情况会在日常业务中渐渐加深。因此，这种推进模式下推进者通常仅仅是财务部门，以财务部门内部的财务核算转型为切入口，通过部门层业财融合减少核算作业量，提升核算效率和精确度，降低企业核算的成本，实现企业核算方面的诉求。然后以此为起点，通过财务部门与非财务部门之间的合作，逐渐实现其他部门的渐进融合，而后演变为企业 CFO 主力推进的业财融合"和平渐变"。采用这种推进模式的大多是国内大中型企业，其资金实力和管理需求相对较弱。

从最初的背景分析到中兴通讯财务共享模式下的业财融合的发展历程介绍，我们可以看到，中兴通讯在业务走出去的过程中对财务的发展提出了更高的要求，推行了财务共享模式，基于价值链的价值创造自上而下地采用顶层设计的方式推动了业财融合。那么，对于今天我国的大多数企业而言，如何借鉴中兴通讯的经验，采用哪种推进模式推进业财融合，以及在什么情况下推进业财融合呢？

三、问题讨论

财务共享模式下的业财融合对于未来一些大型企业而言是一种发展趋势，它不仅是企业对会计资源的优化整合，更是企业从战略规划层次将财务与业务的融合。本案例请学员们重点思考以下问题：

1. 什么是业财融合？业财融合的模式有哪些？

2. 基于财务共享的业财融合有什么特点？财务共享模式下推进业财融合的方法是什么？

3. 中兴通讯为何推进财务共享，并在财务共享模式下推进业财融合？

4. 中兴通讯实行业财融合取得了什么效果？取得成功有什么关键因素？

5. 中兴通讯的业财融合对其他企业有何启示，推进过程中需要注意什么问题？

四、主要参考资料

1.《财政部关于全面推进管理会计体系建设的指导意见》(2014).

2.《管理会计基本指引》(2016).

3.《企业会计信息化工作规范》(2013).

4. 财政部会计司. 从规范走向引导——《企业会计信息化工作规范》解读之三(2014). 财务与会计,2014(4):73-79.

5. 高歌,梁思源. 财务共享模式下公司管理会计信息化实施路径研究——以中兴通讯为例 [J]. 中国乡镇企业会计,2018(02):210-211.

6. 李艳红,吴玥瑭. 基于财务共享服务的企业价值再造——以中兴通讯为例 [J]. 当代会计,2018(08):3-5

7. 柳映西. 财务共享服务在中兴通讯集团的应用 [D]. 江西财经大学,2017.

8. 秦天任. 财务共享服务在中兴通讯集团的应用 [D]. 吉林财经大学,2018.

9. 汤艳丽. Z集团财务共享服务模式下的业财融合案例研究 [D]. 中国财政科学研究院,2018.

10. 王瑞琦. 集团财务共享服务模式的效益分析研究——以中兴通讯为例 [J]. 纳税,2018,12(23):85.

11. 魏晓晨,吕久琴. 财务共享服务影响会计信息质量的路径与效果——以中兴通讯为例 [J]. 生产力研究,2017(10):139-142.

12. 张佳琪,王丽霞. 中兴通讯财务共享服务中心建设分析 [J]. 现代商贸工业,2019,40(15):42-43.

13. 张敏. 中兴通讯财务共享模式研究 [J]. 财会通讯,2018(05):57-60.

14. 中兴通讯 2017 年年度报告.

15. 朱丽娜. 中兴通讯基于共享服务的全球财务管理 [J]. 企业管理,2017(06):60-63.